云在阁经藏

# 庐山慧远大师文集

〔晋〕慧远　著
张景岗　点校

九州出版社 JIUZHOUPRESS | 全国百佳图书出版单位

图书在版编目（CIP）数据

庐山慧远大师文集 /（晋）慧远著；张景岗点校.
— 北京 ：九州出版社，2013.1
ISBN 978-7-5108-1927-8

Ⅰ. ①庐… Ⅱ. ①慧… ②张… Ⅲ. ①大乘－佛经－
文集 Ⅳ. ①B942.1-53

中国版本图书馆CIP数据核字(2013)第010650号

庐山慧远大师文集

作　　者　（晋）慧远 著　　张景岗 点校
出版发行　九州出版社
出 版 人　黄宪华
地　　址　北京市西城区阜外大街甲35号（100037）
发行电话　（010）68992190/2/3/5/6
网　　址　www.jiuzhoupress.com
电子信箱　jiuzhou@jiuzhoupress.com
印　　刷　三河市东方印刷有限公司
开　　本　720毫米×1020毫米　16开
印　　张　26.5　　插　页　2P
字　　数　400千字
版　　次　2014年1月第1版
印　　次　2014年1月第1次印刷
书　　号　ISBN 978-7-5108-1927-8
定　　价　108.00元

慧远大师像

虎溪三笑图

# 出版说明

慧远大师（334～416），东晋高僧，中国净土宗初祖。早年志在儒学，博通《六经》，尤善老庄之学。二十一岁入恒山，依道安座下剃度出家，精思苦修，以大法为己任。后别师南下，居止庐山三十余年，四方高贤毕集，与长安鸠摩罗什译经僧团遥相呼应，成为当时的两大佛学中心。他以旷世之资，冰霜之操，不畏王权，维护僧制，捍卫僧格，并延请西域高僧，注重禅法，补阙律藏，专精般若性空之学，阐释三世因果学说，大弘法化。在其德望感召下，当世缁素名流一百二十三人结社庐山，立誓求生净土。这一标志性事件对中国佛教史产生了深远的影响，净土信仰自此得到广泛传播，成为华夏文明的重要组成部分。

慧远大师著述，辑为《庐山集》十卷，或作二十卷，共五十余篇传世。宋代尚存，今多佚失。现存论四篇、序六篇、记二篇、书信十余篇，及铭赞、诗偈等多篇，主要收录在《弘明集》、《广弘明集》、《出三藏记集》、《高僧传》中。另就大乘经义与鸠摩罗什法师往来问答，集为《大乘大义章》三卷，又名《鸠摩罗什法师大义》，收于《大正藏》第四十五册。其余轶文散见于惠达《肇论疏》、元康《肇论疏》、《宗镜录》、《庐山记》、《世说新语》、《佛祖统纪》，及《全晋文》、《太平御览》等典籍中。

民国年间，沙健庵、项智源二居士辑录远公遗著，编为《庐山慧远法师文钞》，由印光法师作序印行。其本校勘精良，然不无遗漏。此次校勘整理，其正编部分据《碛砂藏》、《永乐北藏》、《乾隆大藏经》、《大正藏》、《全晋文》等诸本再为详加对校，并增入《庐山诸道人游石门诗序》、《游庐山记》两篇佚文。又其以五言奉和诗三首订为远公作，未妥，今仍依陈舜俞《庐山记》定为莲社诸贤之作。于正编外，增录《大乘大义章》全文，依《大正藏》、《卍续藏》互勘，并参考《远什大乘要义问答》等本加以订正。收录庐山莲社刘遗民、周续之、宗炳、雷次宗、王齐之、张野、谢灵运等人的相关著述，以及远公及十八贤传记、碑铭，及智者、莲池、蕅益、印光诸师所作评赞等。另就校阅所及，摭录远公遗文轶事五十余则附入。

此外，北宋学者陈舜俞在反复实地考证基础上撰成《庐山记》五卷，翔实记录庐山人文历史沿革及早期莲社活动，保存了许多珍贵的史料，《四库全书提要》赞其考据精核，给予高度评价，但至清代中土仅存前三篇。《大正藏》虽收录全文，惜未得善本，脱讹颇夥，尤以卷一、卷四为甚，几难卒读。兹据日本内阁文库所藏宋刻善本，参考四库全书本、元禄刻本及相关文献，重加校勘整理，附于书后，以备今人研究及赏读之需。

九州出版社

二〇一四年一月

# 目　录

## 正　编

### 论



### 序

## 记



## 铭赞诗



## 书信



## 佚文

# 大乘大义章

## 大乘大义章卷上



## 大乘大义章卷中



## 大乘大义章卷下

## 莲社诸贤著述



## 传记文献

## 附录 庐山记



### 庐山记卷第一



### 庐山记卷第二



### 庐山记卷第三

## 庐山记卷第四



## 庐山记卷第五

庐山慧远大师文集

# 正　编

# 论

## 沙门不敬王者论

晋成、康之世，车骑将军庾冰，疑诸沙门抗礼万乘，所明理，何骠骑有答。至元兴中，太尉桓公亦同此义，谓庾言之未尽，《与八座书》云："佛之为化，虽诞以茫浩，推乎视听之外，以敬为本，此出处不异。盖所期者殊，非敬恭宜废也。《老子》同王侯于三大，原其所重，皆在于资生通运，岂独以圣人在位，而比称二仪哉？将以天地之大德曰生，通生理物，存乎王者，故尊其神器，而礼实唯隆。岂是虚相崇重，义存弘御而已哉？沙门之所以生，生资国存，亦日用于理命。岂有受其德而遗其礼，沾其惠而废其敬哉？"

于时朝士名贤，答者甚众，虽言未悟时，并互有其美，徒咸尽所怀，而理蕴于情，遂令无上道服，毁于尘俗，亮到之心，屈乎人事。悲夫！斯乃交丧之所由，千载之否运。深惧大法之将沦，感前事之不忘，故著论五篇，究叙微意。岂曰渊壑之待晨露，盖是伸其罔极，亦庶后之君子，崇敬佛教者，式详览焉。

## 在家第一

原夫佛教所明，大要以出家为异。出家之人，凡有四科。其弘教通物，则功侔帝王，化兼治道。至于感俗悟时，亦无世不有。但所遇有行藏，故以废兴为隐显耳。其中可得论者，请略而言之。

在家奉法，则是顺化之民，情未变俗，迹同方内，故有天属之爱，奉主之礼。礼敬有本，遂因之而成教。本其所因，则功由在昔。是故因亲以教爱，使民知其有自然之恩。因严以教敬，使民知其有自然之重。二者之来，实由冥应。应不在今，则宜寻其本。故以罪对为刑罚，使惧而后慎。以天堂为爵赏，使悦而后动。此皆即其影响之报，而明于教，以因顺为通，而不革其自然也。

何者？夫厚身存生，以有封为滞，累根深固，存我未忘。方将以情欲为苑囿，声色为游观，耽湎世乐，不能自勉而特出。是故教之所检，以此为涯，而不明其外耳。其外未明，则大同于顺化，故不可受其德而遗其礼，沾其惠而废其敬。是故悦释迦之风者，辄先奉亲而敬君。变俗投簪者，必待命而顺动。若君亲有疑，则退求其志，以俟同悟。

斯乃佛教之所以重资生，助王化于治道者也。论者立言之旨，貌有所同，故位夫内外之分，以明在三之志。略叙经意，宣寄所怀。

## 出家第二

出家则是方外之宾，迹绝于物。其为教也，达患累缘于有身，不存身以息患；知生生由于禀化，不顺化以求宗。求宗不由于顺化，则不重运通之资。息患不由于存身，则不贵厚生之益。此理之与形乖，道之与俗反者也。

若斯人者，自誓始于落簪，立志形乎变服。是故凡在出家，皆遁世以求其志，变俗以达其道。变俗，则服章不得与世典同礼。遁世，则宜高尚其迹。夫然者，故能拯溺俗于沉流，拔幽根于重劫，远通三乘之津，广开天人之路。如令一夫全德，则道洽六亲，泽流天下。虽不处王侯之位，亦已协契皇极，在宥生民矣。是故内乖天属之重，而不违其孝。外阙奉主之恭，而不失其敬。

从此而观，故知超化表以寻宗，则理深而义笃。昭泰息以语仁，则功末而惠浅。若然者，虽将面冥山而旋步，犹或耻闻其风，岂况与夫顺化之民、尸禄之贤，同其孝敬者哉！

## 求宗不顺化第三

问曰：寻夫老氏之意，天地以得一为大，王侯以体顺为尊。得一，故为万化之本。体顺，故有运通之功。然则明宗必存乎体极，体极必由于顺化。是故先贤以为美谈，众论所不能异。异夫众论者，则义无所取。而云不顺化，何耶？

答曰：凡在有方，同禀生于大化。虽群品万殊，精粗异贯，统极而言，唯有灵与无灵耳。有灵则有情于化，无灵则无情于化。无情于化，化毕而生尽，生不由情，故形朽而化灭。有情于化，感物而动，动必以情，故其生不绝。其生不绝，则其化弥广而形弥积，情弥滞而累弥深，其为患也，焉可胜言哉！

是故经称："泥洹不变，以化尽为宅。三界流动，以罪苦为场。化尽则因缘永息，流动则受苦无穷。"何以明其然？夫生以形为桎梏，而生由化有，化以情感，则神滞其本，而智昏其照，介然有封，则所存唯己，所涉唯动。于是灵辔失御，生途日开，方随贪爱于长流，岂一受而已哉！是故返本求宗者，不以生累其神。超落尘封者，不以情累其生。不以情累其生，则生可灭。不以生累其神，则神可冥。冥神绝境，故谓之泥洹。泥洹之名，岂虚称也哉！

请推而实之。天地虽以生生为大，而未能令生者不死。王侯虽以存存为功，而未能令存者无患。是故前论云："达患累缘于有身，不存身以息患。知生生由于禀化，不顺化以求宗。"义存于此。义存于此，斯沙门之所以抗礼万乘，高尚其事，不爵王侯，而沾其惠者也。

## 体极不兼应第四

问曰：历观前史，上皇已来，在位居宗者，未始异其原本。本不可二，是故百代同典，咸一其统，所谓“唯天为大，唯尧则之”。如此，则非智有所不照，自无外可照。非理有所不尽，自无理可尽。以此而推，视听之外，廓无所寄。理无所寄，则宗极可明。今诸沙门，不悟文表之意，而惑教表之文，其为谬也，固已甚矣。若复显然有验，此乃稀世之闻。

答曰：夫幽宗旷邈，神道精微，可以理寻，难以事诘。既涉乎教，则以因时为检。虽应世之见[①]，优劣万差，至于曲成，在用感即民心而通其分。分至，则止其智之所不知，而不关其外者也。若然，则非体极者之所不兼，兼之者不可并御耳。是以古之语人道者，五变而形名可举，九变而赏罚可言。此但方内之阶差，而犹不可顿设，况其外者乎？

请复推而广之，以远其旨。六合之外，存而不论者，非不可论，论之或乖。六合之内，论而不辩者，非不可辩，辩之或疑。《春秋》经世，先王之志，辩而不议者，非不可议，议之者或乱。此三者，皆即其身耳目之所不至以为关键，而不关视听之外者也。因此而求圣人之意，则内外之道，可合而明矣。

---

① “见”，《大正藏》及《文钞》作“具”。

常以为道法之与名教，如来之与尧孔，发致虽殊，潜相影响，出处诚异，终期则同。详而辩之，指归可见。理或有先合而后乖，有先乖而后合。先合而后乖者，诸佛如来则其人也。先乖而后合者，历代君王未体极之主，斯其流也。

何以明之？经云：“佛有自然神妙之法，化物以权，广随所入，或为灵仙、转轮圣帝，或为卿相、国师、道士。若此之伦，在所变现。诸王、君子，莫知为谁。”此所谓合而后乖者也。或有始创大业，而功化未就，迹有参差，故所受不同，或期功于身后，或显应于当年。圣王则之而成教者，亦不可称算。虽抑引无方，必归途有会，此所谓乖而后合者也。

若令乖而后合，则拟步通途者，必不自崖于一揆。若令先合而后乖，则释迦之与尧孔，发致不殊，断可知矣。是故自乖而求其合，则知理会之必同。自合而求其乖，则悟体极之多方。但见形者之所不兼，故惑众途而骇其异耳。

因兹而观，天地之道，功尽于运化。帝王之德，理极于顺通。若以对夫独绝之教、不变之宗，故不得同年而语其优劣，亦已明矣。

## 形尽神不灭第五

问曰：论旨以化尽为至极，故造极者必违化而求宗，求宗不由于顺化。是以引历代君王，使同之佛教，令体极之至，以权居统。此雅论之所托，自必于大通者也。求之实当，理则不然。何者？夫禀气极于一生，生尽则消液而同无。神虽妙物，故是阴阳之所化耳。既化而为生，又化而为死。既聚而为始，又散而为终。因此而推，故知神形俱化，原无异统；精粗一气，始终同宅。宅全则气聚而有灵，宅毁则气散而照灭。散则返所受于天本，灭则复归于无物。反覆终穷，皆自然之数耳，孰为之哉？若令本异，则异气数合，合则同化。亦为神之处形，犹火之在木，其生必存，其毁必灭。形离则神散而罔寄，木朽则火寂而靡托，理之然矣。假使同异之分，昧而难明。有无之说，必存乎聚散。聚散，气变之总名，万化之生灭。故庄子曰："人之生，气之聚。聚则为生，散则为死。若死生为彼徒苦，吾又何患？"古之善言道者，必有以得之。若果然耶，至理极于一生，生尽不化，义可寻也。

答曰：大神者何耶？精极而为灵者也。精极则非卦象之所图，故圣人以妙物而为言，虽有上智，犹不能定其体状，穷其幽致。而谈者以常识生疑，多同自乱，其为诬也，亦已深矣。将欲言之，是乃言夫不可言，今于不可言之中，复相与而依稀。

神也者，圆应无生，妙尽无名，感物而动，假数而行。感物而非物，故物化而不灭。假数而非数，故数尽而不穷。有情则可以物感，有识则可以数求。数有精粗，故其性各异。智有明暗，故其照不同。推此而论，则知化以情感，神以化传。情为化之母，神为情之根。情有会物之道，神有冥移之功。但悟彻者返本，惑理者逐物耳。

古之论道者，亦未有所同，请引而明之。庄子发玄音于《大宗》曰：“大块劳我以生，息我以死。”又以生为“人羁”，死为“返真”。此所谓知生为大患，以无生为返本者也。文子称黄帝之言曰：“形有靡而神不化，以不化乘化，其变无穷。”庄子亦云：“特犯人之形，而犹喜若人之形，万化而未始有极。”此所谓知生不尽于一化，方逐物而不返者也。二子之论，虽未究其实，亦尝傍宗而有闻焉。论者不寻无方生死之说，而惑聚散于一化，不思神道有妙物之灵，而谓精粗同尽，不亦悲乎！

火木之喻，原自圣典，失其流统，故幽兴莫寻，微言遂沦于常教，令谈者资之以成疑。向使时无悟宗之匠，则不知有先觉之明，冥传之功，没世靡闻。何者？夫情数相感，其化无端，因缘密构，潜相传写。自非达观，孰识其变？自非达观，孰识其会？请为论者验之以实。火之传于薪，犹神之传于形。火之传异薪，犹神之传异形。前薪非后薪，则知指穷之术妙。前形非后形，则悟情数之感深。惑者见形朽于一生，便以谓神情俱丧。犹睹火穷于一木，谓终期都尽耳。此由[1]从《养生》之谈，非远寻其类者也。

① “由”,《大正藏》及《文钞》作“曲”。

就如来论，假令神形俱化，始自天本；愚智资生，同禀所受。问所受者，为受之于形耶？为受之于神耶？若受之于形，凡在有形，皆化而为神矣。若受之于神，是以神传神，则丹朱与帝尧齐圣，重华与瞽瞍等灵，其可然乎？其可然乎？如其不可，固知冥缘之构，著于在昔；明暗之分，定于形初。虽灵钧善运，犹不能变性之自然，况降兹已还乎？验之以理，则微言而有征。效之以事，可无惑于大道。

论成后，有退居之宾，步朗月而宵游，相与共集法堂，因而问曰："敬寻雅论，大归可见，殆无所间。一日试重研究，盖所未尽，亦少许处耳。意以为沙门德式，是变俗之殊制，道家之名器。施于君亲，固宜略于形敬。今所疑者，谓甫创难就之业，远期化表之功，潜泽无现法之效，来报玄而未应。乃今王公献供，信士屈体，得无坐受其德，陷乎早计之累，虚沾其惠，贻夫素餐之讥耶？"

主人良久乃应曰："请为诸贤近取其类。有人于此，奉宣时命，远通殊方九译之俗。问王者以当资以糇粮，锡以舆服否？"

答曰："然。"

主人曰："类可寻矣。夫称沙门者何耶？谓其发蒙俗之幽昏，启化表之玄路，方将以兼忘之道，与天下同往，使希高者挹其遗风，漱流者味其余津。若然，虽大业未就，观其超步之迹，所悟固已弘矣。然则运通之功、资存之益，尚未酬其始誓之心，况答三业之劳乎？又斯人者，形虽有待，情无近寄，视夫四事之供，若蜐蚊之过乎其前者耳。濡沫之惠，复焉足语哉？”

众宾于是始悟冥途以开辙为功，息心以净毕为道。乃欣然怡襟，咏言而退。

晋元兴三年，岁次阏逢，于时天子蒙尘，人百其忧，凡我同志，佥怀缀旒之叹，故因述斯论焉。

（《弘明集》卷五）

## 沙门袒服论

或问曰：沙门袒服，出自佛教，是礼欤？

答曰：然。

问曰：三代殊制，其礼不同，质文之变，备于前典，而佛教出乎其外，论者咸有疑焉。若有深致，幸诲其未闻。

答曰：玄古之民，大朴未亏，其礼不文。三王应世，故与时而变。因兹以观，论者之所执，方内之格言耳。何以知其然？中国之所无，或得之于异俗，其民不移，故其道未亡。是以天竺国法，尽敬于所尊，表诚于神明，率皆袒服，所谓去饰之甚者也。虽记籍未流兹土，其始似有闻焉。佛出于世，因而为教，明所行不左，故应右袒。何者？将辨贵贱，必存乎位，位以进德，则尚贤之心生。是故沙门越名分以背时，不退己而求先。

又人之所能，皆在于右。若动不以顺，则触事生累。过而能复，虽中贤犹未得，况有下于此者乎？请试言之。夫形以左右成体，理以邪正为用。二者之来，各乘其本。滞根不拔，则事求愈应。而形理相资，其道微明。世习未移，应微难辨。袒服既彰，则形随事感，理悟其心。以御顺之气，表诚之体。而邪正两行，非其本也。

是故世尊以袒服笃其诚而闲其邪，使名实有当，敬慢不杂。然后开出要之路，导真性于久迷。令淹世之贤，不自绝于无分。希进之流，不惑途而旋步。于是服膺圣门者，咸履正思顺，异迹同轨。缅素风而怀古，背华俗以洗心。寻本达变，即近悟远，形服相愧，理深其感。如此，则情化专向，修之弗倦，动必以顺，不觉形之自恭。斯乃如来劝诱之外因，敛粗之妙迹。而众谈未喻，或欲革之，反古之道，何其深哉！

（《弘明集》卷五）

## 三报论

（因俗人疑善恶无现验作）

经说：业有三报，一曰现报、二曰生报、三曰后报。现报者，善恶始于此身，即此身受。生报者，来生便受。后报者，或经二生、三生、百生、千生，然后乃受。受之无主，必由于心。心无定司，感事而应。应有迟速，故报有先后。先后虽异，咸随所遇而为对。对有强弱，故轻重不同。斯乃自然之赏罚，三报之大略也。非夫通才达识，入要之明，罕得其门。降兹已还，或有始涉大方，以先悟为蓍龟；博综内籍，反三隅于未闻；师友仁匠，习以移性者，差可得而言。请试论之。

夫善恶之兴，由其有渐。渐以之极，则有九品之论。凡在九品，非其现报之所摄，然则现报绝夫常类，可知。类非九品，则非三报之所摄。何者？若利害交于目前，而顿相倾夺。神机自运，不待虑而发。发不待虑，则报不旋踵而应。此现报之一隅，绝夫九品者也。

又三业殊体，自同有定报。定则时来必受，非祈祷之所移，智力之所免也。将推而极之，则义深数广，不可详究。故略而言之，相[①]参怀佛教者，以有得之。

世或有积善而殃集，或有凶邪而致庆，此皆现业未就，而前行始应。故曰：“贞祥遇祸，妖孽见福。”疑似之嫌，于是乎在。何以谓之然？或有欲匡主救时，道济生民，拟步高迹，志在立功，而大业中倾，天殃顿集。或有栖迟衡门，无闷于世，以安步为舆，优游卒岁，而时来无妄，运非所遇，世道交沦，乖[②]其闲习。或有名冠四科，道在入室，全爱体仁，慕上善以进德，若斯人也，含冲和而纳疾，履信顺而夭年。此皆立功立德之舛变，疑嫌之所以生也。

大义既明，宜寻其对。对各有本，待感而发。逆顺虽殊，其揆一耳。何者？倚伏之契[③]，定于在昔。冥符告命，潜相回换。故令祸福之气，交谢于六府。善恶之报，舛互而两行。是使事应之际，愚智同惑，谓积善之无庆，积恶之无殃，感神明而悲所遇，慨天殃之于善人。咸谓名教之书，无宗于上。遂使大道翳于小成，以正言为善诱，应心求实，必至理之无此。原其所由，由世典以一生为限，不明其外。其外未明，故寻理者自毕于视听之内。此先王即民心而通其分，以耳目为关键者也。如令合内外之道，以求弘教之情，则知理会之必同，不惑

① “相”，《大正藏》及《文钞》作“想”。

② “乖”，各藏均作“于”，今从《文钞》。

③ “契”，《大正藏》作“势”。

众途而骇其异。若能览三报以观穷通之分，则尼父之不答仲由，颜、冉对圣匠而如愚，皆可知矣。

亦有缘起而缘生法，虽预入谛之明，而遗爱未忘，犹以三报为华苑，或跃而未离于渊者也。推此以观，则知有方外之宾，服膺妙法，洗心玄门，一诣之感，超登上位。如斯伦匹，宿殃虽积，功不在治，理自安消，非三报之所及。因兹而言，佛经所以越名教、绝九流者，岂不以疏神达要，陶铸灵府，穷源尽化，镜万象于无象者也！

（《弘明集》卷五）

## 答桓玄明报应论

问曰：佛经以杀生罪重，地狱斯罚，冥科幽司，应若影响。余有疑焉。何者？夫四大之体，即地、水、火、风耳。结而成身，以为神宅。寄生栖照，津畅明识。虽托之以存，而其理天绝。岂唯精粗之间，固亦无受伤之地。灭之既无害于神，亦由灭天地间水火耳。

又问：万物之心，爱欲森繁，但私我有己，情虑之深者耳。若因情致报，乘感生应，则自然之道，何所寄哉？

答曰：意谓此二条，始是来问之关键，立言之津要。津要既明，则群疑同释。始涉之流，或因兹以悟。可谓朗滞情于常识之表，发奇唱于未闻之前。然佛教深玄，微言难辩，苟未统夫旨归，亦焉能畅其幽致？当为依傍大宗，试叙所怀。

推夫四大之性，以明受形之本，则假于异物，托为同体，生若遗尘，起灭一化。此则慧观之所入，智刃之所游也。于是乘去来之自运，虽聚散而非我。寓群形于大梦，实处有而同无。岂复有封于所受，有系于所恋哉！若斯理自得于心，而外物未悟，则悲独善之无功，感先觉而兴怀，于是思弘道以明训，故仁恕之德存焉。若彼我同得，心无两对，游刃则泯一玄观，交兵则莫逆相遇。伤之岂唯无害于神，固亦无生可杀。此则文殊按剑，迹逆而道顺，虽复终日挥戈，措刃无地矣。若然者，方将托鼓舞以尽神，运干戚而成化。虽功被犹无赏，何罪罚之有耶？

若反此而寻其源，则报应可得而明，推事而求其宗，则罪罚可得而论矣。尝试言之：夫因缘之所感，变化之所生，岂不由其道哉？无明为惑网之渊，贪爱为众累之府。二理俱游，冥为神用，吉凶悔吝，唯此之动。无明掩其照，故情想凝滞于外物。贪爱流其性，故四大结而成形。形结则彼我有封，情滞则善恶有主。有封于彼我，则私其身而身不忘。有主于善恶，则恋其生而生不绝。于是甘寝大梦，昏于同迷，抱疑长夜，所存唯着。是故失得相推，祸福相袭，恶积而天殃自至，罪成则地狱斯罚。此乃必然之数，无所容疑矣。何者？会之有本，则理自冥对。兆之虽微，势极则发。是故心以善恶为形声，报以罪福为影响。本以情感，而应自来，岂有幽司，由御失其道也。然则罪福之应，唯其所感，感之而然，故谓之自然。自然者，即我之影响耳。于夫主宰，复何功哉？

请寻来问之要，而验之于实。难旨全许地、水、火、风结而成身，以为神宅，此即宅有主矣。问主之居宅，有情耶？无情耶？若云无情，则四大之结，非主宅之所感。若以感不由主，故处不以情，则神之居宅无情，无痛痒之知。神既无知，宅又无痛痒以接物，则是伐卉翦林之喻，无明于义。若果有情，四大之结，是主之所感也。若以感由于主，故处必以情，则神之居宅，不得无痛痒之知。神既有知，宅又受痛痒以接物，固不得同天地间水、火、风，明矣。

因兹以谈，夫神形虽殊，相与而化，内外诚异，浑为一体。自非达观，孰得其际耶？苟未之得，则愈久愈迷耳。凡禀形受命，莫不尽然也。受之既然，各以私恋为滞。滞根不拔，则生理弥固。爱源不除，则保之亦深。设一理逆情，使方寸迷乱，而况举体都亡乎？是故同逆相乘，共生仇隙，祸心未冥，则构怨不息。纵复悦毕受恼，情无遗憾，形声既著，则影响自彰。理无先期，数合使然也。虽欲逃之，其可得乎？此则因情致报，乘感生应。但立言之旨本异，故其会不同耳。

问曰：若以物情重生，不可致丧，则生情之由，私恋之惑耳。宜朗以达观，晓以大方，岂得就其迷滞，以为报应之对哉？

答曰：夫事起必由于心，报应必由于事。是故自报以观事，而事可变。举事以责心，而心可反。推此而言，则知圣人因其迷滞以明报应之对，不就其迷滞以为报应之对也。何者？人之难悟，其日固久。是以佛教本其所由，而训必有渐。知久习不可顿废，故先示之以罪福。罪福不可都忘，故使权其轻重。轻重权于罪福，则验善恶以宅心。善恶滞于私恋，则推我以通物。二理兼弘，情无所系，故能尊贤容众，恕己施安。远寻影响之报，以释往复之迷。迷情既释，然后大方之言可晓，保生之累可绝。夫生累者，虽中贤犹未得，岂常智之所达哉！

（《弘明集》卷五）

## 法性论（佚文）

至极以不变为性，得性以体极为宗。（《高僧传》）

法身独还，不疾而速。（惠达《肇论疏》）

因缘之所有者，本无之所无。本无之所无者，谓之本无。本无与法性，同实而异名也。性异于无者，察于性也。无异于性者，察于无也。察性者不知知无，察无者不知知性。知性无

性者，其唯无察也。（同上）

实相理穷，名为毕竟。体寂无为，名不生灭。此不生灭，是彼无常真实性故，名无常义。（《宗镜录》）

问云：性空是法性乎？答曰：非。性空者即所空而为名。法性是法真性，非空名也，今何得会为一耶？（元康《肇论疏》）

问曰：众经明空，其辞虽多方，不固各异，统归宜同，而独称法性何耶？答：明极之谓也，明极则神功周尽，圣智几乎息。问：然则体法性者将为哉？答：唯冥其极而已。（惠达《肇论疏》）

法性者名涅槃，不可坏，不可戏论。性名本分种，如黄石中有金性，白石中有银性。譬如金刚在山顶，渐渐穿下，至金刚地际乃止。诸法亦如是，种种别异，到自性乃止。亦如众流会归于海，合为一味，是名法性也。（同上）

# 序

## 庐山出《修行方便禅经》统序

夫三业之兴，以禅、智为宗。虽精粗异分，而阶藉有方。是故发轸分逵，途无乱辙。革俗成务，功不待积。静复所由，则幽绪告微，渊博难究。然理不云昧，庶旨统可寻，试略而言：禅非智无以穷其寂，智非禅无以深其照。然则禅、智之要，照、寂之谓。其相济也，照不离寂，寂不离照，感则俱游，应必同趣，功玄于在用，交养于万法。其妙物也，运群动以至一而不有，廓大象于未形而不无，无思无为，而无不为。是故洗心静乱者，以之研虑。悟彻入微者，以之穷神也。若乃将入其门，机在摄会。理玄数广，道隐于文。则是阿难曲承音诏，遇非其人，必藏之灵府。何者？心无常规，其变多方。数无定像，待感而应。是故化行天竺，缄之有匠。幽关莫开，罕窥其庭。从此而观，理有行藏，道不虚授，良有以矣。

如来泥洹未久，阿难传其共行弟子末田地，末田地传舍那婆斯。此三应真，咸乘至愿，冥契于昔。功在言外，经所不辨，必暗轨元匠，孱焉无差。其后有优波崛，弱而超悟，智绝世表。才高应寡，触理从简，八万法藏，所存唯要。五部之分，始自于此。因斯而推，固知形运以废兴自兆，神用则幽步无迹。妙动难寻，涉粗生异。可不慎乎？可不察乎？

自兹以来，感于事变，怀其旧典者，五部之学，并有其人。咸惧大法将颓，理深其慨，遂各述赞禅经，以隆盛业。其为教也，无数方便，以求寂然。寂乎唯寂，其揆一耳。而寻条求根者众，统本运末者寡，或将暨而不至，或守方而未变。是故经称满愿之德，高普事之风，原夫圣旨，非徒全其长，亦所以救其短。若然，五部殊业，存乎其人。人不继世，道或隆替，废兴有时，则互相升降，小大之目，其可定乎？又达节善变，出处无际，晦名寄迹，无闻无示，若斯人者，复不可以名部分。既非名部之所分，亦不出乎其外别有宗，明矣。

每慨大教东流，禅数尤寡。三业无统，斯道殆废。顷鸠摩耆婆，宣马鸣所述，乃有此业。虽其道未融，盖是为山于一篑。欣时来之有遇，感寄趣于若人。舍夫制胜之论，而顺不言之辩。遂誓被僧那，以至寂为己任。怀德未忘，故遗训在兹。其为要也，图大成于末象，开微言而崇体。悟惑色之悖德，杜六门以寝患。达忿竞之伤性，齐彼我以宅心。于是异族同气，幻形告疏。入深缘起，见生死际。尔乃辟九关于龙津，超三忍以登位。垢习凝于无生，形累毕于神化。故曰：无所从生，靡所不生；于诸所生，而无不生。

今之所译，出自达摩多罗与佛大先。其人西域之俊，禅训之宗。搜集经要，劝发大乘。弘教不同，故有详略之异。达摩多罗，阖众篇于同道，开一色为恒沙。其为观也，明起不以生，灭不以尽，虽往复无际，而未始出于如。故曰："色不离如，如不离色。色则是如，如则是色。"佛大先，以为澄源引流，固宜有渐。是以始自二道，开甘露门。释四义以反迷，启归途以领会。分别阴界，导以正观。畅散缘起，使优劣自辨。然后令原始反终，妙寻其极。其极非尽，亦非所尽，乃曰无尽，入于如来无尽法门。非夫道冠三乘，智通十地，孰能洞玄根于法身，归宗一于无相，静无遗照，动不离寂者哉！

（《出三藏记集》卷九）

## 《大智论钞》序

夫宗极无为以设位，而圣人成其能。昏明代谢以开运，而盛衰合其变。是故知险易相推，理有行藏。屈伸相感，数有往复。由之以观，虽冥枢潜应，圆景无穷，不能均四象之推移，一其会通。况时命纷谬，世道交沦，而不深根固蒂，宁极以待哉！若达开塞之有运，时来非由遇。则正觉之道，不虚凝于物表。弘教之情，亦渐可识矣。

有大乘高士，厥号龙树，生于天竺，出自梵种。积诚曩代，契心在兹。接九百之运，抚颓薄之会。悲蒙俗之茫昧，蹈险迹而弗吝。于是卷隐[1]衡门，云翔赤泽。慨文明之未发，思或跃而勿用。乃喟然叹曰："重夜方昏，非萤烛之能照。虽白日寝光，犹可继以朗月。"遂自誓落簪，表容玄服，隐居林泽，守闲行禅，靖虑研微，思通过半。因而悟曰："闻之于前论，大方无垠，或有出乎其外者？"俄而回步雪山，启神明以诉志，将历古仙之所游，忽遇沙门于岩下，请质所疑，始知有方等之学。及至龙宫，要藏秘典，靡不管综。滞根既拔，则名冠道位，德备三忍。然后开九津于重渊，朋鳞族而俱游。学徒如林，英彦必集。由是外道高其风，名士服其致，大乘之业，于兹复隆矣。

其人以《般若经》为灵府妙门、宗一之道，三乘十二部由之而出，故尤重焉。然斯经幽奥，厥趣难明，自非达学，鲜得其归。故叙夫体统，辨其深致。若意在文外，而理蕴于辞，辄寄之宾主，假自疑以起对，名曰"问论"。其为要也，发轸中衢，启惑智门。以无当为实，无照为宗。无当则神凝于所趣，无照则智寂于所行。寂以行智，则群邪革虑，是非息焉。神以凝趣，则二谛同轨，玄辙一焉。非夫正觉之灵，抚法轮而再转，孰能振大业于将颓，纽遗纲之落绪，令微言绝而复嗣，玄音辍而复咏哉！虽弗获与若人并世，叩津问道，至于研味之际，未尝不一章三复，欣于有遇。

---

① "隐"，《大正藏》、《永乐北藏》、《全晋文》均作"阴"，今从《文钞》。

其中可以开蒙朗照，水镜万法，固非常智之所辨，请略而言：生途兆于无始之境，变化构于倚伏之场，咸生于未有而有，灭于既有而无。推而尽之，则知有无回谢于一法，相待而非原。生灭两行于一化，映空而无主。于是乃即之以成观，反鉴以求宗。鉴明则尘累不止，而仪像可睹。观深则悟彻入微，而名实俱玄。将寻其要，必先于此。然后非有非无之谈，方可得而言。尝试论之：有而在有者，有于有者也。无而在无者，无于无者也。有有则非有，无无则非无。何以知其然？无性之性，谓之法性。法性无性，因缘以之生。生缘无自相，虽有而常无。常无非绝有，犹火传而不息。夫然，则法无异趣，始末沦虚，毕竟同争[①]，有无交归矣。故游其奥者，心不待虑，智无所缘，不灭相而寂，不修定而闲。非神遇以期通，焉识空空之为玄？斯其至也，斯其极也。过此以往，莫之或知。

又论之为体，位始无方而不可诘，触类多变而不可穷。或开远理以发兴，或导近习以入深。或闔殊途于一法而弗杂，或辟百虑于同相而不分。此以绝夫垒瓦[②]之谈，而无敌于天下者也。尔乃博引众经，以赡其辞。畅发义音，以弘其美。美尽则智无不周，辞博则广大悉备。是故登其涯而无津，挹其流而弗竭，汪汪焉莫测其量，洋洋焉莫比其盛。虽百川灌河，未足

① “争”,《文钞》注云：疑当作“途”。

② “垒瓦”,《大正藏》作“叠凡”。

语其辩矣。虽涉海求源，未足穷其邃矣。若然者，非夫渊识旷度，孰能与之潜跃。非夫越名反数，孰能与之澹漠。非夫洞幽入冥，孰能与之冲泊哉！

有高座沙门，字曰童寿。宏才博见，智周群籍。玩服斯论，佩之弥久。虽神悟发中，必待感而应。于时秦主姚王，敬乐大法，招集名学，以隆三宝。德洽殊俗，化流西域，是使其人闻风而至。既达关右，即劝令宣译。童寿以此论深广，难卒精究，因方言易省，故约本以为百卷。计所遗落，殆过三倍。而文藻之士犹以为繁，咸累于博，罕既其实。譬太羹不和，虽味非珍。神珠内映，虽宝非用。信言不美，固有自来矣。若遂令正典隐于荣华，玄朴亏于小成，则百家竞辩，九流争川，方将幽沦长夜，背日月而昏逝，不亦悲乎？

于是静寻所由，以求其本，则知圣人依方设训，文质殊体。若以文应质，则疑者众。以质应文，则悦者寡。是以化行天竺，辞朴而义微，言近而旨远。义微则隐昧无象，旨远则幽绪莫寻。故令玩常训者，牵于近习；束名教者，惑于未闻。若开易进之路，则阶藉有由。晓渐悟之方，则始涉有津。远于是简繁理秽，以详其中，令质文有体，义无所越。辄依经立本，系以问论，正其位分，使类各有属。谨与同止诸僧，共别撰以为集要，凡二十卷。虽不足增晖圣典，庶无大谬。如其未允，请俟来哲。

（《出三藏记集》卷十）

# 《阿毗昙心》序

《阿毗昙心》者，三藏之要颂，咏歌之微言。管统众经，领其宗会，故作者以“心”为名焉。有出家开士，字曰法胜。渊识远鉴[①]，探[②]深研机。龙潜赤泽，独有其明。其人以为《阿毗昙经》源流广大，难卒寻究，非赡智宏才，莫能毕综。是以探其幽致，别撰斯部，始自“界品”，讫于“问论”，凡二百五十偈，以为要解，号之曰“心”。其颂声也，拟象天乐，若云[③]籥自发，仪形群品，触物有寄。若乃一吟一咏，状鸟步兽行也。一弄一引，类乎物情也。情与类迁，则声随九变而成歌。气与数合，则音协律吕而俱作。拊之金石，则百兽率舞。奏之管弦，则人神同感。斯乃穷音声之妙会，极自然之众[④]趣，不可胜言者矣。

又其为经，标偈以立本，述本以广义，先弘内以明外，譬由根而寻条，可谓美发于中，畅于四肢者也。发中之道，要有三焉：一谓显法相以明本，二谓定己性于自然，三谓心法之

① “鉴”,《大正藏》、《文钞》作“览”，今从《永乐北藏》、《全晋文》。

② “探”,《大正藏》作“极”。

③ “云”,《永乐北藏》、《全晋文》作“灵”。

④ “众”,《永乐北藏》、《全晋文》作“象”。

生，必俱游而同感。俱游必同于感，则照数会之相因。己性定于自然，则达至当之有极。法相显于真境，则知迷情之可反。心本明于三观，则睹玄路之可游。然后练神达思，水镜六府。洗心净慧，拟迹圣门。寻相因之数，即有以悟无。推至当之极，每动而入微矣。

罽宾沙门僧伽提婆，少玩兹文，味之弥久。兼宗匠本，正关入神。要其人情悟所参，亦已涉其津矣。会遇来游，因请令译。提婆乃手执梵本，口宣晋言，临文诫惧，一章三复。远亦宝而重之，敬慎无违。然方言殊韵，难以曲尽。倘或失当，俟之来贤。幸诸明哲，正其大谬。

（《出三藏记集》卷十）

## 《三法度论》序

《三法度论》者，盖出《四阿含》。《四阿含》，则三藏之契经，十二部之渊府也。以三法为统，以觉法为道。开而当名，变而弥广。法虽三焉，而类无不尽。觉虽一焉，而智无不周。观诸法而会其要，辩众流而同其源。斯乃始涉之鸿渐，旧学之华苑也。

有应真大人，厥号山贤。恬思闲宇，智周变通。感达识之先觉，愍后蒙之未悟，故撰此三法，因而名云。自“德品”暨于“所依”，凡三章、九真度，斯其所作也。其后有大乘居士，字僧伽，先以为山贤所集，虽辞旨高简，然其文犹隐，故仍前人章句，为之训传。演散本文，以广其义。显发事类，以弘其美。幽赞之功，于斯乃尽。自兹而后，道光于世，其教行焉。于是振锡趣足者，仰玄风而高蹈。禅思入微者，挹清流而洗心。高座谈对之士，拟之而后言。博识渊有之宾，由之而赡闻也。

有游方沙门，出自罽宾，姓瞿昙氏，字僧伽提婆。昔在本国，预闻斯道，雅玩神趣，怀佩以游。其人虽不亲承二贤之音旨，而讽味三藏之遗言。志在分德，诲人不倦。每至讲论，嗟咏有余。远与同集，劝令宣译。提婆于是自执梵本，转为晋言。虽音不曲尽，而文不害意，依实去华，务存其本。自昔汉兴，逮及有晋，道俗名贤，并参怀圣典。其中弘通佛教者，传译甚众，或文过其意，或理胜其辞。以此考彼，殆兼先典。后来贤哲，若能参通晋、梵，善译方言，幸复详其大归，以裁厥中焉。

（《出三藏记集》卷十）

# 《念佛三昧诗集》序

夫称三昧者何？专思寂想之谓也。思专则志一不分，想寂则气虚神朗。气虚则智恬其照，神朗则无幽不彻。斯二乃是自然之玄符，会一而致用也。是故靖恭闲宇，而感物通灵，御心唯正，动必入微。此假修以凝神，积习以移性，犹或若兹。况夫尸居坐忘，冥怀至极，智落宇宙，而暗蹈大方者哉！请言其始，菩萨初登道位，甫窥玄门，体寂无为，而无弗为。及其神变也，则令修短革常度，巨细互相违，三光回景以移照，天地卷舒而入怀矣。

又诸三昧，其名甚众。功高易进，念佛为先。何者？穷玄极寂，尊号如来。体神合变，应不以方。故令入斯定者，昧然忘知，即所缘以成鉴。鉴明，则内照交映，而万像生焉，非耳目之所暨，而闻见行焉。于是睹夫渊凝虚镜之体，则悟灵相湛一，清明自然。察夫玄音之叩心听，则尘累每消，滞情融朗。非天下之至妙，孰能与于此哉！以兹而观，一觌之感，乃发久习之流覆，豁昏俗之重迷。若以匹夫众定之所缘，固不得语其优劣，居可知也。

是以奉法诸贤，咸思一揆之契。感寸阴之颓影，惧来储之未积。于是洗心法堂，整襟清向，夜分忘寝，夙兴唯勤。庶夫贞谙之功，以通三乘之志，临津济物，与九流而同往。仰援超步，拔茅之兴。俯引弱进，垂策其后。以此览众篇之挥翰，岂徒文咏而已哉！

（《广弘明集》卷三十）

## 《庐山诸道人游石门诗》序

石门在精舍南十余里，一名障山。基连大岭，体绝众阜，辟三泉之会，并立而开流，倾岩玄映其上，蒙形表于自然，故因以为名。此虽庐山之一隅，实斯地之奇观。皆传之于旧俗，而未睹者众。将由悬濑险峻，人兽迹绝，径回曲阜，路阻行难，故罕经焉。

释法师以隆安四年仲春之月，因咏山水，遂杖锡而游。于时交徒同趣三十余人，咸拂衣晨征，怅然增兴。虽林壑幽邃，而开途竞进。虽乘危履石，并以所悦为安。既至，则援木寻葛，历险穷崖，猿臂相引，仅乃造极。于是拥胜倚岩，详观其下。始知七岭之美，蕴奇于此。双阙对峙其前，重岩映带其后。峦阜周回以为障，崇岩四营而开宇。其中则有石台、石池、宫馆之象，触类之形，致可乐也。清泉分流而合注，渌渊镜净于天池。文石发彩，焕若披面。柽松芳草，蔚然光目。其为神丽，亦已备矣。

斯日也，众情奔悦，瞩览无厌。游观未久，而天气屡变。霄雾尘集，则万象隐形。流光回照，则众山倒影。开阖之际，状有灵焉，而不可测也。乃其将登，则翔禽拂翮，鸣猿厉响。归云回驾，想羽人之来仪。哀声相和，若玄音之有寄。虽仿佛犹闻，而神以之畅。虽乐不期欢，而欣以永日。当其冲豫自得，信有味焉，而未易言也。退而寻之，夫崖谷之间，会物无主，应不以情而开兴，引人致深若此，岂不以虚明朗其照，闲邃笃其情耶？并三复斯谈，犹昧然未尽。俄而太阳告夕，所存已往。乃悟幽人之玄览，达恒物之大情，其为神趣，岂山水而已哉！

于是徘徊崇岭，流目四瞩，九江如带，丘阜成垤。因此而推，形有巨细，智亦宜然。乃喟然叹：宇宙虽遐，古今一契。灵鹫邈矣，荒途日隔。不有哲人，风迹谁存？应深悟远，慨焉长怀，各欣一遇之同欢，感良辰之难再，情发于中，遂共咏之云尔。

（《全晋文》卷一百六十七）

# 记

## 庐山略记

山在江州浔阳南，南滨宫亭，北对九江。九江之南江为小江，山去小江三十余里，左挟彭泽，右傍通川，引三江之流而[①]据其会。《山海经》云：“庐江出三天子都，入江彭泽西。一曰天子鄣。”[②]故旧以所滨为彭蠡。有匡裕[③]先生者，出自殷周之际，遁世隐时，潜居其下。或云，裕受道于仙人，共游此山，遂托室崖岫，即岩成馆。故时人谓其所止为神仙之庐，因以名山焉。

其山大岭凡有七重，圆基周回垂五百里。风云之所摅，江湖之所带。高崖仄宇，峭壁万寻。幽岫穷岩，人兽两绝。天将雨，则有白气先抟，而璎珞于山岭下，及至，触石吐云，则倏忽而集。或大风振崖，逸响动谷，群籁竞奏，奇声骇人。此

---

① “而”，四库全书本作“西”，今从《庐山记》、《全晋文》。

② 四库全书本作“彭泽西入江，一曰天子障彭泽也”，今据《山海经》订正。

③ “匡裕”，《庐山记》宋刻本作“匡俗”，《全晋文》作“匡续”。

其变化不可测者矣。众岭中第三岭极高峻，人迹之所罕经也。昔太史公东游，登其峰而遐观，南眺三湖，北望九江，东西肆目，若陟天庭焉。其岭下半里许，有重巘，上有悬崖，傍有石室，即古仙之所居也。其后有岩，汉董奉馆于岩下，常为人治病，法多奇神验，绝于俗医。病愈者令栽杏五株，数年之中，蔚然成林。计奉在民间近二百年，容状常如三十时。俄而升仙，遂绝迹于杏林。其北岭西崖之间，常有悬流遥霔，激势相趣，百余仞中，云气映天，望之若山在霄雾焉。其南岭临宫亭湖，下有神庙，即以宫亭为号。安侯世高所感化，事在《安侯传》。

七岭同会于东，共成峰崿。其崖穷绝，莫有升之者。有野夫见人着沙门服，凌虚直上，既至，则回身踞其鞍，良久乃与云气俱灭，此似得道者。当时能文之士，咸为之异。又所止多奇，触象有异。北背重阜，前带双流。所背之山，左有龙形，而石塔基焉。下有甘泉涌出，冷暖与寒暑相变，盈减经水旱而不异。寻其源，仍出于龙首也。南对高岑，上有奇木，独绝于林表数十丈。其下似一层佛浮图，白鹤之所翔，玄云之所入也。

东南有香炉山，孤峰秀起。游气笼其上，则氛氲若香烟。白云映其外，则炳然与众山殊别。天将雨，其下水气涌起如车马，盖此即龙井之所吐。其左有翠林，青雀、白猿之所憩，玄鸟之所蛰。西有石门，其前似双阙，壁立千余仞，而瀑布流焉。其中鸟兽草木之美，灵药方物[①]之奇，焉可得胜[②]名哉！略举其异而已耳。

（《四库全书·庐山略记》）

## 游庐山记

自托此山[③]，二十三载[④]，凡再诣石门，四游南岭。始入林，渡双阙，谓则践其基。登涉十余里，乃出[⑤]林表，百步许[⑥]，便得重崿。东望香炉，秀绝众形。北眺九江，目流神览。过此转觉道隘而狭，力进复数百步，方造颓岭。积石连阜，霜崿相乘。及鉴斯观，三倍于前矣。然后攀弱条，陟[⑦]峭径，足怠体疲，仅达孤松。其下有盘石，可坐十人。四瞻辽朗，寓目长怀。用

---

① “方物”，四库全书本作“万物”，今从《庐山记》。

② “胜”，四库全书本作“声”，今从《庐山记》。

③ “自托此山”，四库全书本作“自记此”，今据《太平御览》卷四十一及《世说新语·规箴》刘注改。

④ 《太平御览》引作“二十二载”。

⑤ “出”字，四库全书本脱，据《庐山记》补。

⑥ 宋本、《大正藏》作“回步许”，四库全书本作“迴步少许”，今从东方学会重刊日本元禄十年《庐山记》本。

⑦ “陟”,《庐山记》及四库全书本均作“涉”,今从《丛书集成初编·庐山记略》本。

兹畅而悟曰：小大之相出，量不可穷。高下之相倾，岂孤显于气象也哉！于时日将禺而未中，讯诸行人，去松林尚有十四五里[①]。既至，乃傍林际，憩龟岭，视四岭之内，犹观掌焉。未至松林，又有石悬溜其下，翛然使人目眩，斯瀑布之源，三流之始。水霔天池，已备叙于别记。其上有双石临虚，若将坠而未落。傍有盘崖[②]纡回，壁立千仞。翠林被崖，万籁齐响。遗音在岫，若绝而有闻。靖[③]寻所由，似境穷其邃，器深其量故也。传闻有石井、方湖，是所未践，乍睹之者疑为神。渊中有赤鳞涌出，状若龙鱼。野人不能叙[④]，直叹其奇而已耳。每因暇时，追述所经，觉情无定位，以所遇为通塞。或抚常事而牵于近，感至言而达远。更以俯圆池之内，思不出局。乘高眺物，乃发深怀。嗟咏不足，聊复寄以兴云。

（《四库全书·庐山略记》）

① 四库全书本作“三四五里”，今从《庐山记》。

② “崖”，《庐山记》及四库全书本均作“屋”，今从《丛书集成初编·庐山记略》本。

③ “靖”，四库全书本作“请”，今从《庐山记》。

④ “叙”，四库全书本作“取”，今依《世说新语》刘注改。

# 铭赞诗

## 万佛影铭

佛影今在西那伽诃罗国南山，古仙石室中。度流沙，从径道，去此一万五千八百五十里。感世之应，详于前记也。

夫滞于近习，不达稀世之闻。抚常永日，罕怀事外之感。是使尘想制于玄襟，天罗网其神虑。若以之穷龄，则此生岂遇。以之希心，则开悟靡期。于是发愤忘食，情百其慨，静虑闲夜，理契其心。尔乃恩沾九泽之惠，三复无缘之慈。妙寻法身之应，以神不言之化。化不以方，唯其所感。慈不以缘，冥怀自得。譬日月丽天，光影弥晖。群品熙荣，有情同顺。咸欣悬映之在己，罔识曲成之攸寄。妙物之谈，功尽于此。将欲拟夫幽极，以言其道，仿佛存焉，而不可论。何以明之？法身之运物也，不物物而兆其端，不图终而会其成，理玄于万化之表，数绝乎无形无名者也。若乃语其筌寄，则道无不在。是故如来或晦先迹以崇基，或显生途而定体，或独发于莫寻之境，或相待于既有之场。独发类乎形，相待类乎影。推夫冥寄，为有待耶？为无待耶？自我而观，则有间于无间矣。求之法身，原无二统。形、影之分，孰际之哉！而今之闻道者，咸摹圣体于旷代之外，不悟灵应之在兹，徒知圆化之非形，而动止方其迹，岂不诬哉！

远昔寻先师，奉侍历载，虽启蒙慈训，托志玄籍，每想奇闻以笃其诚。遇西域沙门，辄餐游方之说，故知有佛影，而传者尚未晓然。及在此山，值罽宾禅师，南国律学道士，与昔闻既同，并是其人游历所经。因其详问，乃多有先征。然后验神道无方，触像而寄，百虑所会，非一时之感。于是悟彻其诚，应深其信。将援同契，发其真趣，故与夫随喜之贤，图而铭焉。

廓矣大象，理玄无名。体神入化，落影离形。回晖层岩，凝映虚亭。在阴不昧，处暗愈明。婉步蝉蜕，朝宗百灵。应不同方，迹绝两[①]冥。（其一）

茫茫荒宇，靡劝靡奖。淡虚写容，拂空传像。相具体微，冲姿自朗。白毫吐曜，昏夜中爽。感彻乃应，扣诚发响。留音停岫，津悟冥赏。抚之有会，功弗由曩。（其二）

旋踵忘敬，罔虑罔识。三光掩晖，万象一色。庭宇幽蔼，

① "两"，《大正藏》本及《高僧传》。

归途莫测。悟之以静[1]，震[2]之以力。慧风虽遐，维尘攸息。匪伊[3]玄览，孰扇其极。（其三）

希音远流，乃眷东顾。欣风慕道，仰规玄度。妙尽毫端，运微轻素。托彩虚凝，殆映霄雾。迹以像真，理深其趣。奇兴开襟，祥风引路。清气回于轩宇，昏明交而未曙。仿佛镜神仪，依稀若真遇。[4]（其四）

铭之图之，曷营曷求。神之听之，鉴尔所修。庶兹尘轨，映彼玄流。漱情灵沼，饮和至柔。照虚应简，智落乃周。深怀冥托，霄想神游。毕命一对，长谢百忧。（其五）

晋义熙八年，岁在壬子，五月一日，共立此台，拟像本山，因即以寄诚。虽成由人匠，而功无所加。至于岁次星纪赤奋若贞于太阴之墟，九月三日，乃详检别记，铭之于石。爰自经始，人百其诚，道俗欣之，感遗迹以悦心。于是情以本应，事忘其劳。于时挥翰之宾，佥焉同咏，咸思存远猷，托相异闻，庶来贤之重轨故备。时人于影集大通之会，诚非理所期，至于伫襟遐慨，固已超夫神境矣！

（《广弘明集》卷十五）

① “静”，《高僧传》作“靖”。
② “震”，《高僧传》作“开”。
③ “伊”，《高僧传》作“圣”。
④ 末四句，《高僧传》作：“清气回轩，昏交未曙。仿佛神容，依稀钦遇。”

## 襄阳丈六金像赞

（因释和尚立丈六像作）

昔众祐降灵，出自天竺。托化王宫，兴于上国。显迹重冥，开辟神路。明晖宇宙，光宅大千。万流澄源，圆映无主。觉道虚凝，湛焉遗照。于是乘变化以动物，而众邪革心。跬神步以感时，而群疑同释。法轮玄运，三乘并辙。道世交兴，天人攸梦。净音既畅，逸响远流，密风遐扇。

远生善教末，年垂千祀。徒欣大化，而运乖其会，弗获叩津妙门，发明渊极。魍魉神影，餐服至言。虽欣味余尘，道风遂迈。拟足逸步，玄迹已邈。每希想光晷，仿佛容仪，寤寐兴怀，若形心目。冥应有期，幽情莫发，慨焉自悼，悲愤靡寄。乃远契百念慎敬慕之思，追述八王同志之感。魂交寝梦，而情悟于中，遂命门人铸而像焉。夫形理虽殊，阶途有渐。精粗诚异，悟亦有因。是故拟状灵范，启殊津之心。仪形神模，辟百虑之会。使怀远者，兆玄根于来叶。存近者，遘重劫之厚缘。乃道福兼宏，真迹可践。三源反流，九神同渊。

于时四辈悦情，道俗齐趣，迹响和应者如林。铸均有虚室之供，而进助者不以纤毫为挫。劝佐有弥劫之勤，操务者不以昏疲告劳。因物任能，不日而成。功自人事，犹天匠焉。夫明志莫如词，宣德莫如颂。故志以词显，而功业可存。德以颂宣，而形容可像。匪词匪颂，将何美焉？乃作颂曰：

堂堂天师，明明远度。凌迈群萃，超然先悟。
慧在恬虚，妙不以数。感时而兴，应世成务。
金颜映发，奇相晖布。肃肃灵仪，峨峨神步。
茫茫造物，玄运冥驰。伟哉释迦，与化推移。
静也渊默，动也天随。绵绵远御，亹亹长縻。
反宗无像，光潜影离。仰慕千载，是拟是仪。

（《广弘明集》卷十五）

## 昙无竭菩萨赞

亹亹渊匠，道玄数尽。
譬彼大壑，百川俱引。
涯不俟津，途无旋轸。
三流开源，于焉同泯。

（《初学记》卷二十三）

## 游庐山诗

崇岩吐清气，幽岫栖神迹。
稀声奏群籁，响出山溜滴。
有客独冥游，径然忘所适。
挥手抚云门，灵关安足辟。
流心叩玄听[①]，感至理弗隔。
孰是腾九霄，不奋冲天翮。
妙同趣自均，一悟超三益。

（《庐山记》）

## 庐山诸道人游石门诗

超兴非有本，理感兴自生。
忽闻石门游，奇唱发幽情。

① “玄听”，《四库全书·庐山略记》作“音听”，《庐山志》及《文钞》作“玄扃”。今从陈舜俞《庐山记》宋刻本。

褰裳思云驾，望崖想曾城。
驰步乘长岩，不觉质自轻。
矫首登灵阙，眇若凌太清。
端坐运虚轮，转彼玄中经。
神仙同物化，未若两俱冥。

（《庐山志》卷十）

# 书 信

## 与隐士刘遗民等书

彭城刘遗民，以晋太元中，除宜昌、柴桑二县令。值庐山灵邃，足以往而不返。遇沙门释慧远，可以服膺。丁母忧，去职入山，遂有终焉之志。于西林涧北，别立禅坊，养志闲处，安贫不营货利。是时闲退之士，轻举而集者，若宗炳、张野、周续之、雷次宗之徒，咸在会焉。遗民与群贤游处，研精玄理，以此永日。远乃遗其书曰：

每寻畴昔，游心世典，以为当年之华苑也。及见《老》、《庄》，便悟名教是应变之虚谈耳。以今而观，则知沉冥之趣，岂得不以佛理为先？苟会之有宗，则百家同致。君诸人并为如来贤弟子也，策名神府，为日已久。徒积怀远之兴，而乏因藉之资。以此永年，岂所以励其宿心哉？意谓六斋日，宜简绝常务，专心空门。然后津寄之情笃，来生之计深矣。若染翰缀文，可托兴于此。虽言生于不足，然非言无以畅一诣之感。因骥之喻，亦何必远寄古人。

于是山居道俗，日加策励。遗民精勤偏至，具持禁戒，宗、张等所不及。专念禅坐，始涉半年，定中见佛，行路遇像。佛于空现，光照天地，皆作金色。又披袈裟，在宝池浴。出定已，请僧读经，愿速舍命。在山一十五年，自知亡日。与众别已，都无疾苦，至期西面端坐，敛手气绝，年五十有七。先作《笃终诫》曰："皇甫谧《遗论》，佩《孝经》示不忘孝道，盖似有意小儿之行事。今即土为墓，勿用棺椁。"子雍从之。周续之等筑室相次，各有芳绩，如别所云。

（《广弘明集》卷二十七）

## 答戴安公书

安公和南。弟子常览经典，皆以祸福之来，由于积行。是以自少束脩，至于白首，行不负于所知，言不伤于物类。而一生艰楚，荼毒备经，顾影块然，不尽唯己。夫冥理难推，近情易缠。每中宵幽念，悲慨盈怀，始知修短穷达，自有定分，积善积恶之谈，盖是劝教之言耳。近作此《释疑论》，今以相呈，想消息之余，脱能寻省。戴安公和南。

释慧远顿首。省君别示，以为慨然。先虽未善相悉，人物来往，亦未始暂忘。分命穷达，非常智所测。然依傍大宗，似有定检。去秋与诸人共读君论，并亦有同异。观周郎作答，意谓世典与佛教，粗是其中。今封相呈，想暇日能力寻省。

安公和南。间作《释疑论》，以寄其怀，故呈之匠者，思闻启诲。既辱还告，开示宗辙，并送周郎难，甚有趣致。但理本不同，所见亦殊。今重申鄙意答周，复以相呈。旨诚可求，而辞不自畅，想脱览省。戴公和南。

见君与周居士往复，足为宾主。然佛教精微，难以事诘。至于理玄数表，义隐于经者，不可胜言。但恨君作佛弟子，未能留心圣典耳。顷得书论，亦未始暂忘，年衰多疾，不暇有答。脱因讲集之余，粗缀所怀。今寄往，试与同疑者共寻，若见其族，则比干、商臣之流，可不思而得。释慧远顿首。

安公和南。辱告，并见《三报论》，旨喻弘远，妙畅理宗。览省反复，欣悟兼怀。弟子虽伏膺法训，诚信弥至，而少游人林，遂不涉经学。往以艰毒交缠，聊寄之《释疑》以自摅散。此盖情发于中，而形于言耳，推其俗见之怀，诚为未尽。然三报旷远，难以辞究。弟子寻当索归，必觐展，冀亲承音旨，益祛其滞。诸怀寄之周居士。戴安公和南。

（《广弘明集》卷十八）

# 通好昙摩流支法师书

昙摩流支，此云法乐，西域人也。弃家入道，偏以律藏驰名。以弘始七年秋，达自关中。初弗若多罗诵出《十诵》，未竟而亡。庐山释慧远闻支既善毗尼，希得究竟律部，乃遣书通好曰：

佛教之兴，先行上国，自分流已来，四百余年。至于沙门律戒，所阙尤多。顷有西域道士弗若多罗，是罽宾人，其讽《十诵》梵本，有罗什法师，通才博见，为之传译。《十诵》之中，文始过半，多罗早丧，中途而寝，不得究竟大业，慨恨良深。传闻仁者赍此经自随，甚欣所遇，冥运之来，岂人事而已耶！想弘道为物，感时而动，叩之有人，必情无所吝。若能为律学之徒，毕此经本，开示梵行，洗其耳目。使始涉之流，不失无上之津。澡怀胜业者，日月弥朗。此则惠深德厚，人神同感矣。幸愿垂怀，不乖往意。一二，悉诸道人所具。

流支既得远书，及姚兴敦请，乃与什共译《十诵》都毕，研详考核，条制审定。

（《高僧传》卷二）

## 通好鸠摩罗什法师书

闻罗什入关，即遣书通好曰：

释慧远顿首。去岁得姚左军书，具承德问。仁者曩绝殊域，越自外境，于时音驿未交，闻风而悦，但江湖难置，以形乖为叹耳。顷知承否通之会，怀宝来游，至止有间，则一日九驰，徒情欣雅味，而无由造尽，寓目望途，固以增其劳伫。每欣大法宣流，三方同遇。虽运钟其末，而趣均在昔。诚未能扣津妙门，感彻遗灵。至于虚襟遣契，亦无日不怀。夫栴檀移植，则异物同熏。摩尼吐曜，则众珍自积。是惟教合之道，犹虚往实归。况宗一无像，而应不以情者乎！是故负荷大法者，必以无执为心。会友以仁者，使功不自己。若令法轮不停轸于八正之路，三宝不辍音于将尽之期，则满愿不专美于绝代，龙树岂独善于前踪。今往比量衣裁，愿登高座为着之。并天漉之器，此既法物，聊以示怀。

什答书曰：

鸠摩罗什和南。既未言面，又文辞殊隔，导心之路不通，得意之缘圮绝。传驿来贶，粗承风德，比知何如。备闻一途，可以蔽百。经言："末后东方，当有护法菩萨。"

勖哉仁者，善弘其事！夫财有五备：福、戒、博闻、辩才、深智。兼之者道隆，未具者疑滞，仁者备之矣。所以寄心通好，因译传意，岂其能尽，粗酬来意耳。损所致比量衣裁，欲令登法座时着，当如来意，但人不称物，以为愧耳。今往常所用鍮石双口澡罐，可备法物之数也。

并遗偈一章曰：

既已舍染乐，心得善摄否？
若得不驰散，深入实相否？
毕竟空相中，其心无所乐。
若悦禅智慧，是法性无照。
虚诳等无实，亦非停心处。
仁者所得法，幸愿示其要。

远重与什书曰：

日有凉气，比复何如？去月法识道人至，闻君欲还本国，情以怅然。先闻君方当大出诸经，故未欲便相咨求。若此传不虚，众恨可言。今辄略问数十条事，冀有余暇，一一为释。此虽非经中之大难，要欲取决于君耳。

并报偈一章曰：

本端竟何从，起灭有无际。
一微涉动境，成此颓山势。

惑相更相乘，触理自生滞。
因缘虽无主，开途非一世。
时无悟宗匠，谁将握玄契？
末问尚悠悠，相与期暮岁。

（《高僧传》卷六）

## 答王谧书

司徒王谧、护军王默等，并钦慕风德，遥致师敬。谧修书曰：“年始四十七[1]，而衰同耳顺。”

远答曰：

古人不爱尺璧，而重寸阴。观其所存，似不在长年。檀越既履顺而游性，乘佛理以御心，因此而推，复何羡于遐龄耶？想斯理久已得之，为复酬来讯耳。

（《出三藏记集》卷十五、《高僧传》卷六）

① “四十七”，《高僧传》作“四十”，今从《出三藏记集》。

## 答姚兴书

《释论》初出，兴送论，并遗书曰：

《大智度论》新讫，此既龙树所作，又是方等旨归，宜为一序，以宣作者之意。然此诸道士，咸相推谢，无敢动手。法师可为作序，以贻后之学者。

远答书云：

欲令作《大智论序》，以申作者之意。贫道闻怀大非小褚所容，汲深非短绠所测。披省之日，有愧高命。又体羸多疾，触事有废，不复属意已来，其日亦久。缘来告之重，辄粗缀所怀。至于研究之美，当复寄诸明德。

（《出三藏记集》卷十五、《高僧传》卷六）

## 答桓玄劝罢道书

桓玄书：

夫至道缅邈，佛理幽深，岂是悠悠常徒所能习求？

沙门去弃六亲之情，毁其形骸，口绝滋味，被褐带索，山栖枕石，永乖世务。百代之中，庶或有一仿佛之间。今世道士，虽外毁仪容，而心过俗人，所谈道俗之际，可谓学步邯郸，匍匐而归。先圣有言：“未知生，焉知死。”而令一生之中，困苦形神，方求冥冥黄泉下福，皆是管见，未体大化。迷而知返，去道不远，可不三思？运不居人，忽焉将老，可复追哉？聊赠至言，幸能纳之。

远法师答：

大道渊玄，其理幽深，衔此高旨，实如来谈。然贫道出家，便是方外之宾。虽未践古贤之德，取其一往之志，削除饰好，落名求实。若使幽冥有枉[①]，故当不谢于俗人，外似不尽，内若断金，可谓见形不及道，哀哉哀哉！带索枕石，华而不实，管见之人，不足羡矣，虽复养素山林，与树木何异。

夫道在方寸，假练形为真。卞和号恸于荆山，患人不别故也。昔闻其名，今见其人。故庄周悲慨：“人生天地之间，如白驹之过隙。”以此而寻，孰得久停，岂可不为将来作资？言学步邯郸者，新则无功，失其本质，故使邯人匍匐而归。百代之中，有此一也，岂浑同以通之？

---

① “枉”，各本多作“在”，今从《文钞》。

贫道已乖世务，形权于流俗，欲于其中化未化者，虽复沐浴踞傲，奈疑结何？一世之荣，剧若电光，聚则致离，何足贪哉？浅见之徒其惑哉！可谓“下士闻道，大而笑之”，真可谓迷而不返也。贫道形不出人，才不应世，是故毁其陋质，被其割截之服，理未能心冥玄化，远存大圣之制。岂舍其本怀，而酬高诲？

贫道年与时颓，所患未痊，乃复曲垂光慰，感庆交至。檀越信心幽当，大法所寄，岂有一伤毁其本也，将非波旬试娆之言？辞拙寡闻，力酬高命，盖是不逆之怀耳。

（《弘明集》卷十一）

## 与桓玄论料简沙门书

桓玄辅政，欲沙汰众僧，与僚属教：

夫神道茫昧，圣人之所不言，然惟其制作所弘，如将可见。佛所贵无为，殷勤在于绝欲，而比者陵迟，遂失斯道。京师竞其奢淫，荣观纷于朝市。天府以之倾匮，名器为之秽黩。避役钟于百里，逋逃盈于寺庙。乃至一县数千，猥成屯落，邑聚游食之群，境积不羁之众。其所以伤治害政，尘滓佛教，固已彼此俱弊，实污风轨矣。便可严下：在此诸沙门，有能申述经诰，畅说义理者；或禁行修整，奉戒无亏，恒为阿练若者；或山居养志，不营流俗者，皆足以宣寄大化，亦所以示物以道，弘训作范，幸兼内外。其有违于此者，皆悉罢道，所在领其户籍，严为之制。速申下之，并列上也。唯庐山道德所居，不在搜简之例。

远法师与桓太尉论料简沙门书：

佛教陵迟，秽杂日久，每一寻思，愤慨盈怀，常恐运出非意，混然沦湑，此所以夙宵叹惧，忘寝与食者也。见檀越澄清诸道人教，实应其本心。夫泾以渭分，则清浊殊流；枉以直正，则不仁自远。推此而言，符命既行，必二理斯得。然后令饰伪取容者，自绝于假通之路；信道怀真者，无复有负俗之嫌。如此，则道世交兴，三宝复隆于兹矣。贫道所以寄命江南，欲托有道以存。至业之隆替，实由乎人。值檀越当年，则是贫道中兴之运，幽情所托，已冥之在昔。是以前后书疏，辄以凭寄为先。每寻告慰，眷怀不忘。但恐年与时乖，不尽檀越盛隆之化耳。今故咨白数条，如别疏。

经教所开，凡有三科：一者禅思入微，二者讽味遗典，三者兴建福业。三科诚异，皆以律行为本。檀越近制，似大同于此，是所不疑。或有兴福之人，内不毁禁，而迹非阿练若者；或多诵经，讽咏不绝，而不能畅说义理者；或年已宿长，虽无三科可记，而体性贞正，不犯大非者，凡如此辈，皆是所疑。今寻檀越所遣之例，不应问此。而外物惶惑，莫敢自宁，故以别白。

夫形迹易察，而真伪难辨，自非远鉴，得之信难。若是都邑沙门，经檀越视听者，固无所疑。若边局远司，识不及远，则未达教旨，或因符命，滥及善人，此最其深忧。若所在执法之官，意所未详，又时无宿望沙门，可以求中。得令送至大府，以经高鉴者，则于理为弘。想檀越神虑，已得之于心，直是贫道常近之情，故不能不及耳。

若有族姓子弟，本非役门，或世奉大法，或弱而天悟，欲弃俗入道，求作沙门，推例寻意，似不塞其清途。然要须咨定，使洗心向味者，无复自疑之情。

昔外国诸王，多参怀圣典，亦有因时助弘大化，扶危救弊，信有自来矣。檀越每期情古人，故复略叙所闻。

（《弘明集》卷十二）

## 答桓玄论沙门不应敬王者书

桓玄书与远法师：

沙门不敬王者，既是情所不了，于理又是所未谕。一代大事，不可令其体不允。近与八座书，今示君，君可述所以不敬意也。此便当行之于事，一二令详遣，想君必有以释其所疑耳。王领军大有任此意，近亦同游谢中，面共咨之，所据理殊，未释所疑也。令郭江州取君答，可旨付之。

远法师答：

详省别告，及八座书，问沙门所以不敬王者意，义在尊主崇上，远存名体。征引老氏，同王侯于三大，以资生运通之道，故宜重其神器。若推其本，以寻其源，咸禀气于两仪，受形于父母，则以生生通运之道为弘，资存日用之理为大，故不宜受其德而遗其礼，沾其惠而废其敬。此檀越立意之所据，贫道亦不异于高怀。求之于佛教，以寻沙门之道，理则不然。

何者？佛经所明，凡有二科：一者处俗弘教，二者出家修道。处俗，则奉上之礼，尊亲之敬，忠孝之义，表于经文；在三之训，彰于圣典。斯与王制同命，有若符契。此一条，全是檀越所明，理不容异也。出家，则是方外之宾，迹绝于物。其为教也，达患累缘于有身，不存身以息患；知生生由于禀化，不顺化以求宗。求宗不由于顺化，故不重运通之资。息患不由于存身，故不贵厚生之益。此理之与世乖，道之与俗反者也。

是故凡在出家，皆隐居以求其志，变俗以达其道。变俗，则服章不得与世典同礼。隐居，则宜高尚其迹。夫然，故能拯溺俗于沉流，拔幽根于重劫，远通三乘之津，广开人天之路。是故内乖天属之重，而不违其孝。外阙奉主之恭，而不失其敬。若斯人者，自誓始于落簪，立志成于暮岁。如令一夫全德，则道洽六亲，泽流天下。虽不处王侯之位，固已协契皇极，大庇生民矣。如此，岂坐受其德，虚沾其惠，与夫尸禄之贤，同其素餐者哉？

檀越顷者以有其服而无其人，故澄清简练，容而不杂。此命既宣，皆人百其诚，遂之弥深，非言所喻。若复开出处之迹，以弘方外之道，则虚襟者挹其遗风，漱流者味其余津矣。若澄简之后，犹不允情，其中或真伪相冒，泾渭未分，则可以道废人，固不应以人废道。以道废人，则宜去其服。以人废道，则宜存其礼。礼存则制教之旨可寻，迹废则遂志之欢莫由。

何以明其然？夫沙门服章法用，虽非六代之典，自是道家之殊制，俗表之名器。名器相涉，则事乖其本。事乖其本，则礼失其用。是故爱夫礼者，必不亏其名器，得之不可亏，亦有自来矣。夫远遵古典者，犹存告朔之饩羊。饩羊犹可以存礼，岂况如来之法服耶？推此而言，虽无其道，必宜存其礼。礼存则法可弘，法可弘则道可寻，此古今所同，不易之大法也。又袈裟非朝宗之服，钵盂非廊庙之器。军、国异容，戎、华不杂。剃发毁形之人，忽厕诸夏之礼，则是异类相涉之象，亦窃所未安。檀越奇韵挺于弱年，风流迈于季俗，犹参究时贤，以求其中，此而推之，必不以人废言。

贫道西垂之年，假日月以待尽，情之所惜，岂存一已，苟吝所执？盖欲令三宝中兴于命世之运，明德流芳于百代之下耳。若一旦行此，佛教长沦，如来大法于兹泯灭，天人感叹，道俗革心矣。贫道幽诚所期，复将安寄？缘眷遇之隆，故殚其所怀。执笔悲懑，不觉涕泗横流！

桓太尉答：

知以方外遗形，故不贵为生之益。求宗不由顺化，故不重运通之资。又云："内乖天属之重，而不违其孝。外阙奉主之恭，而不失其敬。"若如来言，理本无重，则无缘有致孝之情；事非资通，不应复有致恭之义。君、亲之情，许其未尽。则情之所寄，何为绝之？夫累着在于心滞，不由形敬，形敬盖是心之所用耳。若乃在其本，而纵以形敬，此复所未之谕。又云："佛教两弘，亦有处俗之教，或泽流天下，道洽六亲，固已协赞皇极，而不虚沾其德矣。"夫佛教存行，各以事应，因缘有本，必至无差者也。如此，则为道者，亦何能违之哉？是故释迦之道，不能超白净于津梁，虽未获须陀，故是同国人所蒙耳。就如来言，此自有道深德之功，固非今之所谓宜教者所可拟议也。来示未能共求其理，便大致慨然，故是未之喻也。想不惑留常之滞，而谬情理之用耳。

桓玄许道人不致礼诏：

门下：佛法宏诞，所不能了，推其笃至之情，故宁与其敬耳。今事既在己，苟所不了，且当宁从其略，诸人勿复使礼也。便皆使闻知。十二月三日。

（《弘明集》卷十二）

## 答何镇南书

何镇南难《袒服论》：

见答问袒服，指训兼弘，标末文于玄古，资形理于近用，使敬慢殊流，诚服俱尽，殆无间然。至于所以明顺，犹有未同。何者？仪形之设，盖在时而用。是以事有内外，乃可以浅深应之。李、释之与周、孔，渐世之与遗俗，在于因循不同，必无逆顺之殊，明矣。故《老》明兵凶处右，《礼》以丧制不左。且四等穷奉亲之至，三驱显王迹之仁，在后而要，其旨可见。宁可寄至顺于凶事，表吉诚于丧容哉？郑伯所以肉袒，亦犹许男舆榇，皆自以所乘者逆，必受不测之罚。以斯而证，顺将何在？故率所怀，想更详尽，令内外有归。

远法师答：

敬寻问旨，盖是开其远途，照所未尽，令精粗并顺，内外有归。三复斯诲，所悟良多。常以为道训之与名教，释迦之与周、孔，发致虽殊，而潜相影响；出处诚异，终期则同。但妙迹隐于常用，指归昧而难寻，遂令至言隔于世典，谈士发殊途之论。何以知其然？圣人因弋钓以去其甚，顺四时以简其烦。三驱之礼，失前禽而弗吝。网罟之设，必待化而方用。上极行苇之仁，内匹释迦之慈，使天下齐己，物我同观，则是合抱之一毫，岂直有间于优劣，而非相与者哉？然自迹而寻，犹大同于兼爱。远求其实，则阶差有分。分外之所通，未可胜言，故渐兹以进德，令事显于君亲。从此而观，则内外之教可知，圣人之情可见。但归途未启，故物莫之识。若许其如此，则袒服之义，理不容疑。来告何谓宜更详尽，故复究叙本怀。

原夫形之化也，阴阳陶铸，受左右之体；昏明代运，有死生之说。人情咸悦生而惧死，好进而恶退，是故先王即顺民性，抚其自然，令吉凶殊制，左右异位。由是吉事尚左，进爵以厚其生。凶事尚右，哀容以毁其性。斯皆本其所受，因顺以通教，感于事变，怀其先德者也。世之所贵者，不过生存，生存而屈伸进退，道尽于此。浅深之应，于是乎在。

沙门则不然。后身退已，而不谦卑。时来非我，而不辞辱。卑以自牧谓之谦，居众人之所恶谓之顺。谦顺不失其本，则日损之功易积，出要之路可游。是故遁世遗荣，反俗而动。动而反俗者，与夫方内之贤，虽貌同而实异。何以明之？凡在出家者，达患累缘于有身，不存身以息患。知生生由于禀化，不顺化以求宗。推此而言，固知发轸归途者，不以生累其神。超落世务者，不以情累其生。不以情累其生，则生可绝。不以生累其神，则神可冥。

然则向之所谓吉凶成礼、奉亲事君者，盖是一域之言耳，未始出于有封。有封未出，则是玩其文，而未达其变。若然，方将滞名教以徇生，乘万化而背宗。自至顺而观，得不曰逆乎？渐世之与遗俗，指存于此。

（《弘明集》卷五）

## 答晋安帝书

及桓玄西奔，晋安帝自江陵旋于京师。辅国何无忌，劝远候迎，远称疾不行。帝遣使劳问。

远修书曰：

释慧远顿首。阳月和暖，愿御膳顺宜。贫道先婴重疾，年衰益甚。猥蒙慈诏，曲垂光慰，感惧之深，实百于怀。幸遇庆会，而形不自运，此情此慨，良无以喻。

诏答：

阳中感怀，知所患未佳，甚情耿。去月发江陵，在道多诸恶情，迟兼常，本冀经过相见。法师既养素山林，又所患未痊，邈无复因，增其叹恨。

（《高僧传》卷六）

# 佚文

## 远公遗文补录

●刘宋中书侍郎陆澄，撰《法论目录》，著录远公撰述约四十种。今已佚失者：《般若经问论集》二十卷（即《大智论抄》，或云《要论》，或云《略论》，或云《释论》，庐山沙门释慧远，以论文繁积，学者难究，故略要抄出）、《法性论》上下、《妙法莲华经序》、《无三乘统略》、《法社节度序》、《外寺僧节度序》、《节度序》、《比丘尼节度序》、《与释慧远书论真人至极》（释慧远答）、《释神足》、《辩心意识》、《释神名》、《验寄名》、《问论神》等十四种。（《出三藏记集》卷十二）

●慧远法师尝云："释氏之化，无所不可，适道固自教源，济俗亦为要务。世主若能剪其讹伪，奖其验实，与皇之政并行四海，幽显协力，共敦黎庶。何成、康、文、景，独可奇哉？使周、汉之初，复兼此化，颂作刑清，倍当速耳。"（《弘明集·何令尚之答宋文皇帝赞扬佛教事》）

●庐山远大师释《涅槃经》："问云：'若无所得，云何作善？’佛答明诸众生现有佛性，当必得果，如子在胎，定生不久，理须修善。又问：‘我今不知所趣入处，云何作善？’佛答有如来藏，可以趣入，宜修善业。”（《万善同归集》）

●庐山远大师云：“唯一知性，随用分多，非全心外别有诸数。譬如一金，作种种器，非是金外别有器体。随用别分受、想、行等，各守自相，得言有数，如金与器，非无差别。金、器虽别，时无前后，心法如是。若言定一金，时应当无其诸器。若言定别器，应非一金。心法一异，准此可知矣。”（《宗镜录》）

●远法师云：“无明缘行者，有四无明：一、迷理无明，义通始终；二、发业无明，在于行前；三、覆业无明，此在行后识前；四、受生无明，与识同时，或在识后。”（《宗镜录》）

●远大师云：“缘集义者，统唯一种，或分为二，约真妄开：一、妄缘集，三界虚妄，唯一心作，如梦所见，但是妄心解；二、真缘集，一切诸法，皆真心起，如梦所见，皆报心作。或约心识说三：一、就事缘集，从其事识，起一切法；二、妄缘集，从其妄缘，起一切法；三、真缘集，真识体中，具过一切恒沙性德，互相集成，故言缘集，又从真识，起一切法。故经说言：‘若无如来藏识，七识不住，不得厌苦，乐求涅槃。由如来藏，故起诸法。’又就有为无为说三，即：一、有为缘集，二、无为缘集，三、具二缘集。”（《宗镜录》）

●远法师云："眇莽无明，犹促夜之有旦，似寐而不觉。"（惠达《肇论疏》）

●远师云："欲辟重冥于幽室，必开户牖以通其照。冥冥玄夜，幽寝无期。玄音发咏，而大道宣流也。"（同上）

●远师云："非夫圣近善诱，孰窥其畔。非夫穷神冥应，孰岸其极也。"（同上）

●庐山远法师作刘公传云："刘程之，字仲思，彭城人，汉楚元王裔也。承积庆之冲[1]粹，体方外之虚心。百家渊谈，靡不游目。精研佛理，以期尽妙。陈郡殷仲文、谯国桓玄，诸有心之士，莫不崇拭。禄寻阳柴桑，以为入山之资。未旋几时，桓玄东下，格称'永始'。逆谋始，刘便命孥，考室林薮。义熙，公侯咸辟命，皆逊辞以免。九年，太尉刘公知其野志冲邈，乃以高尚人望相礼，遂其放心。居山十有二年卒。"（元康《肇论疏》）

●慧远法师答卢循书曰："损饷六种，深抱情至。益智，乃是一方异味，即于僧中行之。"（《艺文类聚》卷八十七）

●惠远法师《澡罐铭序》曰："得摩罗输[2]石澡罐一枚，故以此铭答之。"（《北堂书钞》卷一百三十五，《太平御览》卷七百一十二）

---

① "冲"，《肇论疏》大正藏本作"重"，据遵式《注肇论疏》改。

② "输"，别本作"勒"。

## 遗诫

吾昔以知命之年，托业此山，自审有必尽之期，便欲绝迹外缘，以求其志。良由性弱于断，遂令同趣相引，时贤过眷，情以类感，不觉形与运颓，今年已八十三矣。仰寻违离之诲，俯慨自负之心，徒令此生虚谢，以悼往疾之深。今于至时，露骸松林之下，即岭为坟，与土木同状。此乃古人之礼，汝等勿违。苟神理不昧，庶达其诚。大哀世尊，亦当祐之以道。

（《佛祖统纪》卷二十六）

# 庐山慧远大师文集

# 大乘大义章

# 大乘大义章卷上

宋国庐山慧远法师（公少瞻儒道，擅坚白之名。及脱俗高尚，亦江左须弥。凡所述作，莫非皆是实归之路），默问常安草堂摩诃乘法师鸠摩罗什（《苻书》云：什是天竺大婆罗门鸠摩罗炎之子也，其母须陀洹人。什初诞生，圆光一丈。暨长超绝，独步阎浮，至乎归伏异学，历国风靡。法集之盛，云萃草堂。其甘雨所洽者，融、伦、影、肇、渊、生、成、睿八子也。照明之祥，信有征也），大乘经中深义十有八途，什法师一一开答。今分为上、中、下三卷，上卷有六事，中卷有七事，下卷有五事。

**【注】**《大乘大义章》三卷，又名《大乘义章》、《鸠摩罗什法师大义》，为慧远大师与鸠摩罗什关于大乘法义往来问答释疑的文疏汇编。原文历经传抄，错讹甚多。此次校勘以《大正藏》、《卍续藏》两种版本为底本（下简称原本），并参照各校勘本略加订正。所参照的校勘本主要有：《远什大乘要义问答》，丘檗校订，1930年中国佛教历史博物馆刊行（下简称丘本）；《慧远研究》（遗文篇），木村英一编，1960年创文社刊行（下简称木村本）；《大乘大义章释译》，陈扬炯著，1996年台湾佛光山出版社刊行（下简称陈本）。

## 一、问答真法身

远问曰：佛于法身中为菩萨说经，法身菩萨乃能见之。如此则有四大、五根。若然者，与色身复何差别，而云法身耶？经云：“法身无去无来，无有起灭，泥洹同像。”云何可见，而复讲说乎？

什答曰：佛法身者，同于变化。化无四大、五根。所以者何？造色之法，不离四大。而今有香之物，必有四法，色、香、味、触。有味之物，必有三法，色、味、触。有色之物，必有二法，有色、有触。有触之物，必有一法，即触法也。余者或有或无。如地必有色、香、味、触。水有色、味、触。若水有香，即是地香。何以知之？真金之器，用承天雨，则无香也。火必有触，若有香者，即是木香。何以知之？火从白石出者，则无香也。风但有触，而无色也。若非色之物，则异今事。如镜中像、水中月，见如有色，而无触等，则非色也。化亦如是，法身亦然。

又经言法身者，或说佛所化身，或说妙行法性生身。妙行法性生身者，真为法身也。如无生菩萨，舍此肉身，得清净行身。又如《法华经》说，罗汉受记[①]为佛。经复云，罗汉末后之身。是二经者皆出佛口，可不信乎？但以罗汉更不受结业形故，说言后边耳。譬如法身菩萨，净行生故，说言作佛。如是佛事，虽皆是实，而有参差，有真有伪。

真法身者，遍满十方虚空法界，光明悉照无量国土，说法音声常周十方无数之国，具足十住菩萨之众乃得闻法。从是佛身方便现化，常有无量无边化佛遍于十方，随众生类若干差品而为现形，光明、色像，精粗不同。如来真身，九住菩萨尚不能见，何况惟越致，及余众生。所以者何？佛法身者，出于三界，不依身口心行，无量无漏诸净功德本行所成，而能久住，似若泥洹。真法身者，犹如日现。所化之身，同若日光。如《首楞严经》，灯明王佛寿七百阿僧祇劫，与此释迦同，是彼一身，无有异也。若一佛者，此应从彼而有。法性生佛，所化之佛，亦复如是。

若言法身无来无去者，即是法身实相，同于泥洹，无为无作。又云：法身虽复久住，有为之法，终归于无，其性空寂。若然者，亦法身实相，无来无去。如是虽云法身说经，其相不生不灭，则无过也。

远领解曰：寻来答要，其义有三：一谓法身实相无来无

① “记”，原本作“起”，今参照各校勘本改。

去，与泥洹同像；二谓法身同化，无四大、五根，如水月、镜像之类；三谓法性生身是真法身，能久住于世，犹如日现。此三各异，统以一名，故总谓法身。而传者未详辨，徒存名而滥实，故致前问耳。君位序有判，为善。

## 二、重问法身并答

远问曰：法身实相，无去无来。《般若经》中，法上菩萨答常悲，已有成观。又法身同化，如镜像之类。方等诸经引喻言：“日月宫殿不移，而光影现于江河。”此二条是所不疑。

今所问者，谓法性生身，妙行所成。《毗摩罗诘经・善权品》云：“如来身者，法化所成。”来答之要，似同此说。此一章所说列法，为是法性生身所因否[①]？若是前因者，必由之以致果。闻致果之法，为与实相合否？若所因与实相合，不杂[②]余垢，则不应受生。请推受生之本，以求其例：从凡夫人，至声闻得无着果、最后边身，皆从烦恼生，结业所化也。从得法忍菩萨，受清净身，上至补处大士，坐树王下取正觉者，皆从烦恼残气生，本习余垢之所化也。自斯以后，生理都绝。夫生者，宜相与痴言。

① “否”，原本作“非”，今参照丘本、陈本改。

② “杂”，原本作“离”，今参照木村本、陈本改。

若大义所明，为同此否？若同此，请问所疑：得忍菩萨，舍结业，受法性生身时，以何理而得生耶？若由爱习之残气，得忍菩萨烦恼既除，着行亦断，尚无法中之爱，岂有本习之余爱？设有此余，云何得起，而云受身？为实生为生耶？不生为生乎？若以不生为生，则名实生，便当生理无穷。若以生为生，则受生之类，皆类有道。假令法身菩萨以实相为己住，妙法为善因，至于受生之际，必资余垢以成化。但当抚[①]之以论所有理耳。

今所未了者，谓止处已断，所宅之形，非复本器。昔习之余，无由得起。何以知其然？烦恼残气，要从结业后边身生。请[②]以效明之：向使同[③]舍利弗，常禅定三昧，声色交陈于前，耳目无用，则受淡泊而过。及其任[④]用暂过鼻眼之凡夫，便损亏大业，失觉[⑤]支想。所以尔者，由止处未断，耳目有所对故也。至于忘对，犹尚无用，而况绝五根者乎？此即[⑥]烦恼残气要由结业五根之效也。假使慈悲之性，化于受习之气，发自神本，不待诸根。四大既绝，将何所摄，而有斯形？阴阳之表，岂可感而成化乎？如其不可，则道穷数尽，理无所出。水镜之

① “抚”，原本作“换”，今参照木村本、陈本改。

② “请”，原本作“诸”，今参照丘本、陈本改。

③ “同”，原本作“问”，今参照丘本改。

④ “任”，原本作“在”，今参照丘本、陈本改。

⑤ “觉”，原本作“贤”，今参照丘本、陈本改。

⑥ “即”，原本作“既”，今参照丘本、陈本改。

喻，有因而像。真法性生，复何由哉？

什答曰：后后五百岁来，随诸论师，遂各附所安，大小判别。小乘部者，以诸贤圣所得无漏功德，谓三十七品，及佛十力、四无所畏、十八不共等，以为法身。又以三藏经显示此理，亦名法身。是故天竺诸国皆云："虽无佛生身，法身犹存。"大乘部者，谓一切法无生无灭，语言道断，心行处灭，无漏无为，无量无边，如涅槃相，是名法身。及诸无漏功德，并诸经法，亦名法身。所以者何？以此因缘得实相故。又大乘法中，无决定分别是生身、是法身。所以者何？法相毕竟清净故。而随俗分别，菩萨得无生法忍，舍肉身，次受后身，名为法身。所以者何？体无生忍力，无诸烦恼，亦不取二乘证，又未成佛，于其中间所受之身，名为法性生身。

然诸论师，于此法身，而生异论：

或言：无诸烦恼者，已得涅槃，不应复生。如《自在王经》说：佛告自在王菩萨："我于燃灯佛时，通达四自在，即于尔时已得佛道，入于涅槃，是吾末身也。"自在菩萨言："若尔时得涅槃者，从是以来，复何所作？"佛言："自利已办，但为教化众生，净佛国土，具足诸神通力威德故。"以此因缘，可知身分虽尽，常以化身度脱众生。

或言：是事不然。所以者何？若尔时得涅槃实道者，身分都尽，又无心意，云何能现化五道，度脱众生，净佛土耶？譬如实有幻师，然后能幻事。若无幻师，则无幻事。是故菩萨得无生法忍，虽无烦恼，应有余习。如阿罗汉成道时，诸漏虽尽，而有残气。但诸罗汉于诸众生中无大悲心，诸有余习，更不受生。而菩萨于一切众生，深入大悲，彻于骨髓，及本愿力，并证实际，随应度众生，于中受身，存亡自在，不随烦恼。至坐道场，余气乃尽。若不尔者，佛与菩萨，不应有别。

或言：得无生法忍菩萨有二，一者得五神通，二者六神通。得五神通者，烦恼成就，但不现前。如人捕得怨贼，系之在狱，不能为患。如是诸菩萨，无生忍力故，制诸烦恼，永不复生，但以清净心，修六波罗蜜功德。如凡夫人，成就三界烦恼，上二界烦恼不现在前，虽有烦恼，无所能为。住五神通，种种现化，度脱众生，故留余结，续复受生。若无残结，则无复生。犹如责米，故留谷种。渐渐具足六波罗蜜，教化众生，净佛国土，乃坐道场，舍烦恼结，然后成佛。具六神通者，所作已办，自利已足。如阿罗汉、辟支佛，无复异也。此身尽已，更不受生，但以本愿大悲力故，应化之身相续不绝，度众生已，自然成佛。所度既毕，自然而灭。先是实灭，以汲引众生故，变化其身，今[①]复示其都灭。

又三藏论师：菩萨虽得六神通，不尽诸漏，行四无量心，生色界中。乃至末后身，生罗睺罗。于尼连禅河浴，为大水所

① “今”，原本作“令”，今参照丘本、陈本改。

漂，力不能制。嫌愦五人，舍我而去。坐道场时，以十六心，得阿那含；以十八心，断无色界结；以三十四心，破一切烦恼，得一切智。成佛已，具受人法，饥、渴、寒、热、老、病、死等，虽心得解脱，身犹有碍，但以一切智慧大悲心为胜耳。

如是等诸论义师，皆因佛语，说菩萨相，于是各生异端，得中者少。

意谓：菩萨得无生法忍，舍生死身，即堕无量无边法中。如阿罗汉既入无余涅槃，堕在无量无边法中，不得说言若天若人、若在若灭。何以故？因缘故名为人，因缘散自然而息，无有一定实灭者，但名有变异身。得如是法门，便欲灭度时，十方佛告言："善男子，汝未得如是无量无边见顿佛身，又未得无量禅定智慧等诸佛功德。汝但得一法门，勿以一法门故，自以为足。当念本愿，怜愍众生，今不知如是寂灭相故，堕三恶道，受诸苦恼。汝所得者，虽是究竟真实之法，但未是证时。"尔时菩萨受佛教已，自念本愿，还以大悲入于生死。是菩萨名之不在涅槃，不在世间，无有定相，以种种方便，度脱众生。

设有问言：菩萨若[1]尔，无复实生，现受勤苦，无诸恼患，功勋甚少。应答：是事不然。着于凡夫时，以颠倒着心，要期果报，虽修苦行，皆非实行。今得诸法实相，具涅槃乐，

① "若"，原本作"答"，今参照丘本、陈本改。

而入生死，化度众生，是为稀有。

设复问言：若此人戏想都灭，又无我心，何复以功德稀有耶？应答：菩萨之心，无有斯事，但为分别者，言有大功德耳[1]。如狮子有大力，不以为大，但余兽以为大耳。又如神药，为益众生故，出于世间，而无分别，但余人知有大力。

如此之人，言身毕竟寂灭相，如幻如梦，如镜中像，不可以生相、不生相为难。何以故？此人堕在无数量，不应以戏论求之。但以人妄谓菩萨有至道场，尽诸结使。断彼意故，说言菩萨唯有结使残气耳。如大乘论中说，结有二种：一者凡夫结使，三界所系；二者诸菩萨得法实相，灭三界结使，唯有甚深佛法中爱、慢、无明等细微之结，受于法身。爱者，深着佛身及诸佛法，乃至不惜身命。无明者，于深法中不能通达。慢者，得是深法，若心不在无生忍定，或起高心："我于凡夫，得如是寂灭殊异之法。"此言残气者，是法身菩萨结使也。以人不识故，说名为气。是残气不能使人生于三界，唯能令诸菩萨受于法身，教化众生，具足佛法。譬如凡夫结使，或有障天人道者，所谓邪见、瞋恚、悭嫉等，以甚恼害众生故。或有不障者，所谓身见、戒取、爱、慢、无明等，以其不恼众生故。结使或生三界，亦如是。是故菩萨亦名得解，亦名未脱。于凡

---

① "言有大功德耳"，原本作"言有大有"，今参照丘本、陈本改。

夫结使为脱，于佛功德结使未脱。或言得六神通，为尽三界结使故。或言得五神通，为未破菩萨结使故。

又言尚无法中之爱者，谓无凡夫、二乘法中之爱。所以者何？菩萨出过二地故。如须陀洹，知一切法无常苦患，即不生爱。若心不在道，即有所爱。又如罗汉，于一切中无所爱，于佛法中而有所爱。如舍利弗、摩诃迦叶，闻佛甚深智慧、无量神力，便与以言:“若我本知佛功德如是者，在于地狱中，宁一胁着地，乃至经劫，于佛道中，心不应有悔。”又诸声闻皆大号泣，声振三千大千世界：“云何乃失如是大利！”是故二乘成道，虽断三界爱结，于佛功德法中，爱心未断。诸菩萨亦[①]如是，无生忍力故，总言一切无所爱，而念佛恩重，深爱佛法，但不起戏论耳。若于一切法中已断爱者，即不复能具足上地。而此人未满应满，未得应得。

又言止处已断，所宅之形，非复本器，昔习之余，无由得起者。三界外，形现妙，爱习之余亦微。是故设复异形，理相因发,即无过也。又此涅槃而为障。如大乘经:一切法从本以来，常寂灭相。一切众生，所作已办，但无明等诸结使障故，不能自知我等即是寂灭相。菩萨如是灭除障碍，尔乃自知我今作佛。若无菩萨结使障者，先已是佛。有三种障：一者三界诸烦恼，

① “亦”，原本作“忽”，或作“得”，今参照木村本、陈本改。

障涅槃道。二乘、菩萨结使，障于佛道，此最难断，以其微隐故。譬如怨贼易[1]避，内贼难识难知。得无生法忍时，世间实相，虽破凡夫结使，未除佛道结使，于佛道中，犹有错谬。若无错谬，得无生法忍时，即应是佛，若欲教化众生，净佛国土，便可一时顿具。何以故？得先碍实智故，所以不得尔者，以有微障故。又无生忍力，但能破邪戏论等，示诸法实相。后得佛时，乃于一切法中通达，无近无远，无深无浅。闻有菩萨阿毗昙，当广分别结使相，如声闻阿毗昙广分别根本十结。

又言四大既绝，将何所构，而有斯形者。既云生途不绝，法身之应无所疑也。但阿毗昙法、摩诃衍法，所明各异。如《迦旃延阿毗昙》说，幻化、梦、响、镜像、水月，是可见法，亦可识知，三界所系，阴、界、入所摄。大乘法中，幻化水月，但诳心眼，无有定法。又小乘经说：化人为何界所摄？答：无处所。今以大乘法，论说法身，无有四大、五根。幻化之事，肉眼所见，尚无所摄，何况法身微妙耶？是故但无三界粗四大、五根耳。为度众生因缘故现，缘尽则灭。譬如日现清水，浊则不见。如是诸菩萨，常在法性中。若众生利根，福德清净者，即随其所见应度之身。

复次，若欲求其实事者，唯有圣人，初得道时，所观之

① “易”，原本作“界”，今参照各校勘本改。

法，灭一切戏论，毕竟寂灭相。此中涅槃相、生死相，尚不可得，何况四大、五根。如是不应以四大、五根为实，谓无此者，即不得有法身也。如一切[1]有为法，皆虚妄不实。有为法者，即是五阴。五阴中最粗者，所谓色阴。若然者，虚妄之甚，不过四大。所以者何？思惟分别，乃至微尘[2]，亦复不有，论中广说。但于凡夫数法和合，得名色阴。色阴无有决定，何况四大、五根？是故不得以凡夫虚妄所见色阴，以为实证，而难无量功德所成之身。若欲取信者，应信法身。如经中说，所有色皆从四大有，为三界系使因缘故，说菩萨法身四大、五根，同如变化，不得以之为一也。又欲界、色界众生，以四大、五根桎梏，不得自在。乃至阿罗汉、辟支佛，心虽得离三界之累形，犹未免寒热饥渴等患。法身菩萨即不然，无有生死，存亡自在，随所变现，无所挂碍。

## 三、问真法身像类并答

远问曰：众经说佛形，皆云身相具足，光明彻照，端正无比，披服德式，即是沙门法像。真法身者，可类此乎？若类于

---

① “切”字，原本无，今参照丘本补。

② “尘”，原本作“麤”，今参照各校勘本改。

此，即有所疑。何者？佛变化之形，托生于人。人中之上，不过于转轮圣王。是故世尊表出家之形、殊妙之体，以引凡俗。此像类大同，宜以精粗为阶差耳。且如来真法身者，唯十住之所见，与群粗隔绝。十住无师，又非所须，纵使有待于来足，不俟之以进业。将何所引，而有斯形？若以功报自然，不期而后应。即菩萨不应标搬有位，以立德本。

什答曰：佛法身、菩萨法身，名同而实异。菩萨法身虽以微结，如先说。佛法身即不然，但以本愿业行因缘，自然施作佛事。如《密迹经》说：佛身者，无方之应。一会之众生，有见佛身金色，或见银色，砗磲、玛瑙等种种之色。或有众生见佛身与人无异，或有见丈六之身，或见三丈，或见千万丈形，或见如须弥山等，或见无量无边身。如以一音，而众生随意所闻，或有闻佛音声崇濡微妙，如迦陵频伽鸟、白鹄之声，如狮子吼声，如野牛王声，如打大鼓之声，如大雷声，如梵王声等，种种不同。有于音声中，或闻说布施，或闻说持戒、禅定、智慧、解脱、大乘等，各各自谓为我说法。是法身神力，无所不能。若不尔者，何得一时演布种种音声、种种法门耶？当知可皆是法身分也。白净王宫佛身，即是法身分，不得容有像类。何以故？释迦牟尼佛身，能一时于千万国土皆作佛事，种种名号，种种之身，教化众生。

言十住无师者，为下凡夫、二乘、九住以还可，非于诸佛言无师也。乃至坐道场菩萨，尚亦有师，何况十住。如《十住经》中说：菩萨坐道场欲作佛，尔时十方佛口中放光明来入其顶，是菩萨即时深入无量三昧、诸佛三昧、陀罗尼、解脱等，通达过去、未来劫数，无量劫为一劫，一劫为无量劫，一微尘为无量色，无量色为一微尘，分别无量十方三世国土名号，及众生名字、行业、因缘本末、种种解脱道门次第，以一念相应慧，通达一切法，得无碍解脱，名之为佛。无碍解脱是佛法之根本。如经说，十住菩萨，当知如佛。是佛赞叹十地功德，如赞诵《法华》者，即为是佛。又言："我以两肩荷负此人。"又如《放钵经》中，文殊师利语弥勒大士："汝可取钵。"弥勒不能取之。文殊师利即伸其臂，下方取钵。尔时弥勒语文殊师利："汝今虽有如是之力。我作佛时，如汝之比，无量无数，不能知我举足下足之事。"而此大菩萨皆是十住，于①佛法不可思议，皆不能及。又文殊、弥勒等，于佛法中，处处多有所问，或为利益众生故，或复自为利益，使得甚深佛法故。若然者，云何言十住无师耶？

又诸大菩萨，不分别是粗是细，能观一切法皆细，能观一切法皆粗。如《般若波罗蜜经》中说：须菩提言："世尊，般若波罗蜜甚深。"佛言："菩萨观般若波罗蜜，观浅亦失。是故不得说如眼所见为粗，心所见为细。大菩萨闻已，离于眼等

① "于"，原本作"施"，今参照丘本改。

诸根，但以法界从佛闻法。”如《不可思议解脱经》中说，文殊师利与十方菩萨在佛会中共坐听法，而能有身南国游行。又大菩萨常在定中，而能见佛听法，声所不能及。如《思益中》说：普华菩萨问舍利弗：“汝入灭尽定，能听法否？”答言：“不能。”菩萨即能。如是法身菩萨所能行，无量不可思议。若有果报生身五根者，可有此难，精粗不同。然体平等者，身心无复差别之相。复有人言：法身菩萨利益众生故，以眼等见佛闻法，施立[①]供养，而有所闻。所以者何？欲为开引新发意菩萨故。

## 四、问真法身寿量并答

远问曰：凡夫寿，皆行业之所成，成之有本。是故虽精粗异体，必因果业[②]。来答云：法身菩萨非身口意业所造。若非意业，即是无因而受果，其可然乎？如其不然，妙体之来，由何而得？

又问：从法忍菩萨始还法身，暨于十住，精粗优劣，不可胜言。其中所受，皆有命根长短，亦应随精粗而为寿量。自十

---

① “施立”，丘本作“於法”。

② “业”，原本作“乘”，今参照丘本改。

住以还，不复精论。今所问[1]者，旨在十住。《十住经》说，十住菩萨，极多有千生补处，极少至一生补处者。此即是法身生否[2]？若是者，必为功报转积，渐造于极，以至一生也。为余垢转消，生理转尽，以至一生乎？若余垢转消，即同须陀洹七生之义。以圣道力故，不至于八。今十住不过千生者，为是何力耶？若是遍学时，道力所制者，即生理有限，不得至千。以是而推，即不同生七可知。若功报转积理极，故唯一生者，一生即是后边身，身尽于后边。即不得不取正觉。若不得不成，何故菩萨有自誓不取正觉者？自誓之言，为是变化形，为真法身乎？若变化形者，便是权[3]假之说。若是真法身者，数有定极，即不得有自誓无穷之言也。

什答曰：今重略叙法身有二种：一者法性常住如虚空，无有为、无为等戏论；二者菩萨得六神通，又未作佛，中间所有之形，名为后法身。法性者，有佛无佛，常住不坏，如虚空无作无尽。以是法，八圣道分、六波罗蜜等，得名为法。乃至经文章句，亦名为法。如须陀洹，得是法分，名为初得法身。乃至阿罗汉、辟支佛，名后得法身。所以者何？罗汉、辟支佛，得法身已，即不复生三界。是佛分别三乘义故，不说有法所去

① “问”，原本作“闻”，今参照各校勘本改。

② “否”，原本作“非”，今参照丘本改。

③ “权”，原本作“推”，今参照丘本、陈本改。

处。准《法华经》有此说耳。若处处说者，《法华经》不名为秘要之藏，又亦不能令人多修习涅槃道，尽诸漏结。是故天竺但言“歌耶”，秦言或名为身，或名为众，或名为部，或名法之体相。或以心心数法名为身，如经说六识身、六触身、六受身、六爱身、六相身、六思身等。始八圣道等，众事和合，不相离故，得名为身。得无生法忍菩萨，虽是变化虚空之形，而与肉身相似故，得名为身。而此中真法身者，实法体相也。言无身口意业者，是真法身中说。或有人言：得无生法忍菩萨，解脱[1]业相，坏三界业故。但以大悲心，起菩萨事。以坏业故，名为无业，谓无如凡夫分别之业耳。如佛言：“我从得佛以来，不复起业。”灭业相故，名为非业。又诸菩萨有所起业，皆与无生忍合故，名为无业。是故菩萨于[2]业中，不分别取相，名为无业。

经言千生者，所未闻故，不得委要相答耳。如普贤、观世音、文殊师利等，是十住菩萨，具足佛十力、四无所畏、十八不共法，以本愿广度众生，故不作佛。如《文殊师利受记经》中说，若干阿僧祇劫，当得作佛。而释迦文佛等，皆以文殊师利为发意因缘，尔时势力已成。如是推求本末，即不限千生也。若经言有千生者，即是本无别愿久住世间。或是钝根，未

① “脱”，原本作“能”，今参照木村本、陈本改。

② “于”，原本作“施”，今参照丘本改。

具足诸佛法故，即有多生。若功德具足者，即是一生。

又功德积满，唯有一生，不得不成正觉菩萨，有二种：一者，功德具足，自然成佛。如一切菩萨初发心时，皆立过愿言："我当度一切众生。"而后渐渐心智转明，思惟筹量："无有一佛能度一切众生，以是故诸佛得一切智，度可度已，而取灭度。我亦如是。"二者，或有菩萨，犹在肉身，思惟分别："理实如此，必不得已，我当别自立愿，久住世间，广与众生为缘，不得成佛。"譬如有人知一切世间皆归无常，不可常住，而有修习长寿业行，往非有相非无相处，乃至八万劫者。又阿弥陀等清净佛国，寿命无量。

## 五、问修三十二相并答

远问曰：三十二相，于何而修？为修之于结业形？为修之于法身乎？若修之结业形，即三十二相，非下位之所能。若修之于法身，法身无身口业，复云何而修？若思有二种，其一不造身口业，而能修三十二相。问所缘之佛，为是真法身佛，为变化身乎？若缘真法身佛，即非九住所见。若缘变化，深诣之功，复何由而尽耶？若真形与变化无异，应感之功必同，如此复何为独称真法身佛，妙色九住哉？

什答曰：法身可以假名说，不可以取相求。所以者何？

声闻三藏法中，唯说佛十力等诸无漏法为法身。佛灭度后，以经法为法身，更无余法身名也。摩诃衍中说，菩萨无生法忍，断诸烦恼，为度众生故，而为受身。诸论议师，名此为法身。何以故？是中无有结使及有漏罪业，但是无为清净六波罗蜜果报，此身常有，自在无碍，乃至成佛也。

转轮圣王，人中第一，唯有三十二相。是故菩萨应世之身，有三十二相，于生死中，种其因缘，于菩萨法身，令增益明净。所以者何？三十二相，凡夫亦有，非为难事。如佛弟难陀，前身以雌黄画辟支佛塔，而作是愿："愿我当得金色相好之身。"如是福德因缘，寿终之后，为波罗捺国造利奢王子。复见迦叶塔，心怀欢喜，即中作盖。以是因缘故，天人中受无量福乐，末后生为迦毗罗婆国白净王子，具三十二相，出家学道，得阿罗汉，于诸端正比丘中最为第一。阿泥律陀，供养波利陀辟支佛，七世生忉利天上，七世生人中，作转轮圣王，七宝具足，得三十二相。又如佛言："汝等比丘，见有受最上乐者，当知我亦曾受如是乐。所以者何？从无始世界以来，所生之处，无不经历。"而今虽复恶世，犹有得一相、二相、五三相者。以是故知，生死身中，修诸相好。但相好所得庄严清净，光明照耀，威德具足，名为佛。

所问三十二思者，迦旃延弟子自以意说耳，非佛所说。又所谓三十二思者，非一念中具也。一念时促不住，事不成办。一切有为法，要须和合，能有所成。如人见三十二人过恶，若欲害者，非但一念。然当断命时，乃名杀心。虽前后多有杀心，但是得名称三十二思[①]。

有人言：菩萨若见佛身，若见佛有三十二相，以所修福德回向："愿我得如是果报。"或时佛为人说修三十二相法，人眼见佛三十二相，便发愿言："我当于未来世，得如是相。"然后以净功德，令其成就。如先下种，后加溉灌。如施草苁床等，得立安相。施燃灯明等，得大光明相。慈悲等观众生，得绀青眼。常以头面敬师长贤圣，及施盖帽等因缘故，得肉髻相。或有人不从佛闻，亦不见佛，但闻他说有三十二相，或自读经书，便发愿言："我得三十二相。"渐渐满足，如上所说。或有人若见佛、若不见佛，其心无在，但闻大乘义，于众生起慈悲心，欲以诸法实相利益众生："愿我当得第一心身，汲引众生，令信我说。"如《智[②]印经》中，佛为弥勒说："有七因缘，发阿耨多罗三藐三菩提心：一者佛令发心；二者见正法坏时，护持法故发心；三者见众生可愍故发心；四者菩萨令发心；五者见人发心亦发心；六者大布施故发心；七者闻佛有三十二相、八十随形好而发心。"佛告弥勒："前三发心，必得成佛，不复退转。后四发心，不能当定，多有退转。"是故当知，种三十二相，其事不同。

---

① "思"，原本作"相"，今参照丘本改。

② "智"，原本无，今补。

又法身菩萨者，经亦不了了说有法身国土处所也。但以理推之，应有法身。若诸菩萨灭诸烦恼，出于三界，既无生身，亦不入涅槃，于是中间，若无法身，其事云何？是故诸论师言：于此中间，从无漏法性生身，名为法身。又此非徒[①]一身而已，随本功力多少，而有其身，或有二身、三身、十身、百千万无量阿僧祇身，乃至无量十方世界皆现其身，为具足余佛法，兼度众生故。《迦旃延阿毗昙》中，无漏法无有果报。何以故？声闻法中，但说三界事，及小涅槃门。大乘中过凡夫法及小涅槃门，更说清净大乘事，如《不可思议经》等。如凡夫虽起善业，烦恼未断故，侵夺福德，以性相违故，不令善业增益。诸阿罗汉虽无烦恼毁损善法，证涅槃故，其心不发，不能增长佛道善根。是菩萨灭诸烦恼，无有亏损善法故，复不证涅槃故，心即不废[②]，功德增长。尔时起一切德，胜本从无始世界来所为福德。如《思益经》说："我以五花施佛，胜本切所施头目髓脑等。何以故？本布施皆是虚妄，杂诸结使，颠倒非实。此施虽少，清净真实[③]。"如人梦中得无量珠宝，不如觉时少有所得。以菩萨三界障碍都灭，唯有佛道微障未尽耳。如以一灯破暗，不能破第二灯分。若能破者，第二灯即无

① "徒"，原本作"從"，今参照丘本、木村本改。

② "废"，原本作"復"，木村本作"後"，今改。

③ "实"，原本无，今参照丘本补。

所增益。而第二灯所破暗，与初灯合，但无初灯所破之暗。菩萨得无生法忍亦如是，舍生死身，受法身，破三界凡夫障碍，不能破诸菩萨障碍。若破者，即是十住，便应作佛。是人尔时起业，无有三界结缚，唯有菩萨结缚微碍。有所起业，皆悉真实，清净无量。何以故？不为生死所拘，不与烦恼共合故，心志广大，从法身以后所受之身，如幻、如镜中像，业亦如是。心所起业随身，所得果报随业。不可以三界粗身，难菩萨微妙出过三界之形也。

问所缘佛为真法身、为变化身者。是事先已答，如上说。或有见者，或有闻者，或自为众生故，庄严其身。或有人不见佛、不闻法，尚能发阿耨多罗三藐三菩提心，何况见佛闻法者？此人以心眼，缘三世佛相。过去佛身相，我当如是。念现在、未来世佛身相，我身亦当如是。或有人随所好乐，自生忆想：“我所作功德，回向佛道，后作佛时，寿命、国土、功德、相好当如是。”此缘《释迦文佛本初发心经》说，于无佛、无佛法国中为大王，名光明。时有小王，以好白象子，奉光明王。王见已欢喜，令象师如法调伏。象师如法善治，令王乘之，游戏林野。是象于林中，闻牝象香气，淫欲心发，驰走趣向。王语象师：“制之令住！”象师即以钩制，不能令止。时王眼视外物，物皆运转，深入榛薮，坏衣伤体，即仰攀树枝得免济。象后念人间饮食，还来至宫。王问大臣：“若人为王作此因缘者，应何治之？”大臣言：“罪应极法。”时象师言：“莫枉杀！我已善治。”王言：“象恶如此，如何善治？”象师即于王前，烧大铁丸，语象言：“取赤铁丸吞之，若不吞者，还以本法治汝。”象自筹量，宁须臾而死，不能久受苦痛，便取铁丸吞之，烧身彻过，大吼而死。王见此已，知其调伏，即问象师：“调伏如此，近以何因缘，有此恶事？”象师言：“心有淫欲重病，势用发故，无所预[1]计。”王闻已惊怖：“淫欲大病，此从何来？”象师言：“我亦不知所从来，及其增减时。”王言：“如是之病，无人能治耶？”象师言：“欲治之者众，皆不得其法，还自坠溺[2]。有人为破淫欲贼故，离五欲，受苦行；或有人其受五欲，情即厌离，以是因缘，得脱此病。或有出家，种种因缘，欲免斯患，皆不拔此淫毒树之根。”王闻已忧怖，说象师言：“如此之病，难可得治。于天人之中，有能破此病者耶？”象师言：“我传闻有大人出世，身体金色，有三十二相、八十随形好，常光远照，愍哀众生，号之为佛。是人了知淫欲生灭之道，愍众生故而为说之。”王闻是已，即便下床，右膝着地，合掌而言：“我以如法治国，及布施等功德，以此福德因缘，当得成佛，治一切众生淫欲重病。”从是发心以后，初值佛号名释迦文，于寿百岁众生中作佛。今释迦佛事，皆同彼佛。时光明王作陶师，字广

---

① “预”，原本作“领”，今参照丘本改。

② “溺”，原本作“浴”，今参照丘本改。

炤。彼释迦文佛，度众生已，与五百阿罗汉度广炤，从祇园[①]出，至其家。广炤即以暖汤、涂油、燃灯、石蜜浆等，供养于佛。陶师从佛闻法，而发其心："我当来世作佛，亦当如是。"是人于无佛法世，尚能发心，何况见佛闻法，种三十二相者？若初发心了了不错者，复何贵成佛耶？唯佛一人得无错耳。是故当知，如光明王，遇得因缘，便自发心。以是因缘，复得人身，值释迦文佛，从佛闻法，然后发[②]愿。昔于暗中发愿，但为破淫欲病者。后得值佛，了了分别名号，而发其愿。渐渐心转微妙，能自以身施转，后于诸法中，无所取相，安住毕竟空，具足六波罗蜜，发清净愿。本愿与吾我贪着心杂，今之所愿，清净无垢。又不可无因，唯愿而得净愿，是事为难。如莲花虽净，必因泥生，不可生于金山上，如《维摩诘经》中说。

又佛法离一异相故，无决定真身。离异相故，无决定粗身。但以人颠倒罪因缘故，不能见佛。颠倒渐薄，净眼转开，乃能见也。佛身微妙，无有粗秽。为众生故，现有不同。又众生先世种见佛因缘，厚薄各异。薄者如今见形像、舍利等。厚者得见相好生身，施作佛事。见生佛亦有二种，或有见佛如须弥山等，或有见佛无量无边之身。如转法轮时，持力菩萨欲量

① "从祇园"，原本作"极行圆"，今参照丘本改。

② "发"，原本无，今参照丘本补。

佛身，是见上身也。如上诸身，能度众生，破除尘劳者，虽精妙不同，皆为是实。于妙中又有妙焉，乃至真法身，十住菩萨亦不能具见，唯诸佛佛眼乃能具见。又诸佛所见之佛，亦从众缘和合而生，虚妄非实，毕竟性空，同如法性。若此身实，彼应虚妄。以不实故，彼不独虚妄。虚妄不异，故粗妙同。宜以粗身能为众生作微妙因缘，令出三界，安住佛道，亦不名为粗也。

## 六、问受决法并答

远问曰：受决菩萨，为受真法身决，为变化之决？若受变化之决，则释迦受决于定光、弥勒受莂于释迦是也。斯类甚广，皆非真言。若受真法身决，后成佛时，则与群粗永绝，唯当十住菩萨共为国土，此复何功何德也？若功德有实，应无师自觉，复何人哉？如其无实，则是权假之一数。经云："或有菩萨，后成佛时，其国皆一生[①]补处。"此则十住共为国土明矣。若果有十住之国，则是诸菩萨终期之所同，不应说云或有。或有而非真，则是变化之流。如此真法身佛，正当独处于玄廓之境。

① "生"，原本作"处"，今参照木村本、陈本改。

什答曰：说菩萨受记者，各各不同。或有人言，为利众生故，与其受记。或以肉身菩萨于无量劫久行菩萨道，为彼受记，示其果报，安慰其心耳。或云变化粗中有受记义，于法身则无此事。或有人言，受记是实事，唯应与法身受记，不应为变化身也。

此复何功德者。如来智德无量无边，利益十住，其功最胜，以彼利根，所受弥广故也。如《般若》中说，供养无量阿惟越致，不如一人疾作佛者。

言无师自觉者，但不目外道为师耳。此义上已明。

若如实语者，诸佛威仪粗事，尚不可知，何况受记深奥义乎？有众生未发心，而佛与受记。有人现前发心，不与受记。有人发心时，便与受记。有人于生死身，得无生法，而为受记。有舍生死身，受法身，而得受记，如文殊师利等是也。有菩萨从无量诸佛受记。如释迦牟尼，从燃灯佛、莲华上佛、华上名佛，乃至迦叶佛，皆从受记。有天王佛，与释迦牟尼真身受记。或于大法身菩萨众中与受记。是菩萨虽于大众中，佛先受记，不以为悦。何以故？自知处处身受记故，不以一身受记为喜，亦不可见喜事故。譬如阿那婆达多龙王受记时，阿阇世王言："汝得大利，于大众中，受记为佛。"龙王言："谁受记者？若身也，身如瓦石。若心也，心如幻化。离此二法，无受记者。当知有何利，而生欢喜也？若我受记，一切众生，亦当受记。"其相同故。如是无量不可思议，不应以事迹为难。

又诸佛菩萨身，无量音声说法，无量神通方便，为利益菩萨，兼利众生故，而与受决。

难言众生不应说云或有者。佛法无量，不可顿尽，随时应物，渐为开示。十住之国，是诸菩萨终期所同，理故然矣。佛种种广分别诸菩萨相，故住生品中说言或有。

独处玄廓之境者。若以独处玄廓为本，来化众生，此复何咎？诸佛从无量无边智慧方便生，其身微妙，不可穷尽。众生功德未具足故，不能具见佛身，唯佛与佛乃能尽耳。功德、智慧等，皆亦如是。如四大河，从阿那婆多池出，皆归大海。人但见四河，而不见其源。唯有神通者，乃能见之。人虽不见，推其所由，必知有本。又彼池中清净之水，少福众生，不能得用。从彼池出，流诸方域，尔乃得用。其佛法身，亦复如是。当其独绝于玄廓之中，人不蒙益。若从其身化无量身，一切众生尔乃蒙益。

# 大乘大义章卷中

## 七、问法身感应并答

远问曰：夫形开莫善于诸根，致用莫妙于神通。故曰菩萨无神通，犹鸟之无翼，不能高翔远游，无由广化众生，净佛国土。推此而言，寻源求本，要由四大。四大既形，开以五根。五根在用，广以神通。神通既广，随感而应。法身菩萨无四大、五根。无四大、五根，则神通之妙，无所因假。若法身独运，不疾而速。至于会应群粗，必先假器。假器之大，莫大于神通。故经称如来有诸通慧。通慧则是一切智海，此乃万流之宗会，法身祥云之所出，运化之功，功由于兹。不其然乎？不其然乎？若神通乘众器以致用，用尽故无器不乘。斯由吹万不同，统以一气。自本而观，异其安在哉？则十住之所见，绝于九住者，直是节目之高下，管窥之阶差耳。

什答曰：法身义已[①]明。法相义者，无有无等戏论，寂灭相故。得是法者，其身名为法身。如法相不可戏论，所得身亦

① “已”，原本作“以”，二字相通。

不可戏论若有若无也。先言无四大、五根，谓三界凡夫粗法身。如法相寂灭清净者，身亦微细，微细故说言无。如欲界天身，若不令人见，则不见也。色界诸天，于欲界天亦尔。又如欲界人，得色界禅定，有大神通，而余人不见，以微细故。又如禅定生微色[①]，虽常随人，而不可见。虽有而微，微故不现。菩萨四大、五根，复微于此，凡夫、二乘所不能见，唯同地以上诸菩萨，及可度者，乃能见耳。又如变化法中，说欲界变化色，依止欲界四大；色界变化色，依止色界四大。菩萨法身如是，似如变化，然别自有微细四大、五根神通，非可以三界系心，及声闻心，所能见也。若得菩萨清净无障碍眼，乃能见之。如《不可思议解脱经》说：十方大法身菩萨，佛前会坐听法。尔时千二百五十大阿罗汉，佛左右坐，而不能见，以先世不种见大法身菩萨会坐因缘故。如人梦中见天上之园观，及至觉时，设近不见。又如人入水火三昧，若不闻者，虽共一处，都无所见。

或人言：法身菩萨神通，不须因假四大、五根乃有施用。世间神通，要因四大、五根耳。如地上火，因木而出。天上电火，从水而出。及变化火，亦不因木有。当知不得以四大、五根，定为神通之本。如佛变化种种之身，于十方国，施作佛事，从佛心出。菩萨法身亦如是，任其力势，随可度众生而为

① “生微色”，原本作“无数色”，或作“生无微色”，今改。

现身。如是之身，不可分别戏论。如镜中像，唯表知面相好丑而已，更不须戏论有无之实也。

若神通乘众器以致用，用尽故无器不乘者。圣人所可引导群生器用，无非神通，皆是初通中说。神通之事，或有功行所成，或有果报所得。若以果报得者，不须功业，随意应物。非果报得者，假于定力，乃有所用。

若九住、十住所见，粗细不同者，是则为异。十住所见之身虽妙，亦非决定。何故？唯诸佛所见者，乃是法身决定。若十住所见是实者，九住所见应是虚妄。但此事不然，故有所见精粗浅深为异也。乃至须陀洹，但见实相身。十住大菩萨，亦同所见。如蚊子得大海之底，乃至罗睺阿修罗王亦得其底，虽得之是同，而深浅有异。深浅有异，则因佛法身相精粗了，声闻人及初习行菩萨，因丈六身，而得实相。或有菩萨功德纯厚，信力弥固，所见之身，过于丈六，随爱色而得实相。如《密迹经》说，得无生忍阿惟越致菩萨，所见佛身，无量无边，世间端正第一无比，而不取相，不生贪着。因此身已，得甚深三昧、陀罗尼等，如是转胜。如声闻法中所有不同，须陀洹欲得斯陀含道，舍本所得大道，虽非颠倒，以斯陀含道微妙大利故。如人为大利故，舍于小利。菩萨从一地至一地亦如是，虽得无生法忍，实事为定，而得一地舍一地，以本地钝不明了、不微妙故。此二俱趣佛道，不名为异同也，不出于实相故。实相则是无复别异。大小菩萨分别佛身者，所见为异。

## 八、问法身佛尽本习并答

远问曰：《大智论》曰："阿罗汉、辟支佛尽漏，譬烧草木，烟炭有余，力劣故也。佛如劫烧之火，一切都尽，无残无气。"论又云："菩萨逮法忍，得清净身时，烦恼已尽。乃至成佛，乃尽余气。"如此则再治而后毕，劫不重烧，云何为除耶？若如《法华经》说，罗汉究竟与菩萨同，其中可以为阶差，烦恼不在残气。又三兽度河，三士射的，今同大除。此皆都闻经，非大类立言之本意，故以为疑。

又问：真法身佛，尽本习残气时，为以几心？为三十四心耶？为九无碍、九解脱耶？为一无碍、一解脱耶？若以三十四心，烦恼先已尽，今唯尽残气，不应复同声闻经说。若以九无碍、九解脱，烦恼有九品，双道所断故，无有此用耳[①]。烦恼残气非三界漏结之所摄，余垢轻微，尚无一品，况有九乎？若以一无碍、一解脱，计三界九地中，皆应有残气，不得偏[②]治上地。若从不用以上，先以世俗道断，今虽上地而有疑。何者？无漏法与世俗道，俱断九品结，功同而治异，故有斯义。

① "耳"，原本作"可"，今参照木村本改。

② "偏"，原本作"徧"，今参照木村本改。

推本习残气，尚非无漏火所及，况世俗道乎？夫功玄则治深，数穷则照微，理固宜然。想《法身经》当有成说，残气中或有差品之异，是所愿闻。

什答曰：声闻人谓佛与阿罗汉、辟支佛俱共得[①]，若断诸烦恼，无复有异，是故以世间大劫尽火[②]为喻。又以菩萨至坐道场乃断烦恼，是故分别习有余、无余为异耳。如摩诃衍经说，得无生忍菩萨，断诸烦恼，具六神通。而诸论师所明不同。或言：若菩萨断烦恼，得漏尽通者，则同漏尽阿罗汉。漏尽阿罗汉，永不复生。是事不然。所以者何？以阿罗汉[③]未断习气，而证于涅槃，无大悲心故，不能复生。菩萨无此二故，明生生不绝。或有人言：菩萨得无生法忍时，三界系烦恼及习气俱尽，而法身菩萨别有结使未灭，虽然，亦不妨习行佛道。如贼系缚在狱，虽为未死，无所能作。是菩萨结使，并地地中断，至坐道场，实欲成佛，尔乃灭尽。此义如上灯喻中说。如是义者，则无所妨碍。以其不灭故，而今菩萨具足十地。

言法身菩萨断烦恼者，此说亦实，为断三界凡夫烦恼故。法身菩萨不断烦恼者，此说亦实，有菩萨细微烦恼故。如燃灯时有暗有明者，得有所见。有暗者，燃第二灯时，其明增益，

① 丘本后补“漏尽通”三字。

② “火”，原本作“大”，今参照丘本、木村本改。

③ “阿罗汉”，原本作“菩萨”，今参照丘本、木村本改。

当知先有微暗故。若先[1]无暗，燃第二灯时，不应有异。

又三十四心、九无碍道、九解脱道，皆非佛说。何以故？四阿含、毗尼，及摩诃衍中，无此说故。但阿毗昙者作如是分别。若佛有此说者，当求本末。而来难以之为过[2]，不受所论。又三十四心、九无碍、九解脱道，以人通议故，是以于《大智论》中说，为分别佛与二乘为异耳。诸摩诃衍经说，佛以一念慧，断一切烦恼习，所有应知应见，无不通达。此一念慧，于无量劫来，修习明利，最为第一，不复须假余心力也。若声闻、辟支佛、诸菩萨，所有智慧不能如是者，乃用九无碍道、九解脱，以其钝故。如人刀钝，手力劣弱，多斫乃断。若大力利刀，一斫则断。如是佛坐道场，末后之慧，最第一利，无能胜者，一时断诸烦恼，永尽无余。以人不识[3]故，名为残气耳。而有为诸[4]法皆羸劣故，众缘和合，乃有所作。最后金刚之慧则不然也，以有大力故，唯用相应共生心心数法处，不须余心力。如是说者，于理为便。如凡夫结使习气，不能大悲事，而令身口业相小有异相，起彼不净之心。菩萨结使亦如是，势力衰薄，虽不能起罪业，但稽留菩萨不令疾至佛道。是

① “先”，原本作“光”，今参照丘本、木村本改。

② “过”，原本作“遇”，今参照丘本、木村本改。

③ “识”，原本作“议”，今参照丘本改。

④ “诸”，原本作“议”，今参照木村本改。

故说法身菩萨成佛时，断烦恼习。

昔闻有菩萨阿毗昙，地地中分别诸菩萨结使及其功德。如《大品》十地说，舍若干法，得若干法。先来之日，不谓此世无须菩萨阿毗昙事。而来问精究，苦求残气之差品。今未有此经，不可以意分别，是故不得委曲[①]相答也。

## 九、问答造色法

远问曰：经称四大不能自造，而能造色。又问造色，能造色否？若能造色，则失其类。如其不能，则水月、镜像，复何因而有？若有之者，自非造色如何？又问水月、镜像，色阴之所摄否？若是色阴，直是无根之色，非为非色。何以知其然？色必有象，象必有色。若像而非色，则是经表之奇言。如此，则阿毗昙覆而无用矣。

什答曰：经言一切所有色，则是四大及四大所生。此义深远难明，今略叙其意。

地、水、火、风，名为四大，是四法或内或外。外者何也？则山河风热等是。内者则骨面温气等是。四大如是，无所不在，而众生各各称以为身，于中次生眼等五根。五根虽非五

① “曲”，原本作“由”，今参照木村本改。

识所知，亦不得谓之无也。所以者何？譬如发、爪，虽是身分，无所分别，以离根故。又如癞病之人，身根坏败，虽有皮肉，而无所觉。是故当知皮肉之内，别有觉用，又能生身识，以是故名为身根。假令身肉但有身根者，以指触食，唯知冷热，不知香味。是故当知别有鼻、舌根等。若然者，四大之身，必生五根，分别五尘故。五根之色，其为微细，非五识所知，难了难明，是故佛名四大所生色。若问：五根难明，佛名为四大生色者，五尘何以复名四大所生色耶？答曰：五尘亦复微细。如水月、镜像等，虽复眼见，无有余尘。若离余尘，则非是色。若声从触有，谓为可闻，无有住处，时过则灭，因缘虽存，无声可闻。若香离色、味、触，则不可得。味、触亦然。是故五尘，亦名四大所生色，以其小故。

或言身根遍于一体，其余四根，少分处生。如瞳子内，针头之处，眼根见色，余处因此总名为眼。其余根皆亦如是。身根所触，审有所觉。凡夫之人，身所觉事，以之为实。如人得罹于官，苦以刀杖治之，终不以余尘为用也。乐亦如是。众生多五欲，于细滑中淫欲偏重，乃有随而死者，是故佛经或以之为初。又如人昼见于色，暗中虽无所见，以身触故，便得其事。当知身根常有实用，余根无有此力。又身根遍生身识，是故身所觉法，名为四大。

若问：身根所觉有十一事，何故但说四法为大也？答：其余七法，皆四大所摄，四大为根本，是其气分耳。轻、重是觉分，坚是相密，若分散则为轻物，若集之则为重物。涩亦然。地有二种：一微尘，次密相近，名为滑物；若微尘疏远，名为涩物。寒是风、水之分。水常冷相，若与火合则热，离火还归本相。风亦冷相，若火力偏多，名为热风，离火还为冷风。如热时摇扇，即得冷风。又身内风发，便令体冷。若服热药，冷风则止。水有二相，一为流相，二为冷相。经中多说流相，以相常有，不可坏故。一切法皆有二相，客相、旧相。佛通达一切法本末故，说其旧相。如水或与火相，可使为热。流是旧相，虽与热合，犹不舍流相。是故寒是水所摄。饥渴者，以人腹内风火力故消食，消食已则从克人身。是故饥虽食难消之物，而无所患，以能消故。若如是分别，四大气分，乃应无量。如长短、此彼、粗细、方圆、燥湿、合散等，皆可以身根觉知，何止七事耶？佛是一切智人，是故但说四大色，及四大所生色。

或言眼见草木从种出生，如是细为粗因。如种中无树，推树为从何来？有人言，无因无缘，自然而生。或有人言，万物皆从大自在天[①]生。有人言，从微尘生。有人言，从常性生。唯佛言从四大生，所谓种中地、水、火、风也。此中虽有余物，佛但说四大，以四大能利成果故。坚相能持，水相能烂，火相能成熟，风相能增长，如是树得增茂。色等无有此用，是

① “大自在天”，原本作“大”，今参照丘本补。

故不说。

又内四大，人初入胎时，地能持之，水能和合，火能成熟，风能开诸窍，令得增长。尔时小儿未有眼等根故，不能分别，以初得身根故，而分别四大所能，是故说一切色，皆四大为根本。如经说六种、十二触、十八意行、四善处，名之为人。是中分别义者，如小儿初入胎时，未有眼等故，但有六种：四大、虚空及识。虽有色、香、味等，以其不觉，不为利益，故不说也。六入既成，于外粗受乐，名为触生受。而复意识常多发用，眼所见色，分别好丑中间，乃至意所知法，分别好丑中间，是名十八意行。又终能住于四善之处，所谓乐分别诸法，是智慧处；乐实不虚，是诚谛处；乐舍则舍恶，是舍处；乐离愦闹，是寂灭处。

或言次第而生。如大劫尽时，无所复有，唯有虚空。尔时虚空中，有诸方风来，互相对持。后有天雨，风持此水，水上有风，扰动而生水沫。水沫积厚，于乃成地，从生草木等。以观一切水色，初始皆从风出，以能持故，是以说所有尽皆以四大为根本。今之色、味等，亦为四大因缘，四大亦为色等之因缘，但以初得名故。如谷子中四大[①]，有色有味等。芽时色味等，亦有四大。但分别先后因果，得其名耳。如内四大，初入胎时，系在赤白不净之中，虽有色、香、味，以无眼等故，

① “四大”，原本作“大”，今参照木村本补。

不觉不知，唯有身根觉知四大有用。佛因此心故，说四大为生色之本。是故十二因缘中，第三因缘时，虽有四大所生色，以微细未能遮识，识增发故，说识因缘名色。歌罗罗时，四大成就，反名为色。歌罗罗时中，识成就，反名为名。所谓成就者，了了相现也。是故说内四大，为生色之本。

佛言所有色，四大、四大生有，是总相说耳。或有三大、二大、一大。四大者如身也。三大者，如死人身中无有火大。二大者，如热水、热风、热合名等。一大者如风，风中无有地、水也。四大生色中亦如是，或四或一。如饮食有味、香、触。如净洁玉器承天雨，但有色、味、触，无有香气。地气合故，乃可有香。如火从珠、日出者，无香无味，但有色、触，烧为触，照为色。如镜像、水月，唯有一色。

四大不能自造而能造者。经无此说，亦无造名，但传译失旨耳。佛唯说所有色，若四大，四大所生。因四大复生四大，如种中四大，复生芽中四大。芽中四大所生色，复生四大所生色。亦互相生，如前说。又外道说四大是常，无时不有。若佛说诸所有色皆是四大，则外道增其邪见。是故佛言色非唯四大而已，因四大故，更有色生，是名四大所生色。是色有三种，善、不善、无记。以善身口业色，能生天人报四大。不善身口业色，能生三恶处报四大。无记色，自然因，共生因。阿毗昙中，亦如是说。若然者，云何言四大不自生也？如人还生人，或生畜生，而生中不正说。从四大生者，皆是四大所生色。如阿毗昙分别四大，一阴一入界所摄。若但四大，则无别阴、界、入，以四大少故。四大所生色阴，十一入、十一界所摄。若但四大所生色，则无别阴也，十入、十界所摄。如是四大、四大所生色，虽复自生生彼无咎。所以者何？生生之大，以有空名。如前说水月、镜像，阿毗昙人有法相者，谓是阴、界、入故摄。如经说三种色，有色可见有对，有色不可见有对，有色不可见无对。又如不见不闻不嗅不味不触，尚名为色。何况眼镜像，如非色耶？是故水月、幻化等，是可见色。而佛法为度众生故，说水月、镜像、影、响、炎、化喻等，使[①]人终不贪着，谓之为有，是故以为空喻。如幻化色，虽是不实事，而能诳惑人目。世间色像，亦复如是。是以过五百年后，而诸学人多着于法，堕于颠倒。佛以幻化为喻，令断爱法，得于解脱，是故或时说有，或时说无。凡夫人无有慧眼，深着好丑粗细等，起种种罪业，如是何得言无耶？佛说一切色皆虚妄颠倒，不可得触，舍离性，毕竟空寂相。诸阿罗汉以慧眼，诸菩萨以法眼，本末了达，观知色相。何得言定有色相耶？诸佛所说好丑此彼，皆随众生心力所解，而有利益之法，无定相，不可戏论。然求其定相，来难之旨，似同戏论也。

① “使”，原本作“默”，今参照丘本改。

## 十、问罗汉受决并答

来答称《法华经》说罗汉受记为佛，譬如法身菩萨净行受生，故记菩萨作佛，居此为法身之明证。

远问曰：经说罗汉受决为佛，又云临灭度时，佛立其前，讲以要法。若此之流，乃出自圣典，安得不信？但未了处多，欲令居决其所滞耳。所疑者众，略序其三：一谓声闻无大慈悲；二谓无沤和般若；三谓临泥洹时，得空空三昧时，爱着之情都断，本习之余不起，类同得忍菩萨，其心泊然，譬如泥洹后时。必如此，爱习残气复何由而生耶？斯问已备于前章。又大慈大悲，积劫之所习，纯诚著于在昔，真心彻于神骨。求之罗汉，五缘已断，焦种不生，根败之余，无复五乐。慈悲之性，于何而起耶？又沤和、般若，是菩萨之两翼，故能凌虚远近，不坠不落。声闻本无此翼，临泥洹时，纵有大心，譬若无翅之鸟，失据堕空。正使佛立其前，羽翮复何由顿生？若可顿生，则诸菩萨无复积劫之功。此三最是可疑，虽云有信，悟必由理，理尚未通，其如信何？

什答曰：一切阿罗汉，虽得有余涅槃，心意清净，身口所作，不能无失念。不智之人，起不净想，其实无复别有垢法。如人锁脚，久久乃离，脚虽不便，更无别法。阿罗汉亦如是，从无始生死来，为结所缚。得阿罗汉道，虽破结缚，以久习因缘故，若心不在道，处于愦闹，因妄念令身口业而有失相。是人入无余涅槃时，以空空三昧，舍无漏道，从是以后，永无复有身口业失。时间[①]促故，不应难言更当起也。又谓以空空三昧能断余习者，是事不然。何以故？用此三昧舍无漏者，则非无漏定。若然者，何得谓烦恼习气都尽耶？

又阿罗汉还生者，唯《法华经》说。无量千万经皆言阿罗汉于后边身灭度。而《法华经》是诸佛秘藏，不可以此义难于余经。若专执《法华经》以为决定者，声闻三藏及余摩诃衍经，寝而不用。又有经言："菩萨畏阿罗汉、辟支佛道，过于地狱。何以故？堕于地狱，还可作佛。"若尔者，唯有《法华》一经可信，余经皆为虚妄。是故不应执着一经，不信一切经法。当应思惟因缘，所以取涅槃，所以应作佛。然五不可思议中，诸佛法是第一不可思议。佛法者，谓阿罗汉涅槃当作佛，唯佛知之。又声闻人以爱为集谛，阿罗汉爱尽故，则无复生理。摩诃衍人言有二种爱：一者三界爱；二者出三界爱，所谓涅槃，佛法中爱。阿罗汉虽断三界爱，不断涅槃佛法中爱。如舍利弗心悔言："我若知佛有如是功德智慧者，我宁一劫于阿鼻地狱一胁着地，不应退阿耨三菩提。"又《毗摩罗诘经》，摩诃迦叶与目连悔责："一切声闻，皆应号泣。"此

① "间"，原本作"闻"，今参照丘本、陈本改。

是爱习之气。又《首楞严三昧》中说："如盲人梦中得眼，觉则还失。我等声闻智慧，于佛智慧，更无所见。"此似若无明。如是爱、无明等，往来世间，具菩萨道，乃当作佛。设入菩萨道，尚不得同直修菩萨道者，何况同无生法忍菩萨也。何以故？是人于众生中，不生大悲心，直趣佛道，但求自利。于无量甚深法性中，得少便证。以是因缘故，教化众生，净佛国土，皆为迟久，不如直趣佛道者疾成于佛。又阿罗汉慈悲，虽不及菩萨慈悲，与无漏心合故，非不妙也。如经中说，比丘慈心和合，修七觉意，设断五道因缘者，慈悲犹在。发佛道心时，还得增长，名为大慈大悲。如《法华经》中说，于他方现在佛闻斯事，然后发心。又涅槃法，无有决定不相应焦罗汉耳。何以故？涅槃常寂灭相，无戏论诸法。若常寂灭、无戏论，则无所妨。又诸佛、大菩萨，深入法性故，不见法性有[①]三品之异，但为度众生故，说有三分耳。

沤和、般若是菩萨两翅者。而《法华经》义，不以此说也。是《般若波罗蜜经》，经中赞叹般若波罗蜜故，有菩萨离般若波罗蜜，但以余功德求佛道者，作此喻耳。是故佛言："虽有无量功德，无般若、沤和，如鸟无两翅，不能远至。如是成阿罗汉，到于涅槃，大愿以满，不能复远求佛道。"若《法华经》说，实有余道。又诸佛赞助成立，何有难事哉？佛

① "有"，原本作"不"，或作"又"，今改。

有不可思议神力教化，能令草木说法往来，何况于人？如焦谷不能生，此是常理。若以神力、咒术、药草力、诸天福德愿力，尚能移山住流，何况焦种耶？如以无漏火，烧阿罗汉心，不应复生。但以佛无量神力接佐，何得不发心作佛也？假使佛语阿难作众恶事，以恭敬深爱佛故，尚亦当作。何况佛记言作佛，为开其因缘，而不成佛乎？如大医王，无有不治之病。如是佛力所加，无有不可度者。又阿罗汉于涅槃不灭，而作佛者，即是大方便也。又菩萨先愿欲以佛道入涅槃，无般若、方便故，堕声闻、辟支佛地，如无翅之鸟。今阿罗汉欲以声闻法入涅槃，或于中道，以有漏禅，生增上慢，如无翅鸟，不得随愿，便当堕落。若能随佛所说，与禅定、智慧和合行者，得入涅槃。是名阿罗汉中有二事，以禅定为方便，无漏慧为智慧。

又佛说般若波罗蜜时，未说《法华经》。《法华经》是诸佛欲入涅槃时，最后于清净众中，演说秘藏。若有先闻者，心无疑难。而诸阿罗汉谓所愿已毕，佛亦说言阿罗汉末后身灭度。菩萨闻已，于阿罗汉道则有畏。今略说二因缘故，佛有此说。一者秘《法华》义故，多令众生乐小乘法，得于解脱。二者欲使菩萨直趣佛道，不令迂回。所以者何？阿罗汉虽疾证无为法，尽一切漏，得到苦边。后入菩萨道时，根不[①]明利，习大道为难，以所资福德微薄故。若无此二因缘者，阿罗汉终归

① “根不”，原本作“不根”，今参照丘本改。

作佛，不应为作留难也。

## 十一、问念佛三昧并答

远问曰：念佛三昧，如《般舟经·念佛章》中说，多引梦为喻。梦是凡夫之境，惑之与解，皆自厓已还理了。而经说念佛三昧见佛，则问云，则答云，则决其疑网。若佛同梦中之所见，则是我想[①]之所瞩，想相专则成定，定则见佛。所见之佛，不自外来，我亦不往，直是想专理会，大同[②]于梦了。疑夫我或不出，化佛不来[③]，而云何有解，解其安从乎？若真兹外应，则不得以梦为喻。神通之会，自非实相，则有往来。往则是经表之谈，非三昧意，复何以为通？又《般舟经》云，有三事得定，一谓持戒无犯，二谓大功德，三谓佛威神。问佛威神，为是定中之佛，外来之佛？若是定中之佛，则是我想之所立，还出于我了。若是定外之佛，则是梦表之圣人。然则成会之来，不专在内，不得令同于梦，明矣。念佛三昧法，法为尔否？二三之说，竟何所从也？

① “想”，原本作“相”，今参照木村本、陈本改。

② “同”，原本作“闻”，今参照丘本、木村本、陈本改。

③ 原本作“疑大我或或不出，境佛不来”，今参照丘本、陈本改。

什答：见佛三昧有三种：一者菩萨或得天眼、天耳，或飞到十方佛所，见佛难问，断诸疑网；二者虽无神通，常修念阿弥陀等现在诸佛，心住一处，即得见佛，请问所疑；三者学习念佛，或以离欲，或未离欲，或见佛像，或见生身，或见过去、未来、现在诸佛。是三种定，皆名念佛三昧，其实不同。上者得神通，见十方佛。中者虽未得神通，以般舟三昧力故，亦见十方诸佛[①]。余者最下。统名念佛三昧。

复次，若人常观世间厌离相者，于众生中行慈为难。是以为未离欲诸菩萨故，种种称赞般舟三昧。而是定力，虽未离欲，亦能摄心一处，能见诸佛，则是求佛道之根本也。

又学般舟三昧者，虽[②]言忆想分别，而非虚妄。所以者何？释迦文佛所说众经，明阿弥陀佛身相具足，是如来之至言。又《般舟经》种种设教，当念分别阿弥陀佛在于西方，过十万佛土，彼佛以无量光明，常照丨方世界。若行人如经所说，能见佛者，则有本末，非徒虚妄忆想分别而已。以人不信不知行禅定法，作是念："未得神通，何能远见诸佛也？"是故佛以梦为喻耳。如人以梦力故，虽有远事，能到能见。行般舟三昧菩萨，亦复如是，以此定力故，远见诸佛，不以山林等为碍也。以人信梦故，以之为喻。又梦是自然之法，无所施

---

① "中者"等二十字，原本无，今据木村本补。

② "虽"，原本作"离"，今参照丘本、陈本改。

作，尚能如是，何况施其功用而不见也？

又诸佛身有决定相者，忆想分别，当是虚妄。而经说诸佛身，皆从众缘生，无有自性，毕竟空寂，如梦如化。若然者，如说行，见诸佛身，不应独以虚妄也。若虚妄者，悉应虚妄。若不虚妄，皆不虚妄。所以者何？普令众生各得其利，种诸善根故。如《般舟经》中见佛者，能生善根，成阿罗汉、阿惟越致。是故当知，如来之身，无非是实。

又忆想分别，亦有时有。若当随经所说，常应忆想分别者，便能通达实事。譬如常习灯烛日月之明，念复障物，便得天眼，通达实事。又下者持戒清净，信敬深重，兼彼佛神力，及三昧力，众缘和合，即得见佛，如人对见镜像。

又一凡夫无始以来曾见，皆应离欲得天眼、天耳，还复轮转五道。而般舟三昧，无始生死以来，二乘之人尚不能得，况于凡夫？是故不应以此三昧所见，谓为虚妄。

又诸菩萨得此三昧，见佛则问，解释疑网。从三昧起，住粗心中，深乐斯定，生贪着意。是故佛教行者应作是念：“我不到彼，彼佛不来，而得见佛闻法者，但心忆分别。”了三界之物，皆从忆想分别而有，或是先世忆想果报，或是今世忆想所成。闻是教已，心厌三界，倍增信敬。佛善说如是微妙理也，行者即时得离三界欲，深入于定，成般舟三昧。

## 十二、问四相并答

远问曰：经云前四相各行人法，后四相各行一相。二相更相为，故不受无穷之难。而《大智论》云：若生能生生，则生复有生。若复有生，则有生夫生生者。如此便为无穷。若果无穷，则因缘无崖分。若其有穷，则因缘无由而生。据今有生，则不应受无穷之难。若不受无穷之难，则四相更相为。设[①]令前能生法，复生生，则反覆有能生之力。若前生能反覆，则不应限后生之不能，如此还入于无穷矣。

又问：四相与心法为因[②]。若有因，为有前后之差，为一时并用也？若一时并用，则生灭性相违，灭时不应生，生时不应灭。若有前后之差，则生中无灭，灭中无生。若生中无灭，则生堕有见。若灭中无生，则灭堕无见。有无既分，则断常两行矣。若生中有少灭，灭中有少生，则前生与后生相陵，前灭与后灭相践，如此则不应云“新新生灭，相离无故”也。必其无故，则因缘之兴[③]不陵践明矣。若生为住因，住为灭因，则

① “设”，原本作“没”，今参照丘本改。

② “因”，原本作“同”，今参照丘本改。

③ “兴”，原本作“与”，今参照丘本、木村本改。

生中无住，住中无灭。假令如新衣之喻，则生中已有住，住中已有灭，则是因中有果，果不异因。因果并陈，厚然无差别。若然者，进退落于疑地，反覆入于负门也。

什答曰：言有为法四相者，是迦旃延弟子意，非佛所说。众经大要有二，所谓有为法、无为法。有为法，有生、有灭、有住、有异。无为，无生、无灭、无住、无异。而佛处处说但有名字耳，尚不决定言有生相，何况生生也。此是他人意，非所信[①]受，何得相答？如他人有过，则非所知。

然佛说一切法，若常，若无常。无常，名先无今有，已有便无。常名则离如是之相。无常是有为法，常即是无为法。佛为众生说，诸因缘出世法，名为生。如母子，如芽从种生，此是现所见事，名之为生。灭，名众缘坏败。若众生而言，名为死。若万物而言，名为坏。从生至灭，于其中间异相，名住、异。若众生而言，名老死病废。若非众生而言，名委异变故。如是内外之物，名为生、灭、住、异。直信之士，闻此事已，即生厌离，得道解脱。佛大意所明，其旨如此。而比丘深心爱法，戏论有为之相，分别有八法俱生。理尚失中，则是众难之府。若一时生，则无因缘。若次第生，则是无穷。又不应离法有生。所以者何？生是有为相，若离生有法者，则非有为法。若生能合法为生者，法何故不能合

① “所信”，原本作“信所”，今参照丘本、陈本改。

生为非生？亦如来难之咎，如是多过。是故佛小乘经中，说生、灭、住、异，但有名字，无有定相也。大乘经中说，生是毕竟空，如梦幻，但惑凡夫心耳。

大乘之法，是所信伏故，以之为论。诸法无生，求生定相不可得故。若因中有法者，则不应名生。如囊中出物，非囊所生。若因中先无者，法何故不从非因中生？如乳中无酪，水亦因无。若有生者，为说瓶初时有也？为泥后非起瓶时有也？此二时俱不然。所以者何？已生未生故，生时过亦如是。若即瓶成为生，此亦不无生分，无瓶亦不应以妄生。何以故？三事相离即无也。若一时，即无因缘。无因缘者，应各自生。如是等无量之过。是故诸佛如来，知生法无有定相，经说[1]凡夫之目，如梦中事，无有本末。以此因缘，说一切法无生无灭，断言语道，灭诸心行，同泥洹相。得此妙理，即成无生法忍。

## 十三、问如法性真际并答

远问曰：经说法性，则云有佛无佛，性住如故。说如，则明受决为如来。说真际，则言真际不受证。三说各异，义可闻乎？

① “说”，原本作“诳”，今参照丘本改。

又问：法性常住，为无耶？为有耶？若无，如虚空，则与有绝，不应言性住。若有而常住，则堕常见。若无而常住，则堕断见。若不有不无，则必有异乎有无者。辨而诘之，则觉愈深愈隐。想有无之际，可因缘而得也？

什答曰：此三义，上无生忍中已明。又《大智度论》广说其事，所谓断一切语言道，灭一切心行，名为诸法实相。诸法实相者，假为如、法性、真际。此中非有非无尚不可得，何况有无耶？以忆想分别者，各有有无之难耳。若随佛法寂灭相者，则无戏论。若有无戏论，则离佛法。《大智论》中，种种因缘，破有破无。不应持所破之法为难也。若更答者，亦不异先义。若以异义相答，则非佛意，便与外道相似。今复略说。

诸法相随时为名，若如实得诸法性相者，一切义论所不能破，名为如。如其法相，非心力所作也。诸菩萨利根者，推求诸法如相，何故如是寂灭之相，不可取不可舍？即知诸法如相，性自尔故。如地坚性、水湿性、火热性、风动性，火炎上为事，水流下为事，风傍行为事。如是诸法性性自尔，是名法性也。入如法性，更不求胜事，尔时心定，尽其边极，是名真际。是故其本是一，义名为三。如道法是一，分别上中下，故名为三乘。初为如，中为法性，后为真际。真际为上，法性为中，如为下。随观力故，而有差别。

又天竺语音相近者以为名，是故说知诸法如，名为如来。如正遍知一切法，故名为佛。又小乘经中亦说如、法性。如

《杂阿含》中，一比丘问佛："世尊，是十二因缘法，为佛所作？为余人所作？"佛言："比丘，是十二因缘，非我所作，亦非彼所作。若有佛，若无佛，诸法如法性，法位常住世间。所谓是法有故是法有，是法生故是法生。无明因缘识，乃至生因缘老死，老死[1]因缘诸苦恼。若无明灭故行灭，乃至老死灭故诸苦恼灭。"但佛为人演说显示，如日显照万物，长短好丑，非日所作也。如是声闻经说，世间常有生死法，无时不有。是名有佛无佛，相常住。

真际义者，唯大乘法中说。以法性无量，如大海水，诸圣贤随其智力所得。二乘人智力劣故，不能深入法性，便取其证。证知如实之法，微妙理极，深厌有为，决定以此为真，无复胜也。而诸菩萨有大智力，深入法性，不随至为证，虽复[2]深入，亦更无异事。如饮大海者，多少有异，更无别事。

又诸菩萨，其乘顺忍中，未得无生法忍，观诸法实相，尔时名为如。若得无生法忍已，深观如故，是时变名法性。若坐道场，证于法性，法性变名真际。若未证真际，虽入法性故，名为菩萨，未有圣果。乃至道场，诸佛以一切智无量法性故，尔乃出菩萨道，以论佛道也。

① "老死"二字，原本无，今参照《大智度论》补。

② "复"，原本作"放"，今参照丘本改。

# 大乘大义章卷下

## 十四、问实法有并答

远问曰：《大智论》以色、香、味、触为实法有，乳酪为因缘有。请推源求例，以定其名。夫因缘之生，生于实法。又问实法为从何生？经谓色、香、味、触为造之色，色则以四大为本。本由四大，非因缘如何？若是因缘，复如何为实法？寻实法以求四大，亦同此疑。何者？论云：一切法各无定相，是故得神通者，令水作地，地作水。是四大之相，随力而变。由兹以观[①]，故知四大与造色，皆是因缘之所化明矣。若四大及造色非因缘，则无三相。无三相，世尊不应说以非常为观。非常，则有新新生灭。故曰：不见有法无因缘而生，不见有法[②]常生而不灭。如此则生者皆有因缘。因缘与实法，复何以为差？寻论所明，谓从因缘而有，异于即实法为有。二者虽同于因缘，所以为有则不同。若然者，因缘之所化，应无定相。非因缘之

① “由兹以观”，原本作“由以慈观”，今参照丘本改。

② “法”，原本作“常”，今参照丘本改。

所化，宜有定相。即此论“神通章”中说，四大无定相。定相无故随灭而变，变则舍其本。色、香、味、触出于四大，则理同因缘之所化，化则变而为异物。以此推实法与因缘未为殊异。论意似别[①]有所明，非是穷崖本极之谈，故取于君。

什答曰：有二种论：一者大乘论，说二种空，众生空、法空。二[②]者小乘论，说众生空。所以者何？以阴、入、界和合，假为众生，无有别实。如是论者，说乳等为因缘有，色等为实法。又以于诸法生二种着，一者着众生，二者着法。以着众生故，说无我法，唯[③]名色为根本。而惑者于名色取相分别，是众生、是人、是天、是生、是舍、是山林、是河等，如是见者，皆不出于名色。譬如泥是一物，作种种器，或名瓫，或名瓶。瓫破为瓶，瓶破为瓫，然后还复为泥，于瓫无所失，于瓶无所得，但名字有异。于名色生异相者亦如是，若求其实，当但有名色。闻是说已，便见一切诸法，无我，无我所，即时舍离，无复戏论，修行道法。有人于名色，不惑[④]众生相，惑于法相，贪着法故，戏论名色。为是人故，说名色虚诳，色如幻如化，毕竟空寂，同如众生，因缘而有，无有定

① “别”，原本作“旨”，今参照丘本、木村本改。
② “二”，原本作“空”，今参照丘本、木村本、陈本改。
③ “唯”，原本作“准”，今参照丘本、木村本、陈本改。
④ “惑”，原本作“或”，今参照木村本、陈本改，下同。

相。是故当知，言色等为实有，乳等为因缘有，小乘论意，非甚深论法。何以故？以众生因此义故，得于解脱。若言都空，心无所寄，则生迷闷。为是人故，令观名色二法①，无常、苦、空。若心厌离，不待余观。如草药除患，不须大药也。又令众生离色等错谬，若一相，若异相，若常相，若断相。以是故说色等为实有，乳等为假名有。如是观者，即知众生缘法，非有自性，毕竟空寂。若然者，言说有异，理皆一致。

又佛得一切智慧，其智不可思议。若除诸佛，无复有人，如其实理，尽能受持。是故佛佛随众生所解，于一义中，三品说道。为钝根众生故，说无常、苦、空，是众生闻一切法无常苦已，即深厌离，即得断爱得解脱。为中根众生故，说一切无我、安稳、寂灭、泥洹，是众生闻一切法无我，唯泥洹安稳寂灭，即断爱得解脱。为利根者，说一切法从本以来，不生不灭，毕竟空，如泥洹相。是故于一义中，随众生结使心错，便有深浅之异。如治小病，名为小药。治大病，名为大药。随病故，便有大小。众生心有三毒之病，轻重亦复如是。爱、恚力等，愚痴则漏。所以者何？爱小罪而难离，恚大罪而易离，痴大罪而难离。以爱难离故是恶相，以小罪故非恶。以恚大罪故是恶相，易离故非恶相。是二力等故，遣之则易，所谓不净、

① “法”，原本作“相”，今参照木村本、陈本改。

慈悲、无常、苦观。痴心若发，即生身见等十二见，于诸法中，深堕错谬。为此病故，演说无我，众缘生法，则无自性，毕竟常空，从本以来，无生灭[1]相。是故佛或说众生空，或说法空，言色等为实法，乳等为因缘有，无咎。

## 十五、问分破空并答

远问曰：《大智论》推氎[2]求本，以至毛分。推[3]毛分以求，原是极微。极微即色、香、味、触是也。此四于体[4]有之，色、香、味、触则不得谓之寄名。然则极微之说，将何所据？为有也？为无也？若有实法，则分破之义，正可空氎，犹未空其本。本不可空，则是尺棰之论，堕于常见。若无实法，则是龟毛之喻，入于断见。二者非中道，并不得谓之寄名。设令十方同分，以分破为空，分焉诎有，犹未出于色。色不可出故，世尊谓之细色非微尘。若分破之义，唯[5]空因缘有，不及

① “灭”，原本无，今参照丘本补。

② “氎”，细毛布。原本作“叠”，二字通。今参照丘本改。下同。

③ “推”，原本作“唯”，今参照各校勘本改。

④ “于体”，原本作“味触”，今参照丘本、陈本改。

⑤ “唯”，原本作“推”，今参照丘本改。

实法故。推甀至于毛分尽，而复知[①]空可也，如此复[②]不应以极微为寄[③]名。极微为寄名，则空观不止于因缘有，可知矣。然则有无之际，其安在乎？不有不无，义可明矣。

什答曰：佛法中都无微尘之名，但言色若粗若细，皆悉无常，乃至不说有极微极细者。若以极细为微尘，是相不可得。而论者于此多生过咎，是故不说。又极细色中不令众生起于爱缚，若有缚处，佛则为说解缚之法。又大乘经中，随凡夫说微尘名字，不说有其定相，如极粗色不可得，极细色亦不可得。如优楼迦弟子说《微尘品》，谓微尘定相有四，色、香、味、触。水微尘有色、味、触，火微尘有色、触，风微尘但有其触。是人离四法别有，以地大故，四法属[④]地。极小地名为微尘，一切天地诸色之根本，是不可坏相。佛弟子中亦有说微尘处。因佛说有细微色，而细中求细，极细者想以为微尘掙。为破外道邪见，及佛弟子邪论故，说微尘无决定相，但有假名。何以故？如五指和合，假名为拳。色等和合，假名微尘。以佛法中常用二门，一无我门，二空法门。无我门者，五阴、十二入、十八性、十二因缘，决定有法，但无有我。空法门者，五

① “知”，原本作“智”，今参照各校勘本改。

② “复”，原本作“後”，今参照丘本、陈本改。

③ “寄”，原本作“奇”，今改。下同。

④ “属”，原本作“屈”，今参照木村本、陈本改。丘本改作“居”。

阴、十二入、十八性、十二因缘，从本以来，无所有，毕竟空。若以无我门破微尘者，说色、香、味、触为实法，微尘是四法和合所成，名之假名。所以者何？是中但说我空，不说法空故。若以法空者，微尘色等皆无所有，不复分别是实是假，又不可谓色等为常相。所以者何？以从众因缘生，念念灭故，为阴、界、入摄故，亦不得言无。凡和合之法，则有假名，但无实事耳。如色入、触入，二事和合，假名为火。若以二法和合，有第三火法者，应别有所作。然实无所作，当知一火能烧，造色能照，无别法也，但有名字。是故或说假名，或说实法，无咎。又佛法圣观有四种：一无常、二苦、三空、四无我。佛或以无我观度众生，或以空观度众生。若说无我，则有余法。若说空，则无所有。若以空法破微尘者，则人不信受。何以故？汝乃言无粗色，何独说无微尘也？若以无我法无微尘者，人则易信。

若无实法，则龟毛之喻，入于断见者，是事不然。何以故？或有言我同于身，若身灭者，我即同灭，亦复无有至后身者。若无微尘，不在此例也。又不以我为断常见。所以者何？我、我所见，名为身见。五见各别故。或言五阴因变为果，名之为常。或以五阴是有为法，因灭更有果生，名之为断。而智者分别寻求微尘理极，本自无法，则无所灭。如我本来自无，虽复说无，不堕断灭之见。如是以无我门，说破微尘，不堕灭中。又摩诃衍法，虽说色等至微尘中空，心心数法至心中空，亦不堕灭中。所以者何？但为破颠倒邪见故说，不是诸法实相也。若说无常，破常颠倒故。若说心心数法念念灭，破众缘和合一相故。常不实，不常亦不实。若合相不实，离相亦不实。若有相不实，无相亦不实。一切诸观灭，云何言断见？断见，名先有今无。

若小乘法，初不得极粗色，乃至极细色。若大乘法，毕竟空，现眼所见，如幻如梦，决定相尚不可得，况极细微尘也。极粗、极细，皆是外道邪见戏论耳。如外道《微尘品》中师云："微尘是常相。何以故？是法不从因生故。问曰：其云何可知？答曰：微尘和合，粗色可见。当知粗色是微尘果，果粗故可见，因细故不可见。是故有因必有果，有果必有因。"又无常遮常故，当知定[①]有常法。所以者何？与无常相违故。以无明故，定有常法，令无常明故，当知无明中有常法。粗物多和合故，色在其中，而可明见。微尘中虽有色，以无余故，而不可见。设多风和合，色不在中，则不可见。如一二寸、数法、量法、一异、合离、此彼、动作等，因色如故则可见。若数量等，于无色中者，则不可见。如是等外道戏论微尘，是故说微尘如水中月，大人见之，不求实事。如是若粗色、若细色、若远、若近、若好、若丑、若过去、若未来，悉是虚妄，皆如水中月不可说相，但欲令人心生厌离，而得涅槃。受想行

① "定"，原本作"空"，今参照木村本、陈本改。

识亦如是。

又众生无始世界以来，深着戏论故，少于有无中见有过患，直至涅槃者。是故佛意欲令出有无故，说非有非无，更无有法。不知佛意者，便着非有非无。是故佛复破非有非无。若非有非无能破有无见，更不贪非有非无者，不须破非有非无也。若非有非无虽破有无，还戏论非有非无者，尔时佛言舍非有非无，亦如舍有无。一切法不受不贪，是我佛法。如人药以治病，药若为患，复以药治，药若无患则止。佛法中智慧药亦如是，以此药故，破所贪着。若于智慧中复生贪着者，当行治法。若智慧中无所贪着者，不须重治也。

## 十六、问后识追忆前识并答

远问曰：前识虽冥传相写，推之以理，常断二非，故际之而无间，求相通利则有隔。何者？前心非后心，故心心不相知。前念非后念，虽同而两行。而经有忆宿命之言，后识知前识之说，义可明矣。《大智论》云："前眼识灭，生后眼识，后眼识转利[①]有力。色虽暂有不住，以念力利故能知。"推此而言，则后念可得追忆前识。若果可追忆，则有所疑。请问前

① "转利"，原本作"利转"，今依原论及各校勘本改。

识、后念为相待而生？为前识灭而后念生？为一时俱耶？若相待而生，则前际其塞路。若前灭而后生，则后念不及前识。若生灭一时，则不应有利钝之异。何以知其然？前识利于速灭，后念利于速生。利既同速，钝亦宜然。若其间别有影迹相乘，则会[①]玄于文表，固非言缘所得。凡此诸问，皆委之于君，想理统有本者，必有释之。

什答曰：有人言：一切有为法，虽无常相[②]，念念生灭。有念力名为心法，此念生时，自然能缘身所经来，相自尔故。如牛羊生时自趣乳，譬之如铁自趣磁石。如是念有大力，所经虽灭，而能知之。譬如圣智者能知未来事，虽未生来，有圣智力故而能知之。念过去事，亦复如是。又念与心义同，不相离故，是故说念则说心。

复有人言：诸法实相若常，虚妄颠倒无常，亦如是。如《般若波罗蜜》中，佛告须菩提："菩萨若常，不行般若波罗蜜。若无常，亦不行般若波罗蜜。"是故不应难无常是实法灭，云何后心能知前心也。是故《如品》中，佛说："现在如即是过去如，过去如即是未来如，未来如即是过去现在如，过去现在如即是未来如。"如是等际三世相。际三世相故，云何言后心为实有，以过去心为实无耶？

---

① "会"，原本作"令"，今参照各校勘本改。

② "虽无常相"，原本作"离无常想"，今参照各校勘本改。

复有人言：心有二种：一者破裂分散，至念念灭，似如破色，至于微尘；二者相续生故，而不断灭。若念念灭，生灭中不应以后心知前心事。若相续不断中，则有斯义。如佛告诸比丘："心住者，当观无常相。"以心相续不断故，名为心住。相续中念念生灭故，当观无常相。如灯焰，虽有生灭，相续不断故，名有灯炷，而有其用。若焰中生灭故，则无灯用。心亦如是，有二种义，故无咎。虽念念灭，以不断故，而有其用。能以过去未来之事，设心异缘。但以后心缘于前心者，不须缘彼所缘。若以前心，则能通其所缘。

## 十七、问遍学并答

远问曰：如菩萨观诸法空，从本以来不生不灭。二乘道者，观法生灭。何得智及断，是菩萨无生法忍？

什答曰：二乘虽观生灭，不别于不生不灭。所以者何？以纯归不异故。如观苦生灭，观尽不生不灭。但为尽谛，而观三谛。是以经言："苦谛知已，应见如恶如贼，皆为虚妄；集谛知已应断；道谛知已应修；灭谛知已应证。"又声闻经言："入泥洹时，以空空三昧等，舍于八圣道分。"以是故言尽谛为真无上之法。若三谛是实，不应有舍，舍故则非实也。经言实者，欲为颠倒故，于实法相则非谛也。若不受不着，而不取相，则为真谛。不生不灭，其相亦然，二皆同归无相解脱门。又声闻经言："无常即是苦，苦即是无我，若无我则无我所，无我所者则为是空，不可受着。"若不受着，则是不生不灭。遍学菩萨，虽入二道，悉行悉知，而不决定取泥洹证。所以者何？本有不证之心，不舍一切故，理穷则返。如入灭尽定，先期心生，设复暂灭，时至则发。[①]

问曰：诸佛虽非我所，云何则不生不灭耶？

答曰：不然。若实生灭，应可受着，又不应用空空三昧。如佛常云："一切不受，心得解脱，得泥洹。"是岂虚言？若生灭可取着者，则是分别，非为实相。若非实相，不得以不生不灭为虚，生灭为实。但为生死粗观念心厌故，说言生灭。如人远见青气，近无所睹。如是一切贤圣，皆应一道，无有异耶。而大小之称，根[②]有利钝，观有深浅，悟有难易，始终为异，非实有别。如人食面，精粗著品，而实不异。前答云：遍学者菩萨虽入二道，悉行悉知，而不决定取泥洹证。所以者何？本有不证之心，心不舍一切故，理穷则返。如入灭定，先期心生，设复暂灭，时至则发。

---

① "遍学"下共五十六字，原在本章初"远问曰"前，今参照丘本下移至此。

② "根"，原本作"致"，今参照丘本、陈本改。

问曰：无漏圣法，本无当于二[①]乘。二乘无当，则优劣不同，阶差有分。分若无[②]当，则大乘自有其道。道而处中，其唯菩萨，乘平直往，则易简而通，复何为要经九折之路，犯三难以自试耶？又三乘之学，犹三兽之度岸耳。涉深者不待于往复[③]，往复既无功于济深，而徒劳于往返。若二乘必是遍学之所经，此又似香象先学兔马之涉水，然后[④]能蹈涉于理深乎？如其不尔，遍学之义，未可见也。

答曰：菩萨欲成一切智智故，于不善、无记法中，尚应学知，何况善法耶？外道神通诸善之法，亦当学知，况贤圣道法乎？如人目见一切好丑之事，须用则用，若不用者，见之而已。菩萨如是，以慧眼见知一切法，直入大乘行者而行之，余二乘法，唯知而已。

或有人言，佛说遍学，为以导二乘人故。如佛本为菩萨时，虽知六年苦行非道，但为度邪见众生故，现行其法。既成佛已，毁訾苦行，说言非道。闻者即皆信受，以佛曾行此法，实非道也。若菩萨但学大乘法者，二乘之人谓菩萨虽总相知诸

---

① “二”，原本作“三”，今参照各校勘本改。

② “无”，原本作“有”，今参照丘本改。

③ “往复”，原本作“假後”，今参照丘本、陈本改。下同。

④ “后”，原本无，今参照丘本补。

法，而不能善解二乘法也。又二乘法，是菩萨道。所以者何？用此二道，度脱贪着小乘众生，取之则易。

又如人密知是道非道，便离非道，行正道。菩萨亦如是，明知二乘行法不能至佛，即离其法，行于大道。然行者[①]虽学二乘之法，而不失其功，以成佛乘故。而小乘人钝根，不能通达大乘法故，迂回为难。大乘之人利根，智力强故，不以为难[②]也。如能浮人，虽入深水，不以为难。九折三难者，此皆毕竟空智慧之分，不得以之为难。虽不能度，不期成佛为异耳。以诸菩萨从发意以来所行之道，与毕竟空智和合。如《般若波罗蜜·初品》中说，施者、受者、物不可得，是故非为难也。言三兽者，如兔不能及象、马之道，马不能及象所蹈。如马要先经兔道，然后自行其道。香象要先经兔、马之道，后乃自到其地。菩萨亦如是，先经[③]二乘之地，然后自到其道也。

又问：声闻、缘觉，凡有八辈，大归同趣，向泥洹门。又其中或有次第得证，或有超次受果，利钝不同，则所入各异。菩萨云何而学般若耶？心利者不可挫之为钝，钝者不可锐之令

① “然行者”，原本作“道然者”，今参照丘本、陈本改。

② “难”，原本作“离”，今参照各校勘本改。

③ “经”，原本作“洗”，今参照丘本、陈本改。

利。菩萨利根，其本超此，而甫就下位之优劣，不亦难乎？若云能者为易，于理复何为然？其求之于心，未见其可。而经云遍学，必有深趣。

答曰：学者善分别谛知其法。如有大德之人，往观杀生法。其弟子问之何故？答言："我未得道，靡所不更，或至此处，知彼要脉，不令众生受诸苦恼。"若以三解脱门，观涅槃法，知断如是结使，得如是涅槃。三结尽，得涅槃分，谓无为须陀洹果，乃至罗汉得漏尽涅槃果。又如人眼见坑堑，终不堕落。假令入其法者，于法不证，不受信行、法行之名。以诸菩萨利根故，超出二乘，于大菩萨有所不及。了如狮子虽处，于百兽为胜也。如国王行百里，应中道宿，见有大臣住处，王虽在中入出观者，而无宿意，作是念言："此虽为妙，自知别有胜处。"菩萨亦如是，若入道慧时，分别观知外道禅定五神通法，及二十七种贤圣法，所谓十八种学法、九种无学法，及辟支佛，分别观已，续行菩萨道。得二种利益：一者自了了知其法用，度众生时，无所疑难。二者所度众生知彼体行此法，则便信受。若不尔者，同在生死，彼我无异，便不信受。

又问：若菩萨遍学，为从方便始，为顿入无漏一道也？若从方便始，以何自验其心，知必不证而入无漏也？若不先学方便以自验，则是失翼而堕空无相，俦[①]可自返？若先学沤和般若，心平若称，一举便可顿登龙门，复何为遍学乎？

答曰：是事佛于般若已说。菩萨入三解脱门，要先立愿：“学观如己，心则厌离，唯[②]不取其证。我学观时，非是证时。”以如是之心，入无漏者，终不证也。

又人言，菩萨先以二因缘故，不取其证也。一者深心贪乐阿耨多罗三藐三菩提，二者于众生中大悲彻于骨髓，不欲独取涅槃。虽知一切法中涅槃无为，但以时未至故，是名菩萨于众生中大悲之至，所谓得涅槃味而不取证也。

复有人言，菩萨无量劫来，修习福德利根故，入三解脱门时，即深入无漏法。以此势力，不能自返。譬如大鱼，随顺恒河，入于大海，不能得返，以水力牵故。尔时十方诸佛现其身相，语言：“善男子！当念本愿，度一切众生，莫独入涅槃。汝但得一法门。我等如是无量阿僧祇法门，怜愍众生故，犹住世间，何况于汝？”时菩萨信受佛语故，不取果证。

菩萨遍学义如前说，是故不得以乘平直往[③]为难。

① “俦”，表疑问，意为“谁”。原本作“酬”。今参照丘本改。

② “唯”，原本作“雖”，今参照各校勘本改。

③ “往”，原本作“住”，今参照各校勘本改。

又问：经云四道与辟支佛智及灭智，皆是菩萨之忍。寻[1]意似是学彼灭智，以成此忍。彼学本自不同，法忍云何而成？若必待此而不证，即诸佛世尊大会说法，其中应不俄尔之顷顿至法忍者。推此而言，反覆有疑。

答曰：经云须陀洹乃至阿罗汉、辟支佛，若智若断，皆是菩萨无生法忍者。智名学人四智、无学人六智，断名学人有余断、无学人无余断，是皆以诸法实相为己用。但二乘钝故，须以六智。菩萨利故，唯用一智，所谓如实智。如钝斧伐树，数下乃断。若以利斧，一斫便断。是一树一断，但功用有异耳。诸贤圣如是，断诸结树，以小乘智慧钝故，分为分智。凡夫所想颠倒，往来生死，受诸苦恼，说名为苦。以无漏智慧深厌此苦，厌已即舍，苦无自性故。所以者何？是毕竟不生性。如是知已，结使自然不生，是名集灭道智。修此行已，增其尽智、无生智。菩萨利根故，知苦谛一相，所谓无相，但以凡夫颠倒之心，分别有苦有乐。又此苦，因于爱等，亦是一相，因同果故。此中无所断，亦无所证，于其观中，善能通达。是故当知，声闻智慧钝故，先习此道，后乃得力。以菩萨深入故，观四谛为一谛。如《思益经》中，说四谛为一谛。又《般若波罗蜜》中，说声闻所有智、所有断，皆在菩萨无生法忍中。声

① “寻”，原本作“辱”，今参照木村本、陈本改。

闻人以四谛入诸法实相，菩萨以一谛入诸法实相。声闻智慧钝故，多以厌怖为心。菩萨智慧利故，多以慈悲为心。同得诸法实相故，名为所有智、所有断，皆是菩萨无生法忍。如以酥作种种食，名虽有异，而酥是一也。

或有人言：众生或爱多，或见多。爱多者，以无作解脱，能入涅槃。无作解脱者，所谓诸法无常。若见多者，以空解脱门，能入涅槃。空解脱门者，所谓空无我。若观无常苦者，化之则易。若观空无我者，所行之道，转深转微。所谓诸菩萨深爱乐佛法，亦未断结使，生诸戏论，分别常、无常，苦、非苦，空、非空，我、非我，有无、非有非无，生、不生，非生、非不生等，灭此戏论故，佛为说无生法忍。如人服散除病，散复为患，复以下散药为稀有也。无生法忍亦如是。观诸法性故，得名为深。以除细微之病故，药名为妙。

复有人言：有人谓菩萨不得声闻、辟支佛道功德之利，是故说菩萨无生法忍中，悉得其利。

又此章中不言学彼以成此用。先云:遍观十地者，名之为学耳。又答云：如入灭定，先期心生，设复暂灭，时至自发。

问曰：若菩萨不证，必同此喻。以此则凡造遍学，不应有退转，岂非失位于龙门乎？若未经遍学，便云退转。此犹未涉险而顿驾，而本自不行，复何所论？

答曰：菩萨有二种，有退，有不退。退亦有二种：一者直行五波罗蜜，如舍利弗等，持头目施，而生厌退。二者无方便行般若波罗蜜，入三解脱门，观涅槃时，以深妙乐[①]故，即便取涅槃证。取涅槃证有二种：一行菩萨道，以无方便，入三解脱门，证于涅槃。二者菩萨闻佛说："菩萨应学声闻、辟支佛道，度脱众生。"虽是菩萨，而用声闻、辟支佛法，入三解脱门。是人无方便，慈悲心薄，深怖畏老病死苦，取涅槃证。如人若能乘马，不随马也。不善乘者，便随马力。诸菩萨亦如是，起无漏心，入解脱门，随顺无漏，不能自拔。如是退转菩萨，优劣不同。若久行菩萨道者，成就方便力，虽起无漏心，而不随之，以慈悲方便力故，不令堕落。如是者，则同灭定为喻也。又退转者，虽有本愿，以福德智慧力用薄故，不能自出。如入贼阵，皆愿欲出，其身力方便者，乃能得出。无力者，虽有其意，不能得出。又如说《法华经》，毕竟空，设有退转，究竟皆当作佛。佛说退者，意欲令菩萨当得直道，始终无退，如《般若波罗蜜·不退品》中说。又须菩提言："世尊，菩萨退为以何法退？色阴退也？受想行识退也？"佛言："不也。""离五阴有退也？"佛言："不也。"须菩提言："若不尔者，云何有退？"佛为[②]须菩提渐以明《法华经》义。

---

① "乐"，原本作"药"，今参照丘本改。

② 丘本云："为"下疑脱简。

问曰：声闻、辟支佛智及灭，则是菩萨忍。菩萨于智灭中不证时，为是无生灭观力也？为是度人心力也？若是无生灭观力，则遍学时，不得并虑。若不并虑，则无生灭之观，玄而不微。以其无微，菩萨便应随至取证。若是度人心力，时至则返。凡为菩萨，以僧那自誓，此心岂不必欲度人，而中退转者何也？又云：《大智论》云："得忍菩萨，解诸法实相，廓然都无时，犹如梦中乘筏渡河，既觉，无复渡意。"若尔者，先期其有，何功用有？得忍大士，已超[①]阴路，犹尚若兹，况未至者乎？君来喻虽美，吾喻是其族也。

答曰：无生观力劣而玄有同，何以故？无生灭故[②]。一切法从本以来，不生不灭，以不灭法故，灭诸观行。菩萨如是智力，虽二道不应为证。何以故？证名第一真[③]实，更无胜法。而菩萨以利智慧，深得法性，不应以法为证也。然虽心不并虑，因见小乘法卑陋故，深发本识，知非所乐，但为度小乘人故，观其法耳。譬如大鸟常有甚深清净之池，以小缘故，暂住浊水，事讫便去，不乐久也。此亦如是，随大力所牵，不为小力所制。

---

① "超"，原本作"起"，今参照丘本、陈本改。

② "无生灭故"，原本作"无生各"，今参照丘本、陈本改。丘本云："原'灭故'二字错入'以不灭法故'句下，今正。"

③ "真"，原本作"直"，今参照各校勘本改。

度人心力者，诸菩萨虽入无漏禅定，而能不舍慈悲之心。小乘则不然，以其力劣故，心在无漏，则不应复有心所念。又菩萨以小乘法观泥洹时，有乐小乘道者，因用其法而度脱之，此则是度人心也。凡言善学小乘法者，皆是得无生忍菩萨。所以者何？以彼谤言："尚不得[①]此法，何能以是度人也？"是故学不以有殊妙之事故。如富楼那，过去无量佛所，于弟子众中，第一法师。今佛弟子中，亦为第一。是故当知是大菩萨，现行小法。又小菩萨未[②]得甚深大乘之法，行五波罗蜜，若入小乘空法者，不知般若波罗蜜，无方便力，慈心弱，不能自拔，尔时随至而证。佛若教如是等菩萨遍学者，则生厌心，失菩萨道。如人有咒火之力，能入大火。若无咒力，则不堪任。

又人言：菩萨利根故，知涅槃寂灭相真实之法，虽有慈悲之力，不能自制。但以十方诸佛现其妙身，而教化之。譬如身大者堕在深坑，一切绳用不能令出，唯有大士，以金刚琐，尔乃出之。菩萨亦如是，深见生死过患，涅槃寂灭安稳之处，唯有诸佛乃能令出，更无余人也。

① "得"，原本作"则"，今参照丘本、陈本改。

② "未"，原本作"等"，今参照木村本、陈本改。

又问：遍学以何为始终？从发意至[①]得忍，其中住住皆是遍学否？若初住遍学，于二乘智灭中，已得无生法忍，则不应复住住遍学。若果不住住遍学，则其中无复诸住阶差之名。若初住不得忍，即住住皆应遍学。若住住遍学，则始学时，漏结不尽。如其不尽，则虽学无功。想诸菩萨，必不徒劳而已。

又问：《十住除垢经》说："菩萨初住中遍学，虽入圣谛，不令法[②]灭，亦不令起。"此语似与《大智论》异，亦是来答所不同。是乃方等之契经，于理者所共信，若不会通其趣，则遍学[③]之说，非常智所了之者，则有其人。

答曰：此义前章已明，要大菩萨现作声闻，为度小乘人故，学小[④]乘法，如富楼那等。或有人言：有三种慧，闻慧、思慧、修慧[⑤]。未得无生法忍菩萨，以闻思慧，学二乘法。何以故？是人福德智慧未深厚故，若用修慧，则便作证。是故唯无生法忍菩萨，三慧遍学诸道。又新发意菩萨慧，诵读思惟大乘经法，虽学亦不为成无生法忍也。而得忍菩萨，同体实相之利，但深浅有异。是故观智而已。此因缘先已说。又十住断结

① "至"，原本作"生"，今参照各校勘本改。
② "法"，原本作"经"，今参照各校勘本改。
③ "学"字，原本无，今参照各校勘本补。
④ "小"，原本作"大"，今参照各校勘本改。
⑤ "修慧"二字，原本无，今参照各校勘本补。

说，未见此经，不得妄[①]以相答。

又问：证与取证，云何为证？菩萨为证而不取，为不证不取也？若证而不取，则证与取证宜异。若以尽为证，尽不先期而设至，云何为不取？若谓既证而不取，则须菩提不应云是处不然。若以尽为证，三结尽时则是须陀洹，下分尽时则是阿[②]那含，二分尽时则是阿罗汉。若三处皆尽，而非三道，则有同而异者矣。其异安在乎？若先同而后异，直是先小而后大耳。若先异而后同，直是先大而后小耳。若都不同不异，则与来答趣，而永后会[③]，此所望也。

答：经直云证，欲令易解故，说言永证。证与所证，无有异义。《般若波罗蜜》中，佛为须菩提解之，菩萨欲入三解脱门，先发愿不住证，即今是学行时，非是证时。以本愿大悲，念众生故，虽入三解脱门，而不作证。如王子虽未有职，见小职位，观知而已，终不贪乐，当知别有大职故。菩萨亦如是，虽入小乘法，未具足六波罗蜜、十地菩萨事故，而不作证。

证名已具足，放舍、止息，所观第一，更无有胜，不复畏

① “妄”，原本作“玄”，今参照各校勘本改。

② “是阿”二字，原本无，今参照丘本补。

③ 丘本校注云：“‘趣’下错简，今阙。”木村本疑“趣”应作“违”，“永”应作“取”。

受三界苦恼，是名为证。譬如人有事相言，未得可信重人为证者，则生忧怖，种种方便，求自勉济。若得证已，心则安稳，不复多言也。诸贤圣如是，知世间可厌离，无所贪着，即见无生、无灭、无作、无相常法。此法无为，不生不灭故，不可在心。不可在心故，不名为修，以无漏故，不名为断，但以为证耳。此理真实，第一可信。若于是法贪欲修行，即是戏论，生法烦恼。是故应证，而不应修。如热金丸虽好，正可眼见，不可手捉。如是证涅槃已，不复须厌断修道。

凡证说有四种：一者，有人欲得诸法实相，修行其道，见涅槃相，即以为殊妙，发大欢喜，而生相着。因涅槃故，有所戏论。此人之心自谓得微妙法，名为智慧中戏论烦恼也。二者，见涅槃法，厌离心薄，通钝故，不能断[1]一切烦恼，或为须陀洹，或为斯陀含，或为阿那含，名为学涅槃者，不名得证也。三者，厌情休息，智慧心则见涅槃已，不生爱着，不生戏论，舍诸烦恼，名阿罗汉、辟支佛。四者，发心阿耨多罗三藐三菩提，为度众生故，欲与众生第一之利，所谓涅槃利；生死中厌离心厚，世世修习种种法门，无量福德，利根第一，虽见涅槃，不生爱着，不生戏论；舍一切凡夫结使，知一切法同涅槃，无生无灭，但未具足菩萨之道，本愿未满，唯断凡夫结

① “断”，原本作“信”，今参照丘本、陈本改。

使，未断菩萨细微结使故，不名为证。

证名所作已办，不复更有所作。得证者唯有三人，阿罗汉、辟支佛、佛。三学人虽断结使，不患尽故，但假名为证，非实证也。如因得道人故，余学道者通名道人。此中得无生菩萨，知诸法实相涅槃，自利已足，三界苦断，为教化成就众生故，出于涅槃无为之法，还修有为福德，净佛国土，引导众生，是故不名为证也。

## 十八、问住寿义并答

远问曰：经云，知四神足，多修习行，可得住寿一劫有余。又须菩提请世尊[①]住寿恒沙劫。既有此法，即宜行之有人。请问诸佛菩萨竟有住寿者否？若果有者，为是法身，为是变化身乎？若是法身，法身则有无穷之算，非凡寿所及，不须住寿。若是变化身，化身则灭时而应，时长则不宜短，时短则不宜长，以此住寿，将何为哉？

又问：寿有自然之定限，寿之者与化而往[②]，自[③]应无

① “尊”，原本作“为”，今参照各校勘本改。

② “往”，原本作“住”，今参照各校勘本改。

③ “自”，原本作“目”，今参照丘本、陈本改。

陈。时不可留，云何为住？若三相可得中停，则有为之相，暂与涅槃同像。不知胡音中竟住寿否？若以益算为住寿，则传译失旨。

又得灭尽三昧者，入斯定时，经劫不变，大火不能焚，大海不能溺。此即是三昧力，自在寿住。今所疑者，不知命根为何所寄[①]？为寄之于心？为寄之于形？为心形两寄也？若寄之于心，则心相已灭，灭无所寄。若寄之于形，即形随化往[②]，时不可留。何以明[③]之？《力士移山经》云："非常之变，非十力所制。"制非十力，则神足可知也。此问已备之于前章，若一理推释，二亦俱解。

什答：若言住寿一劫有余者，无有此说，传之者妄[④]。如《长阿含·大泥洹经》，阿难白佛："乘现证，从世尊闻，若善修习四如意，是人若欲寿一劫，若减一劫，则成耶？"《摩诃衍经》曰"若欲寿恒河沙劫"者，此是假言，竟不说人名。用此法者，如宾头卢颇罗堕阿罗汉，善修习如意故，寿命至今不尽。因现神足力，取栴檀钵故，佛以此治之。唯闻此一人行其法用，余者未闻。

① "寄"，原本作"寿"，今参照各校勘本改。

② "往"，原本作"住"，今参照各校勘本改。

③ "明"，原本作"时"，今参照各校勘本改。

④ "妄"，原本作"生"，今参照各校勘本改。

又诸阿罗汉，观身如病如痈，如恶怨贼。如退法阿罗汉，多有自害，况当故欲久寿也？以体无我心故，深拔贪着根本故，以涅槃寂灭安稳之利，以不乐久住。虽住先世因缘，身尽则止。

又法身、变化身，经无定辨其异相处，此义先已说。声闻人中，说变化之无心意识寒热等慧，性是无记，正可眼见，为事故现，事证则灭。如是之身，无有根本，则无久寿之为义。法身二种：一者三十七品等诸贤圣法，二者三藏经等。此皆非身非命，亦不得有久寿之为义。当是先世行业所得之身，为大因缘故，欲久住者便得随意。

摩诃衍中法身相[①]，先已具说其因缘。今者略说菩萨法身有二种：一者十住菩萨得首楞严三昧，令菩萨结使微薄，是人神力自在，与佛相似，名为法身。于十方现化度人之身，名为变化身。随见变化身者，推求根本者以为法身，是故凡小者名为变化身。如此之人，神力无碍，何须善修四如意足也？二者得无生忍已，舍结果身，得菩萨清净业行之身。而此身于自分意[②]，能为自在。于其分外，不能自在无碍。是菩萨若欲善修习如意，亦可有恒沙劫寿耳。如人有力，不假大用。若无力者，乃有所假。初入法身菩萨亦如是，神通之力未成就故，若

① “相”，原本作“想”，今参照各校勘本改。

② “于自分意”，原本作“自于分憶”，今参照丘本改。

修如意者，便得随意所作。

又《修如意章》中言，若人欲劫寿者，便得如意，不言住寿也。如阿毗昙中说，有阿罗汉，以施得大福德愿力，转求增寿，便得如愿。所以者何？是人于诸禅定，得自在力，愿智、无诤三昧、顶禅等，皆悉通达。以先世因缘，寿将尽，为利益众生故，余福因缘，转求长寿，便得如愿。如檀越欲施比丘多种食之物，而是比丘有游行因缘，不须此物，善喻檀越言：“汝以好心见施，可令[1]此食为衣物。”而得如愿。又善修如意者亦如是，虽不先世福德求寿，以得无漏法故，专修有漏甚深善根。修有漏甚深善根力故，便得增寿果报。无漏虽无果报，能令有漏清净，小而获大果。

又灭尽三昧力因缘故，令余行增寿。若入灭尽三昧时，过于生理，身则毁坏，无复身因，起定即无。若入余定，则无此事。如一比丘欲入灭尽三昧，作起心因缘，愿打犍椎，得当从定起。有贼来破坏僧坊，十二年中，无犍椎音，此比丘犹在定中。后檀越还修立僧坊，打犍椎，比丘便觉，时即死也。

---

① “令”，原本作“贪”，今参照丘本、陈本改。

# 莲社诸贤著述

# 庐山结社立誓文

刘遗民

惟岁在摄提格，七月戊辰朔，二十八日乙未。法师释慧远，贞感幽奥，霜怀特发。乃延命同志息心清[1]信之士，百有二十三人，集于庐山之阴，般若台精舍，阿弥陀像前，率以香花敬荐而誓焉。

惟斯一会之众，夫缘化之理既明，则三世之传显矣；迁感之数既符，则善恶之报必矣。推交臂之潜沦，悟无常之期切。审三报之相催，知险趣之难拔。此其同志诸贤，所以夕惕宵勤，仰思攸济者也。盖神者可以感涉，而不可以迹求。必感之有物，则幽路咫尺。苟求之无主，则渺茫何津。今幸以不谋而佥心西境，叩篇开信，亮情天发。乃机象通于寝梦，欣欢百于子来。于是灵图表晖，影侔神造。功由理谐，事非人运。兹实天启其诚，冥数[2]来萃者矣。可不克心，重精叠思，以凝其虑哉！

然其景绩参差，功福[3]不一。虽晨祈云同，而夕归攸隔。即我师友之眷，良可悲矣。是以慨焉，胥命整襟法堂，等施一

① “清”，《高僧传》作“贞”。

② “数”，《高僧传》作“运”。

③ “福”，《高僧传》作“德”。

心，亭怀幽极，誓兹同人，俱游绝域。其有惊出绝伦，首登神界，则无独善于云峤，忘兼全于幽谷。先进之与后升，勉思汇征之道。然复妙觐大仪，启心贞照。识以悟新，形由化革。藉芙蓉于中流，荫琼柯以咏言。飘云衣于八极，泛香风以穷年。体忘安而弥穆，心超乐以自怡。临三途而缅谢，傲天宫而长辞。绍众灵以继轨，指太息以为期。究兹道也，岂不弘哉！

（《出三藏记集》卷十五、《高僧传》卷六）

## 与僧肇法师书

刘遗民

遗民和南。顷餐徽闻，有怀遥伫。岁末寒严，体中如何？音寄壅隔，增用抱蕴。弟子沉疴草泽，常有弊瘵耳。因慧明道人北游，裁通其情。古人不以形疏致淡，悟涉则亲。是以虽复江山悠邈，不面当年，至于企怀风味，镜心象迹，伫悦之勤，良以深矣。缅然无因，瞻霞永叹。顺时爱敬，冀因行李，数有承问。伏愿彼大众康和，外国法师休纳。上人以悟发之器，而遘兹渊对，想开究之功，足以尽过半之思。故以每惟乖阔，愤愧何深！

此山僧清常，道戒弥励。禅隐之余，则惟研惟讲。恂恂穆穆，故可乐矣。弟子既以遂宿心，而睹兹上轨，感寄之诚，日月铭至。远法师顷恒履宜，思业精诣，乾乾宵夕。自非道用潜流，理为神御，孰以过顺之年，湛气若兹之勤！所以凭慰既深，仰谢逾绝。

去年夏末，始见生上人示《无知论》。才运清俊，旨中沉允，推涉圣文，婉而有归。披味殷勤，不能释手。直可谓浴心方等之渊，而悟怀绝冥之肆者矣。若令此辨遂通，则般若众流，殆不言而会。可不欣乎！可不欣乎！夫理微者辞险，唱独者应稀。苟非绝言象之表者，将以存象而致乖乎。意谓答“以缘求智”之章，婉转穷尽，极为精巧，无所间然矣。但暗者难以顿晓，犹有余疑一两，今辄题之如别，想从容之暇，复能粗为释之。

论序云：般若之体，非有非无，虚不失照，照不失虚，故曰：“不动等觉，而建立诸法。”下章云：“异乎人者神明，故不可以事相求之耳。”又云：“用即寂，寂即用。神弥静，应逾动。”夫圣心冥寂，理极同无，不疾而疾，不徐而徐。是以知不废寂，寂不废知，未始不寂，未始不知。故其运物成功，化世之道，虽处有名之中，而远与无名同。斯理之玄，固常所弥昧者矣。

但今谈者所疑，于高论之旨，欲求圣心之异，为谓穷灵极数，妙尽冥符耶？为将心体自然，灵泊独感耶？若穷灵极数，妙尽冥符，则寂照之名，故是定慧之体耳。若心体自然，灵泊独感，则群数之应，固以几乎息矣。夫心数既玄，而孤运其照。神淳化表，而慧明独存。当有深证，可试为辨之。

疑者，当以抚会应机，睹变之知，不可谓之不有矣。而论旨云“本无惑取之知”，而未释所以不取之理。谓宜先定圣心所以应会之道，为当唯照无相耶？为当咸睹其变耶？若睹其变，则异乎无相。若唯照无相，则无会可抚。既无会可抚，而有抚会之功，意有未悟，幸复诲之。

论云：“无当则物无不当，无是则物无不是。物无不是，故是而无是。物无不当，故当而无当。”夫无当而物无不当，乃所以为至当。无是而物无不是，乃所以为真是。岂有真是而非是，至当而非当，而云当而无当，是而无是耶？若谓至当非常当，真是非常是，此盖悟惑之言本异耳，固论旨所以不明也。愿复重喻，以祛其惑矣。

论至日，即与远法师详省之，法师亦好相领得意。但标位似各有本，或当不必理尽同矣。顷兼以班诸有怀，屡有击其节者，而恨不得与斯人同时也。

## 僧肇法师答书

（书有二幅，前短札，后长幅）

不面在昔，伫想用劳。慧明道人至，得去年十二月疏，并问。披寻返覆，欣若暂对。凉风届节，顷常如何？贫道劳疾，多不佳耳。信南返，不悉。八月十五日，释僧肇疏答。

服像虽殊，妙期不二。江山虽缅，理契则邻。所以望途致想，虚襟有寄。君既遂嘉遁之志，标越俗之美，独恬事外，欢足方寸。每一言集，何尝不远。喻林下之雅咏，高致悠然。清散未期，厚自保爱。每因行李，数有承问。愿彼山僧无恙，道俗通佳。承远法师之胜常，以为欣慰。虽未清承，然服膺高轨，企伫之勤，为日久矣。公以过顺之年，湛气弥厉，养徒幽岩，抱一冲谷，遐迩仰咏，何美如之！每亦翘想一隅，悬庇霄岸，无由写敬，致慨良深。君清对终日，快有悟心之欢也。

即此大众寻常，什法师如宜。秦王道性自然，天机迈俗，城堑三宝，弘道是务，由使异典、胜僧，方远而至，灵鹫之风，萃于兹土。领公远举，乃千载之津梁也，于西域还，得方等新经二百余部，请大乘禅师一人、三藏法师一人、毗婆沙法师二人。什法师于大石寺出新至诸经，法藏渊旷，日有异闻。禅师于瓦官寺教习禅道，门徒数百，夙夜匪懈，邕邕肃肃，致可欣乐。三藏法师于中寺出律藏，本末精悉，若睹初制。毗婆沙法师于石羊寺出《舍利弗阿毗昙》胡本，虽未及译，时问中事，发言新奇。贫道一生猥参嘉运，遇兹盛化，自恨不睹释迦祇桓之集，余复何恨？而慨不得与清胜君子同斯法集耳。

生上人顷在此，同止数年，至于言话之际，常相称咏。中途还南，君得与相见。未更近问，惘悒何言。威道人至，得君《念佛三昧咏》，并得远法师《三昧咏》及序。此作兴寄既高，辞致清婉。能文之士，率称其美。可谓游涉圣门，扣玄关之唱也。君与法师当数有文集，因来何少？什法师以午年出《维摩经》，贫道时预听次，参承之暇，辄复条记成言，以为注解，辞虽不文，然义承有本。今因信，持一本往南，君闲详，试可取看。来问婉切，难为郢人。贫道思不关微，兼拙于笔语，且至趣无言，言必乖趣，云云不已，竟何所辨？聊以狂言，示酬来旨耳。

疏云："称圣心冥寂，理极同无。虽处有名之中，而远与无名同。斯理之玄，固常弥昧者。"以此为怀，自可忘言内得，取定方寸。复何足以人情之所异，而求圣心之异乎？

疏曰："谈者谓穷灵极数，妙尽冥符，则寂照之名，故是定慧之体耳。若心体自然，灵泊独感，则群数之应，固以几乎息矣。"意谓妙尽冥符，不可以定慧为名；灵泊独感，不可称群数以息。两言虽殊，妙用常一。迹我而乖，在圣不殊也。

何者？夫圣人玄心默照，理极同无。既曰为同，同无不极。何有同无之极，而有定慧之名？定慧之名，非同外之称也。若称生同内，有称非同。若称生同外，称非我也。又圣心虚微，妙绝常境，感无不应，会无不通，冥机潜运，其用不勤。群数之应，亦何为而息耶？且夫心之有也，以其有有。有不自有，故圣心不有有。不有有，故有无有。有无有故，则无无。无无故，圣人不有不无。不有不无，其神乃虚。何者？夫有也无也，心之影响也。言也象也，影响之所攀缘也。有无既废，则心无影响。影响既沦，则言象莫测。言象莫测，则道绝群方。道绝群方，故能穷灵极数。穷灵极数，乃曰妙尽。妙尽之道，本乎无寄。夫无寄在乎冥寂，冥寂故虚以通之。妙尽存乎极数，极数故数以应之。数以应之，故动与事会。虚以通之，故道超名外。道超名外，因谓之无。动与事会，因谓之有。因谓之有者，应夫真有，强谓之然耳，彼何然哉？故经云："圣智无知而无所不知，无为而无所不为。"此无言无相寂灭之道，岂曰有而为有，无而为无，动而乖静，静而废用耶？

而今谈者，多即言以定旨，寻大方而征隅，怀前识以标玄，存所存之必当。是以闻圣有知，谓之有心。闻圣无知，谓等太虚。有无之境，边见所存，岂是处中莫二之道乎！何者？万物虽殊，然性本常一，不可而物，然非不物。可物于物，则名相异陈。不物于物，则物而即真。是以圣人不物于物，不非物于物。不物于物，物非有也。不非物于物，物非无也。非有所以不取，非无所以不舍。不舍故妙存即真，不取故名相靡因。名相靡因，非有知也。妙存即真，非无知也。故经云："般若于诸法，无取无舍，无知无不知。"此攀缘之外，绝心之域，而欲以有无诘者，不亦远乎！

请诘夫陈有无者。夫智之生也，极于相内。法本无相，圣智何知？世称无知者，谓等木石太虚无情之流。灵鉴幽烛，形于未兆，道无隐机，宁曰无知？且无知生于无知，无无知也，无有知也。无有知也，谓之非有。无无知也，谓之非无。所以虚不失照，照不失虚，泊然永寂，靡执靡拘。孰能动之令有，静之使无耶？故经云："真般若者，非有非无，无起无灭，不可说示于人。"何则？言其非有者，言其非是有，非谓是非有。言其非无者，言其非是无，非谓是非无。非有非非有，非无非非无。是以须菩提终日说般若，而云无所说。此绝言之道，知何以传？庶参玄君子，有以会之耳。

又云："宜先定圣心所以应会之道，为当唯照无相耶？为当咸睹其变耶？"谈者似谓无相与变，其旨不一，睹变则异乎无相，照无相则失于抚会。然则即真之义，或有滞也。经云："色不异空，空不异色。色即是空，空即是色。"若如来旨，观色空时，应一心见色，一心见空。若一心见色，则唯色非空。若一心见空，则唯空非色。然则空、色两陈，莫定其本也。是以经云非色者，诚以非色于色，不非色于非色。若非色于非色，太虚则非色，非色何所明？若以非色于色，即非色不异色。非色不异色，色即为非色。故知变即无相，无相即变。群情不同，故教迹有异耳。考之玄籍，本之圣意，岂复真伪殊心，空有异照耶？是以照无相，不失抚会之功。睹变动，不乖无相之旨。造有不异无，造无不异有。未尝不有，未尝不无。故曰："不动等觉，而建立诸法。"以此而推，寂用何妨？如之何谓睹变之知，异无相之照乎？恐谈者脱谓空有两心，静躁殊用，故言睹变之知，不可谓之不有耳。若能舍己心于封内，寻玄机于事外，齐万有于一虚，晓至虚之非无者，当言至人终日应会，与物推移，乘运抚化，未始为有也。圣心若此，何有可取，而曰未释不取之理？

又云："无是乃所以为真是，无当乃所以为至当。"亦可如来言耳。若能无心于为是，而是于无是，无心于为当，而当于无当者，则终日是，不乖于无是，终日当，不乖于无当。但恐有是于无是，有当于无当，所以为患耳。何者？若真是可是，至当可当，则名相以形，美恶是生，生生奔竞，孰与止之？是以圣人空洞其怀，无识无知，然居动用之域，而止无为之境，处有名之内，而宅绝言之乡，寂寥虚旷，莫可以形名得，若斯而已矣。乃曰真是可是，至当可当，未喻雅旨也。恐是当之生，物谓之然。彼自不然，何足以然耳？

夫言迹之兴，异途之所由生也。而言有所不言，迹有所不迹。是以善言言者，求言所不能言。善迹迹者，寻迹所不能迹。至理虚玄，拟心已差，况乃有言，恐所示转远。庶通心君子，有以相期于文外耳。

（《肇论》）

# 难《释疑论》

## 释疑论

戴安公

安处子问于玄明先生曰：盖闻“积善之家，必有余庆；积不善之家，必有余殃。”又曰：“天道无亲，常与善人。”斯乃圣达之格言，万代之宏标也。此则行成于己身，福流于后世。恶显于事业，获罪乎幽冥。然圣人为善，理无不尽，理尽善积，宜历代皆不移。行无一善，恶恶相承，亦当百世俱暗。是善有常门，恶有定族。后世修行，复何益哉？又有束脩履道，言行无伤，而天罚人楚，百罗备婴。任性恣情，肆行暴虐，生保荣贵，子孙繁炽。推此而论，积善之报，竟何在乎？夫五情六欲，人心所常有。斧藻防闲，外事之至苦。苟人鬼无尤于趣舍，何不顺其所甘，而强其苦哉？请释所疑，以祛其惑。

先生曰：善哉！子之问也。史迁有言：“天之报施善人何如哉？”荀悦亦云：“饰变诈而为奸诡者，自足乎一世之间。守道顺理者，不免饥寒之患。”二生疑之于前，而未能辨。吾子惑之于后，不亦宜乎？请试言之。

夫人资二仪之性以生，禀五常之气以育。性有修短之期，故有彭、殇之殊。气有精粗之异，亦有贤愚之别。此自然之定理，不可移者也。是以尧、舜大圣，朱、均是育。瞽叟下愚，诞生有舜。颜回大贤，早夭绝嗣。商臣极恶，令胤克昌。夷、叔至仁，饿死穷山。盗跖肆虐，富乐自终。比干忠正，毙不旋踵。张汤酷吏，七世珥貂。凡此比类，不可称数。验之圣贤既如彼，求之常人又如此。故知贤愚善恶，修短穷达，各有分命，非积行之所致也。

夫以天地之玄远，阴阳之广大，人在其中，岂唯稊米之在太仓，毫末之于马体哉！而匹夫之细行，人事之近习，一善一恶，皆致冥应，欲移自然之彭殇，易愚圣于朱舜。此之不然，居可识矣。然则积善积恶之谈，盖施于劝教耳。何以言之？夫人生而静，天之性也。感物而动，性之欲也。性欲既开，流宕莫检。圣人之救其弊，因神道以设教，故理妙而化敷，顺推迁而抑引，故功玄而事适。是以六合之内，论而不议。钻之而不知所由，日用而不见所极。设礼学以开其大蒙，名法以束其形迹。贤者倚之以成其志，不肖企及以免其过。使孝友之恩深，君臣之义笃，长幼之礼序，朋执之好著。背之则为失道之人，讥议以之起。向之则为名教之士，声誉以之彰。此则君子行已处心，岂可须臾而忘善哉。何必循教责实，以期应报乎？苟能体圣教之幽旨，审分命之所钟，庶可豁滞于心府，不祈验于冥中矣。

安处子乃避席曰：夫理蕴千载，念缠一生，今闻吾子大通之论，足以释滞疑，祛幽结矣。仆虽不敏，请佩斯言。

## 戴安公与远法师书

安公和南。弟子常览经典，皆以祸福之来，由于积行。是以自少束脩，至于白首，行不负于所知，言不伤于物类。而一生艰楚，荼毒备经，顾景块然，不尽唯己。夫冥理难推，近情易缠，每中宵幽念，悲慨盈怀。始知修短穷达，自有定分，积善积恶之谈，盖是劝教之言耳。近作此《释疑论》，今以相呈，想消息之余，脱能寻省。戴安公和南。

## 远法师答

释慧远顿首。省君别示，以为慨然。先虽未善相悉，人物往来，亦未始暂忘。分命穷达，非常智所测。然依傍大宗，似有定检。去秋与诸人共读君论，并亦有同异。观周郎作答，意谓世典与佛教，粗是其中。今封相呈，想暇日能力寻省。

## 难《释疑论》

周续之

近见君《释疑论》，盖即情之作，料检理要，殆乎有中。但审分命之守，似未照其本耳。福善莫验，亦仆所常惑，虽周览六籍，逾深其滞。及睹经教，始昭然有归。故请以先觉，语当今之学者也。

君以为审分命所钟，可无祈验于冥中，余庆之言，存于劝教。请审分命之旨，为当宅情于理，任而弗营耶？为忘怀暗昧，直置而已耶？若宅情于理，则理未可喻，善恶纷互，逆顺莫检，苟非冥废，岂得弗营？若直置而已，则自非坐忘，事至必感，感因于事，则情亦升降。履信获祐，何能不庆。为恶弗罚，焉得无怨。虽欲忘怀，其可得乎？靖求诸己，其效明矣。

又劝教之设，必傍实而动直。为训之方，不可一途而尽。故或若反而后会，或晓昧于为言。是以途车刍灵，堂室异诏，或显其远，或微其近。令循教之徒，不苟求于分表。饮和之士，自守足于仁义。故深浅并训，而民听不滥。而神明之赜，蕴于妙物。岂得显称积善，正位履霜，而事与教反，理与言违？夷、齐自得于安忍，颜、冉长悲于履和。恐有为之言，或异于此。若谓商臣之徒，教所不及；汲引之端，盖中智已还。而安于怀仁，不没其身。臧会以僭，有后鲁国。则分命所钟，于何而审？玄明之唱，更为疑府矣。

是以古之君子，知通否之来，其过非新。贤愚寿夭，兆明自昔。楚穆以福浓获没，蔡灵以善薄受祸。郄宛以衅深莫救，宋桓以愆微易唱。故洗心以怀宗，练形以闻道，拔无明之沉根，翳贪爱之滞网。不祈验于冥中，影响自征。不期存于应报，而庆罚以彰。故能反步八极，水镜万有。但微明之道，理隔常域。尧、孔拯其粗，宜有未尽。史迁造其门，而未践乎室，惜其在无闻之世，故永悲以穷年。君既涉其津，亦应不远而得。此乃幽明之所寄，岂唯言论而已。乖叙多年，聊以代勤。

来论又以为天地旷远，人事细近，一善一恶，无关冥应。然则天网恢恢，疏而遂失耶？莫见乎隐，莫显乎微。但盈换藏于日用，交赊昧乎理缘，故或乖于视听耳。山崩钟应，不以路远丧感。火泽革性，不以同象成亲。详检数端，可以少悟矣。

## 戴安公重与远法师书

安公和南。间作《释疑论》，以寄其怀，故呈之匠者，思闻启诲。既辱还告，开示宗辙，并送周郎难，甚有趣致。但理本不同，所见亦殊。今重申鄙意答周，复以相呈。旨诚可求，而辞不自畅，想脱览省。戴公和南。

## 答周居士难论

戴安公

间以暇日，因事致感，脱作《释疑》，以呈法师。既辱还告，并送来难，辞喻清赡，致有旨归。但自觉虽先，观者莫悟。所见既殊，孰是能正。苟怀未悟，请共尽之。

仆所谓能审分命者，自呼识拔常均，妙鉴理宗，校练名实，比验古今者耳。不谓沦溺生死之域，欣戚失得之徒也。苟能悟彭、殇之寿夭，则知修短之自然。察尧、舜于朱、均，以得愚圣之有分。推渊、商之善恶，足明冥中之无罚。等比干、盗跖，可识祸福之非行。既能体此难事，然后分命可审，不祈冥报耳。若如来难："宅情于理，则理未可喻。靖求诸己，其明效矣。"此乃未喻由于求己，非为无理可喻也。若舍己而外鉴，必不远而复矣。

难曰：劝教之设，必傍实而动直。为训之方，不可以一途而尽。

仆岂谓圣人为教，反真空设耶？夫善恶生于天理，是非由乎人心。因天理以施教，顺人心以成务。故幽怀体仁者，挹玄风而载悦。肆情出辙者，顾名教而内掬。功玄物表，日用而忘其惠。理蕴冥寂，涛之不见其宗。非违虚教，以眩于世也。是以前论云：因神道以设教，故理妙而化敷。顺推迁而抑引，故功玄而事适者也。

难曰：安于怀仁，不没其身。臧会以僭，有后鲁国。则分命所钟，于何而审？玄明之唱，更为疑府矣。

答曰：斯乃所以明善恶之有定，不由于积行也。若夫仁者为善之嘉行，安于怀之而受福。僭者反理之邪事，臧会为之而获后。良由分应没身，非履仁之所移。命当为后，非行僭之能罚。岂异比干忠正，而婴剖心之戮。张汤酷吏，而获七世之祐哉？苟斯理之不殊，则知分命之先定矣，乃同玄明之有分，非为成疑府也。

难曰：古之君子，知通否之来，其过非新。贤愚寿夭，兆明自昔。楚穆以福浓获没，蔡灵以善薄受祸。郄宛以衅深莫救，宋桓以愆微易唱。

答曰：夫通否非新，寿夭自昔。信哉斯言，是仆所谓各有分命者也。若夫福浓获没，衅深莫救，此则报应之来，有若影响。蔡灵以善薄受祸，商臣宜以极逆罗殃。宋桓以愆微易唱，郑文应用行善延年。而罪同罚异，福等报殊。何明鉴于蔡、宋，而独昧于楚、郑乎？君所谓"不祈验于冥中，影响自征；不期在于应报，而庆罚以彰"，于斯踬矣。

难曰：然则天网恢恢，疏而遂失耶？莫见乎隐，莫显乎微。但盈换藏于日用，交赊昧于理缘。

答曰：夫天理冥昧，变状难明。且当推已兆于终古，考应报之成迹耳。至于善恶祸福，或有一见，斯自遇与事会，非冥司之真验也。何以明之？若其有司，当如之治国，长之一家，善无微而不赏，恶无纤而必罚，使修行者保其素履，极逆者受其酷祸，然后积善之家，被余庆于后世，积不善之家，流殃咎乎来世耳。而今则不然，或恶深而莫诛，或积善而祸臻，或履仁义而亡身，或行肆虐而降福。岂非无司，而自有分命乎？若以盈换藏于日用，交赊昧于理缘者。但当报对迟晚，不切目前耳，非为善恶舛错，是非莫验。

推斯而言，人之生也，性分夙定。善者自善，非先有其生，而后行善，以致于善也。恶者自恶，非本分无恶，长而行恶，以得于恶也。故知穷达善恶，愚智寿夭，无非分命。分命玄定于冥初，行迹岂能易其自然哉？天网不失，隐见微显，故是劝教之言耳，非玄明所谓本定之极致也。既未悟妙推之有宗，亦何分命之可审乎？将恐向之先觉，还为后悟矣。言面未日，聊以谠叙。

## 周居士答

见重伸《释疑论》，辞理切验，善乎校实也。但仆意犹有不同，乃即欲更言所怀。一日侍法师坐，粗共求君意，云："气力小佳，当自有酬，因君论旨，兼有所见也。"仆是以不复稍厝其爝火，须成旨因上。君云："审分命者，乃是体极之人。"既非所同。又仆所立"不期存于应报，而庆罚已彰"，亦不如君所位也。书不尽言，于是信矣。其中小小亦多未喻，付之未遇。

## 远法师与戴安公书

见君与周居士往复，足为宾主。然佛教精微，难以事诘。至于理玄数表，义隐于经者，不可胜言。但恨君作佛弟子，未能留心圣典耳。顷得书论，亦未始暂忘，年衰多疾，不暇有答。脱因讲集之余，粗缀所怀，今寄往，试与同疑者共寻，若见其族，则比干、商臣之流，可不思而得。释慧远顿首。

## 戴安公答远法师书

安公和南。辱告，并见《三报论》，旨喻弘远，妙畅理宗。览省反复，欣悟兼怀。弟子虽伏膺法训，诚信弥至，而少游人林，遂不涉经学。往以艰毒交缠，聊寄之《释疑》，以自摅散。此盖情发于中，而形于言耳，推其俗见之怀，诚为未尽。然三报旷远，难以辞究。弟子寻当索归，必觐展，冀亲承音旨，益祛其滞。诸怀寄之周居士。戴安公和南。

（《广弘明集》卷十八）

## 明佛论

（一名《神不灭论》）

宗 炳

夫道之至妙，固风化宜尊。而世多诞佛，咸以我躬不阅，遑恤于后。万里之事，百年以外，皆不以为然。况复须弥之大，佛国之伟，精神不灭，人可成佛，心作万有，诸法皆空，宿缘绵邈，亿劫乃报乎？此皆英奇超洞，理信事实。《黄华》之听，岂纳《云门》之调哉！世人又贵周孔书典，自尧至汉，九州华夏，曾所弗暨。殊域何感，汉明何德，而独昭灵彩？凡若此情，又皆牵附先习，不能旷以玄览，故至理匪遐，而疑以自没，悲夫！中国君子明于礼义，而暗于知人心，宁知佛心乎？今世业近事，谋之不臧，犹兴丧及之。况精神我也，得焉则清升无穷，失矣则永坠无极，可不临深而求，履薄而虑乎？夫一局之奕，形算之浅，而奕秋之心，何尝有得。而乃欲率井蛙之见，妄抑大猷，至独陷神于天阱之下，不以甚乎？今以茫昧之识，烛幽冥之故，既不能自览鉴于所失，何能独明于所得？唯当明精暗向，推夫善道，居然宜修，以佛经为指南耳。彼佛经也，包《五典》之德，深加远大之实；含老、庄之虚，而重增皆空之尽。高言实理，肃焉感神，其映如日，其清如风，非圣谁说乎？谨推世之所见，而会佛之理，为明论曰：

今自抚踵至顶，以去凌虚，心往而勿已，则四方上下皆无穷也。生不独造，必传所资。仰追所传，则无始也。奕世相生而不已，则亦无竟也。是身也，既日用无垠之实，亲由无始而来，又将传于无竟而去矣。然则无量无边之旷，无始无终之久，人固相与凌之以自敷者也。是以居赤县，于八极曾不疑焉。今布三千日月，罗万二千天下，恒沙阅国界，飞尘纪积劫，普冥化之所容，俱眇末其未央，何独安我而疑彼哉？

夫秋毫处沧海，其悬犹有极也。今缀彝伦于太虚，为藐胡可言哉！故世之所大，道之所小。人之所遐，天之所迩。所谓轩辕之前，遐哉邈矣者，体天道以高览，盖昨日之事耳。《书》称知远，不出唐、虞。《春秋》属辞，尽于王业。《礼》、《乐》之良敬，《诗》、《易》之温洁。今于无穷之中，焕三千日月以列照，丽万二千天下以贞观，乃知周孔所述，盖于蛮触之域，应求治之粗感，且宁乏于一生之内耳。逸乎生表者，存而未论也。若不然也，何其笃于为始形，而略于为神哉？登蒙山而小鲁，登太山而小天下，是其际矣。且又坟典已逸，俗儒所编，专在治迹。言有出于世表，或散没于史策，或绝灭于坑焚。若老子、庄周之道，松、乔列真之术，信可以洗心养身，而亦皆无取于六经。而学者唯守救粗之阙文，以《书》、《礼》为限断，闻穷神积劫之远化，炫目前而永忽，不亦悲夫？呜呼！有似行乎层云之下，而不信日月者也。

今称“一阴一阳之谓道，阴阳不测之谓神”者。盖谓至无为道，阴阳两浑，故曰“一阴一阳”也。自道而降，便入精神，常有于阴阳之表，非二仪所究，故曰“阴阳不测”耳。君平之说“一生二”，谓“神明”是也。若此二句，皆以明无，则以何明精神乎？然群生之神，其极虽齐，而随缘迁流，成粗妙之识，而与本不灭矣。今虽舜生于瞽，舜之神也，必非瞽之所生。则商均之神，又非舜之所育。生育之前，素有粗妙矣。既本立于未生之先，则知不灭于既死之后矣。又不灭则不同，愚圣则异，知愚圣生死不革不灭之分矣。故云：精神受形，周遍五道，成坏天地，不可称数也。夫以累瞳之质，诞于顽瞽。嚚均之身，受体黄中。愚圣天绝，何数以合乎？岂非重华之灵，始粗于在昔，结因往劫之先，缘会万化之后哉？今则独绝其神，昔有接粗之累，则练之所尽矣。神之不灭，及缘会之理，积习而圣，三者鉴于此矣。

若使形生则神生，形死则神死，则宜形残神毁，形病神困。据有腐则其身[①]，或属纩临尽，而神意平全者。及自牖执手，病之极矣，而无变德行之主。斯殆不灭之验也。若必神生于形，本非缘合。今请远取诸物，然后近求诸身。夫五岳四渎，谓无灵也，则未可断矣。若许其神，则岳唯积土之多，渎唯积水而已矣。得一之灵，何生水土之粗哉？而感托岩流，肃成一体，设使山崩川竭，必不与水土俱亡矣。神非形作，合而不灭。人亦然矣。神也者，妙万物而为言矣。若资形以造，随形以灭，则以形为本，何妙以言乎？夫精神四达，并流无极，上际于天，下盘于地。圣之穷机，贤之研微，逮于宰、赐、庄、嵇、吴札、子房之伦，精用所乏，皆不疾不行，坐彻宇宙。而形之臭腐，甘嗜所资，皆与下愚同矣。宁当复禀之以生，随之以灭耶？又宜思矣。周公郊祀后稷，宗祀文王，世或谓空以孝。即问谈者，何以了其必空？则必无以了矣。苟无以了，则文、稷之灵，不可谓之灭矣。斋三日，必见所为斋者。宁可以常人之不见，而断周公之必不见哉？嬴博之葬，曰：“骨肉归于土，魂气则无不之。”非灭之谓矣！

夫至治则天，大乱滔天，其要心神之为也。尧无理不照，

① 《大正藏》作“懅有腐败其身”。

无欲不尽，其神精也。桀无恶不肆，其神悖也。桀非不知尧之善，知己之恶，恶已亡也。体之所欲，悖其神也。而知尧、恶亡之识，常含于神矣。若使不居君位，千岁勿死，行恶则楚毒交至，微善则少有所宽，宁当复不稍灭其恶，渐修其善乎？则向者神之所含知尧之识，必当少有所用矣。又加千岁而勿已，亦可以其欲都澄，遂精其神如尧者也。

夫辰月变，则律吕动；晦望交，而蚌蛤应；分至启闭，而燕、鹰、龙、蛇飒焉出没者，皆先之以冥化，而后发于物类也。凡厥群有，同见陶于冥化矣，何数事之独然，而万化之不尽然哉？今所以杀人而死，伤人而刑，及为缧绁之罪者，及今则无罪，与今有罪而同然者，皆由冥缘前遘，而人理后发矣。夫幽显一也，衅遘于幽，而丑发于显，既无怪矣。行凶于显，而受毒于幽，又何怪乎？今以不灭之神，含知尧之识，幽显于万世之中，苦以创恶，乐以诱善，加有日月之宗，垂光助照，何缘不虚己钻仰，一变至道乎？自恐往劫之桀、纣，皆可徐成将来之汤、武。况今风情之伦，少而泛心于清流者乎？由此观之，人可作佛，其亦明矣。

夫生之起也，皆由情兆。今男女构精，万物化生者，皆精由情构矣。情构于己，而则百众神。受身大似，知情为生本矣。至若五帝三后，虽超情穷神，然无理不顺，苟昔缘所会，亦必循俯入精化，相与顺生，而敷万族矣。况今以情贯神，一身死坏，安得不复受一身，生死无量乎？识能澄不灭之本，禀日损之学，损之又损，必至无为无欲。欲情唯神独照，则无当于生矣。无生则无身，无身而有神，法身之谓也。

今黄帝、虞舜、姬公、孔父，世之所仰而信者也。观其纵辔升天，龙潜鸟扬，反风起禾，绝粒弦歌，亦皆由穷神为体，故神功所应，倜傥无方也。今形理虽外，当其随感起灭，亦必有非人力所致而至者。河之出图，洛之出书。蓂荚无栽而敷，玄圭不琢而成。桑谷在庭，倏然大拱，忽尔以亡。火流王屋而为乌。鼎之轻重大小，皆翕欻变化，感灵而作。斯实不思议之明类也。夫以法身之极灵，感妙众而化见，照神功以朗物，复何奇不肆，何变可限。岂直仰凌九天，龙行九泉，吸风绝粒而已哉？凡厥光仪符瑞之伟，分身涌出，移转世界，巨海入毛之类，方之黄、虞、姬、孔，神化无方。向者众瑞之晻暖显没，既出形而入神，同惚恍而玄化，何独信此而抑彼哉？冥觉法王，清明卓朗，信而有征。不违颜咫尺，而昧者不知，哀矣哉！

夫《洪范》庶征休咎之应，皆由心来。逮白虹贯日、太白入昴、寒谷生黍、崩城陨霜之类，皆发自人情，而远形天事，固相为形影矣。夫形无无影，声无无响，亦情无无报矣，岂直贯日陨霜之类哉？皆莫不随情曲应，物无遁形。但或结于身，或播于事，交赊纷纶，显昧眇漫，孰睹其际哉！众变盈世，群象满目，皆万世以来，精感之所集矣。故佛经云：“一切诸法，从意生形。”又云：“心为法本，心作天堂，心作地狱。”义由此也。是以清心洁情，必妙生于英丽之境。浊情滓行，永悖于三途之域。何斯唱之迢遰，微明有实理，而直疏魂沐想，飞诚悚志者哉？虽然，夫亿等之情，皆相缘成识，识感成形，其性实无也。自有津悟以来，孤声豁然，灭除心患，未有斯之至也。

请又述而明之：夫圣神玄照，而无思营之识者，由心与物绝，唯神而已。故虚明之本，终始常住，不可凋矣。今心与物交，不一于神，虽以颜子之微微，而必乾乾钻仰，好仁乐山，庶乎屡空。皆心用乃识，必用用妙接，识识妙续，如火之炎炎相即而成焰耳。今以悟空息心，心用止而情识歇，则神明全矣。则情识之构，既新故妙续，则悉是不一之际，岂常有哉？使庖丁观之，必不见全牛者矣。佛经所谓变易离散之法，法识之性空，梦、幻、影、响、泡沫、水月，岂不然哉？颜子知其如此，故处有若无，抚实若虚，不见有犯而不校也。今观颜子之屡虚，则知其有之实无矣。况自兹以降，丧真弥远。虽复进趋大道，而与东走之疾，同名狂者，皆违理谬感，遁天妄行，弥非真有矣。况又质味声色，复是情伪之所影化乎？且舟壑潜谢，变速奔电，将来未至，过去已灭，现在不住。瞬息之顷，无一毫可据，将欲何守而以为有乎？甚矣伪有之蔽神也。今有明镜于斯，纷秽集之微，则其照蔼然，积则其照朏然，弥厚则照而昧矣。质其本明，故加秽犹照，虽从蔼至昧，要随镜不灭。以之辩物，必随秽弥失，而过谬成焉。人之神理，有类于此。伪有累神，成精粗之识。识附于神，故虽死不灭。渐之以空，必将习渐至尽，而穷本神矣，泥洹之谓也。是以至言云富，从而豁以空焉。夫岩林希微，风水为虚，盈怀而往，犹有旷然。况圣穆乎空，以虚授人，而不清心乐尽哉？是以古之乘虚入道，一沙一佛，未讵多也。

或问曰：神本至虚，何故沾受万有，而与之为缘乎？又本虚既均，何故分为愚圣乎？又既云心作万有，未有万有之时，复何以累心，使感而生万有乎？

答曰：今神妙形粗，而相与为用。以妙缘粗，则知以虚缘有矣。今愚者虽鄙，要能处今识昔，在此忆彼，皆有神功，则练而可尽，知其本均虚矣。心作万有，备于前论。据见观实，三者固已信然矣。但所以然者，其来无始。无始之始，岂有始乎？亦玄之又玄矣。庄周称冉求问曰："未有天地，可知乎？"仲尼曰："古犹今也。"盖谓虽在无始之前，仰寻先际，初自茫眇，犹今之冉求耳。今神明始创，及群生最先之祖，都自杳漠，非追想所及，岂复学者通塞所预乎？夫圣固凝废，感而后应耳。非想所及，即六合之外矣，无以为感，故存而不论。圣而弗论，民何由悟？今相与践地戴天而存，践戴之外，岂有纪极乎？禹之弼成五服，敷土不过九州者，盖道世路所及者耳。至于大荒之表，旸谷濛汜之际，非复人理所预，则神圣已所不明矣。况过此弥往，浑瀚冥茫，岂复议其边陲哉？今推所践戴，终至所不议，故一体耳。推今之神用，求昔之所始终，至于圣人之所存而不论者，亦一理相贯耳，岂独可议哉？皆由冥缘随宇宙而无穷，物情所感者有限故也。夫众心禀圣以成识，其犹众目会日以为见。离朱察秋毫于百寻，资其妙目，假日而睹耳。今布毫于千步之外，目力所匮，无假以见，而于察微避危，无所少矣。何为以千步所昧，还疑百寻之毫乎？今不达缘本，情感所匮，无以会圣，而知取至于致道之津，无所少矣。何为以缘始之昧，还疑既明之化矣哉！

或问曰：今人云："不解缘始，故不得信佛。"此非感耶？圣人何以不为明之？

答曰：所谓感者，抱升之分，而理有未至，要当资圣以通，此理之实感者也。是以乐身滞有，则朗以苦空之义。兼爱弗弘，则示以投身之慈。体非俱至，而三乘设。分业异修，而六度明。津梁之应，无一不足，可谓感而后应者也。是以闻道灵鹫，天人咸畅，造极者蔚如也。岂复远疑缘始，然后至哉？理明训足，如说修行，何所不备？而犹必不信，终怀过疑于想所不及者。与将陨之疾，馈药不服；流矢通中，忍痛不拔；要求矢、药造构之始，以致命绝，夫何异哉？皆由猜道自昔，故未会无言，致使今日在信妄疑耳，岂可以为实理之感哉？非理妄疑之惑，固无以感圣而克明矣。夫非我求蒙，蒙而求我。固宜虚己及身，随顺玄化，诚以信往，然后悟随应来。一悟所振，终可遂至冥极。守是妄疑，而不归纯敛衽者，方将长沦惑网之灾，岂有旦期。背向一差，升坠天绝，可不慎乎！

或问曰：孔氏之训："无求生以害仁，有杀身以成仁。"

仁之至也，亦佛经说菩萨之行矣。老子明无为，无为之至也，即泥洹之极矣。而曾不称其神通成佛，岂孔、老有所不尽欤？明道欲以扇物，而掩其致道之实乎？无实之疑，安得不生？

答曰：教化之发，各指所应。世薪乎乱，洙泗所弘，应治道也。纯风弥凋，二篇乃作，以息动也。若使颜、冉、宰、赐、尹喜、庄周，外赞儒玄之迹，以导世情所极，内禀无生之学，以精神理之求，世孰识哉？至若冉季、子游、子夏、子思、孟轲、林宗、康成、盖公、严平、班嗣、杨王之流，或分尽于礼教，或自毕于任逸，而无欣于佛法，皆其寡缘所穷，终无僭滥。故孔、老发音指导，自斯之伦感向所暨，故不复越叩过应。儒以弘仁，道在抑动，皆已抚教得崖，莫匪尔极矣。虽慈良、无为，与佛说通流，而法身、泥洹无与尽言，故弗明耳。且凡称“无为而无不为”者，与夫“法身无形，普入一切”者，岂不同致哉？是以孔、老、如来，虽三训殊路，而习善共辙也。

或问曰：自三五以来，暨于孔、老。洗心佛法，要将有人。而献酬之迹，曾不乍闻者，何哉？

答曰：余前论之旨已明，俗儒而编专在治迹，言有出于世表，或散没于史策，或绝灭于坑焚。今又重敷所怀。夫三皇之书，谓之《三坟》，言大道也。尔时也，孝慈天足，岂复训以仁义？纯朴弗离，若老、庄者复何所扇？若不明神本于无生，空众性以照极者，复以何为大道乎？斯文没矣，世孰识哉！史迁之述五帝也，皆云生而神灵，或弱而能言，或自言其名。懿渊疏通，其知如神。既以类夫大乘菩萨，化见而生者矣。居轩辕之丘，登崆峒，陟凡岱，幽陵、蟠木之游，逸迹超浪，何以知其不由从如来之道哉？以五帝之长世，尧治百年，舜则七十。广成、大隗、鸿崖、巢、许、夸父、北人、姑射四子之流，玄风畜积，洋溢于时。而《五典》余类，唯唐、虞二篇，而至寡阙。子长之记，又谓："百家之言黄帝，文不雅训，搢绅难言。唯采杀伐治迹，犹万不记一。"岂至道之盛，不见于残缺之篇，便当皆虚妄哉？今以神明之君，游浩然之世，携七圣于具茨，见神人于姑射。一化之生，复何足多谈。微言所精，安知非穷神亿劫之表哉？

广成之言曰："至道之精，窈窈冥冥。"即首楞严三昧矣。"得吾道者，上为皇，下为王。"即亦随化升降，为飞行皇帝、转轮圣王之类也。"失吾道者，上见光，下为土。"亦生死于天人之界者矣。感大隗之风，称天师而退者，亦十号之称矣。自恐无生之化，皆道深于若时，业流于玄胜。而事没振古，理随文翳。故百家所摭，若晓而昧。又搢绅之儒，不谓雅训。遂令殉世而不深于道者，仗史籍而抑至理，从近情而忽远化，困精神于永劫，岂不痛哉！

伯益述《山海》："天毒之国，偎人而爱人。"郭璞传："古谓天毒，即天竺，浮屠所兴。偎爱之义，亦如来大慈之训矣。"固亦既闻于三五之世也。国典弗传，不足疑矣。凡三代之下，及孔、老之际，史策之外，竟何可量？孔之问礼，老为言之。关尹之求，复为明道。设使二篇或没，其言独存于《礼记》，后世何得不谓柱下翁，直是知礼老儒？岂不体于玄风乎？今百代众书，飘荡于存亡之后，理无备在。岂可断以所见，绝献酬于孔、老哉！东方朔对汉武劫烧之说，刘向《列仙》叙“七十四人在佛经”，学者之管窥于斯，又非汉明而始也。但驰神越世者众而显，结诚幽微者寡而隐，故潜感之实，不扬于物耳。

道人澄公，仁圣于石勒、虎之世，谓虎曰：“临淄城中，有古阿育王寺处，犹有形像、承露盘，在深林巨树之下，入地二十丈。”虎使者依图搜求，皆如言得。近姚略叔父为晋王，于河东蒲坂，古老所谓阿育王寺处，见有光明，凿求，得佛遗骨于石函银匣之中，光曜殊常。随略迎睹于霸上比丘，今现在辛寺。由此观之，有佛事于齐、晋之地久矣哉！所以不说于三传者，亦犹干宝、孙盛之史，无语称佛，而妙化实彰有晋，而盛于江左也。

或问曰：若诸佛见存，一切洞彻，而威神之力，诸法自在。何为不曜光仪于当今，使精粗同其信悟。洒神功于穷迫，以拔冤枉之命？而令君子之流，于佛无睹，故同其不信，俱陷阐提之苦？秦、赵之众，一日之中，白起、项藉坑六十万。夫古今彝伦，及诸受坑者，诚不悉有宿缘大善，尽不睹无一缘，而悉积大恶。而不睹佛之悲一日俱坑之痛，慭然毕同，坐视穷酷而不应，何以为慈乎？缘不倾天，德不邀世，则不能济，何以为神力自在，不可思议乎？鲁阳回日，耿恭飞泉，宋九江虎远江而蝗避境，犹皆心横彻，能使非道玄通。况佛神力，融起之气，治籍之心，以活百万之命殊易。夫纳须弥于芥子，甚仁于毁身乎一虎一鸽矣，而今想焉而弗见，告焉而弗闻，请之而无救，寂寥然与大空无别。而于其中，有作沙门而烧身者，有绝人理而剪六情者，有苦力役、倾资宝而事庙像者，顿夺其当年，而不见其所得。吁！可惜矣。若谓应在将来者，则向六十万，命善恶不同，而枉灭同矣。命善恶虽异，身后所当，独何得异？现世殊品，既一不蒙甄别。将来浩荡，为欲何望？况复恐实无将来乎？经云："足指按地，三千佛土皆见，及盲聋喑哑，牢狱毒痛，皆得安宁。"夫佛，远近存亡，有戒无戒，等以慈焉。此之有心宜见，苦痛宜宁，与彼一矣。而经则快多是语，实则竟无暂应。安知非异国有命世逸群者，构此空法，以胁异翼善，交言有微远之情事，有澄肃之美纯，而易信者一己输身，遂相承于不测，而势无止薄乎？

答曰：今不睹其路，故于夷谓险。诚瞰其途，则不见所难矣。夫常无者，道也，唯佛则以神法道。故德与道为一，神与道为二。二故有照以通化，一故常因而无造。夫万化者，固各随因缘，自作于大道之中矣。今所以称佛，云诸法自在、不可思议者，非曰为可不由缘数，越宿命而横济也。盖众生无量，神功所导，皆依崖曲畅，其照不可思量耳。譬之洪水、四凶、瞽顽、象傲，皆化之固然，尧舜弗能易矣。而必各依其崖，降水流凶，允若克谐，其德岂不大哉！夫佛也者，非他也，盖圣人之道不尽于济生之俗，敷化于外生之世者耳。至于因而不为，功自物成，直尧之殊应者耳。

夫钟律感类，犹心玄会，况夫灵圣以神理为类乎？凡厥相与冥遘于佛国者，皆其烈志清神，积劫增明，故能感诣洞彻，致使释迦发晖，十方交映，多宝踊见，灯王入室。岂佛之独显乎哉？能见矣。至若今之君子，不生应供之运，而域乎禹绩之内，皆其诚背于昔，故会乖于今。虽复清若夷、齐，贞如柳、季，所志苟殊，复何由感而见佛乎？况今之所谓，或自斯以还，虽复礼义熏身，高名馥世，而情深于人，志不附道。虽人之君子，而实天之小人。灵极之容，复何由感映？岂佛之偏隐哉？我弗见矣。若或有随缘来生，而六度之诚发自宿业，感见独朗，亦当屡有其人。然虽道俗比肩，复何由相知乎？然则粗妙在我，故见否殊应。岂可以己之不曜于光仪，而疑佛不见存哉？

夫天地有灵，精神不灭，明矣。今秦、赵之众，其神与宇宙俱来，成败天地而不灭。起、籍二将，岂得顿灭六十万神哉？神不可灭也，则所灭者身也。岂不皆如佛言："常灭群生之身，故其身受灭。"而数会于起、籍乎？何以明之？夫乾道变化，各正性命，至于鸡、彘、犬、羊之命，皆乾坤六子之所一也。民之咀命充身，暴同蛛蝥为网矣。鹰、虎非搏噬不生，人可饭蔬而存，则虐已甚矣。天道至公，所布者命，宁当许其虐命，而抑其冥应哉？今六十万人，虽当美恶殊品，至于忍咀群生，恐不异也。美恶殊矣，故其生之所享，固可实殊。害生同矣，故受害之日，固亦可同。

今道家之言，世之所述，无以云焉。至若于公、邴吉、虞怡，德应于后。严延年、田蚡、晋宣，杀报交验。皆书于魏、汉，世所信睹。夫活人而庆流子孙，况精神为杀活之主，无殃庆于后身乎？杀活彼身，必受报己身。况通塞彼神，而不荣悴于己神乎？延年所杀，皆凡等小人。窦婴、王陵，宰牧之豪。贤否殊，贵贱异，其致报一也。报之所加，不论豪贱，将相、晋王不二矣。岂非天道至平，才与不才，亦各其子，理存性命，不在贵贱故耶？然则肫、鱼虽贱，性命各正于乾道矣。观大鸟之回翔，小鸟之啁噍，葛庐所听之牛，西巴所感之鹿，情爱各深于其类矣。今有孕妇稚子于斯，而有刳而剔之，燔而炙之者，则谓冤痛之殃，上天所感矣。今春猎胎孕，燔菹羔雏，亦天道之所一也，岂得独无报哉？但今相与理，缘于饮血之世，畋渔非可顿绝。是以圣王庖厨其化，盖顺民之杀以减其害，践庖闻声，则所不忍。因豺獭以为节，疾非时之伤孕。解罝而不网，明含气之命重矣。孟轲击赏于衅钟，知王德之去杀矣。先王抚粗救急，故虽深其仁，不得顿苦其禁。如来穷神明极，故均重五道之命，去杀为众戒之首。萍沙见报于白兔，释氏受灭于昔鱼，以示报应之势。皆其窈窕精深，迂而不昧矣。

若在往生能闻于道，敬修法戒，则必不坠长平而受坑马服矣。及在既坠，信法能彻，必超今难。若缘衅先重，难有前报，及戒德后臻，必不复见坑来身矣。所谓洒神功于穷迫，以拔冤枉之命者，其道如斯，慈之至矣。今虽有世美，而无道心，犯害众命。以报就迫，理之当也。佛乘理居当，而救物以法，不蹈法则理无横济，岂佛无实乎？譬之扁鹊，救疾以药，而不信不服，疾之不瘳，岂鹊不妙乎？鲁阳、耿恭、远祖九江，所以能回日、飞泉、虫虎避德者，皆以烈诚动乎神道。神道之感，即佛之感也。若在秦、赵，必不陷于难矣。则夫陷者，皆已无诚，何由致感于佛，而融冶起、籍哉？

夫以通神之众，萃穷化之堂，故须弥可见于芥子之内耳。又虽今则虎、鸽，昔或为人，尝有缘会，故值佛嘉运，投身济之，割股代之。苟无感可动，以命偿杀。融冶之奇，安得妄作？吹万之死，咸其自已，而疑佛哉？夫志之笃也，则想之而见，告之斯闻矣。推周、孔交梦，傅说形求实至。古今攸隔，傅岩遐阻，而玄对无碍。则可以信夫洁想西感，睹无量寿佛，越境百亿，超至无功。何云大空无别哉！

夫道在练神，不由存形。是以沙门祝形烧身，厉神绝往。神不可灭，而能奔其往，岂有负哉？契阔人理，崎岖六情，何获于我，而求累于神？诚自剪绝，则日损所情，实渐于道。苦力策观，倾资夐居，未几有之，俄然身灭，名实所收，不出盗跨。构馆栖神象，渊然幽穆，形从其微，神随之远。微则应清，远则福妙。盗跨与道，孰为优乎？顿夺其当年，所以超升。潜行协于神明，福德彰于后身，岂能见其所得哉？

夫人事之动，必贯神道。物无妄然，要当有故而然矣。若使幽冥之报不如向论，则六十万命，何理以坑乎？既以报坑，必以报不坑矣。今战国之人，眇若安期，幽若四皓，龙颜而帝，列地而君，英声茂实，不可称数，同在羿之彀中，独何然乎？岂不各是前报之所应乎？既见福成于往行，则今行无负于后身，明矣。现世殊品，既宿命所甄。则身后所当，独何容滥？

经之所奇，自谓当佛化现之时，皆由素有嘉会，故其遇若彼。今曾无暂应，皆咎在无缘，而反诬至法空构。呜呼！神鉴孔昭，侮圣人之殃，亦可畏也。敢问空构者，将圣人欤？贤人欤？小人欤？夫圣无常心，盖就物之性，化使遂耳。若身死神灭，但当一以儒训，尽其生极，复何事哉。而诳以不灭，欺以成佛，使烧祝发肤，绝其牉合，所遏苗裔，数不可量。且夫彦圣，育无常所，或潜有塞矣，空构何利，而其毒大苦，知非圣贤之为矣。若人哉，樊须之流也，则亦敛身周孔，畏惧异端，敢妄作哉？若自兹以降，则不肖之伦也，又安能立家九流之外，增徽老、庄之表，而昭列于千载之后？

龙树、提婆、马鸣、迦旃延、法胜、山贤、达摩多罗之伦，旷载五百，仰述道训，《大智》、《中》、《百论》、《阿毗昙》之类，皆神通之才也。近孙绰所颂耆域、健陀勒等八贤，支道林像而赞者竺法护、于法兰、道邃、阙公则，皆神映中华。中朝竺法行，时人比之乐令。江左尸梨蜜，群公高其卓朗。郭文举廓然邃允，而所奉唯佛。凡自龙树以达，宁皆失身于向所谓不肖者之诧乎？然则黄面夫子之事，岂不明明也哉！今影骨齿发，遗器余武，犹光于本国，此亦道之证也。夫殊域之性，多有精察黠才，而嗜欲类深。皆以厥祖身立佛前，累叶亲传，世祗其实。影迹遗事，昭化融显。故其裔王则倾国奉戒，四众苦彻，死而无悔。若理之诡暧，事不实奇，亦岂肯倾己破欲，以尊无形者乎？若影物无实，声出来往，则古今来者，何为苦身离欲，若是之至？往而返者，宜其沮懈，而类皆更笃乎？粗可察矣。

论曰：夫自古所以丕显治道者，将存其生也。而苦由生来，昧者不知矣。故诸佛悟之以苦，导以无生。无生不可顿体，而引以生之善恶同。善报而弥升，则朗然之尽，可阶焉。是以其道浩若沧海，小无不津，大无不通。虽邈与务治存生者反，而亦固陶潜《五典》，劝佐礼教焉。今世之所以慢祸福于天道者，类若史迁感伯夷而慨者也。夫孔圣岂妄说也哉？称“积善余庆，积恶余殃”，而颜、冉夭疾，厥胤蔑闻；商臣考终，而庄则贤霸。凡若此类，皆理不可通。然理岂有无通者乎？则纳庆后身，受殃三途之说，不得不信矣。虽形有存亡，而精神必应，与现世而报，夫何异哉？但因缘有先后，故对至有迟速，犹一生祸福之早晚者耳。然则孔氏之训，资释氏而通，可不曰玄极不易之道哉！

夫人理飘纷，存没若幻，笼以百年，命之孩老，无不尽矣。虽复黄发鲐背，犹自觉所经俄顷，况其短者乎？且时则无止，运则无穷，既往积劫无数无边，皆一瞬一阅以及今耳。今积瞬以至百年，曾何难及，而又鲜克半焉。夫物之媚于朝露之身者，类无清遐之实矣。何为甘臭腐于漏刻，以枉长存之神，而不自疏于遐远之风哉？虽复名法佐世之家，亦何独无分于大道。但宛转人域，嚣于世路，故唯觉人道为盛，而神想蔑如耳。若使回身中荒，升岳遐览，妙观天宇澄肃之旷，日月照洞之奇，宁无列圣威灵尊严乎其中，而唯唯人群、匆匆世务而已哉？固将怀远以开神道之想，感寂以昭明灵之应矣。

昔仲尼修《五经》于鲁，以化天下。及其眇邈太、蒙之颠，而天下与鲁俱小，岂非神合于八遐，故超于一世哉？然则《五经》之作，盖于俄顷之间，应其所小者耳。世又何得以格佛法而不信哉？请问今之不信，为谓黔首之外，都无神明耶？为之亦谓有之，而直无佛乎？若都无神明，唯人而已，则谁命玄鸟，降而生商？孰遗巨迹，感而生弃哉？汉、魏、晋、宋，咸有瑞命。知视听之表，神道炳焉。有神理，必有妙极，得一以灵，非佛而何？夫神也者，依方玄应，应不预存。从实致化，何患不尽，岂须诡物而后训乎？然则其法之实，其教之信，不容疑矣。

论曰：群生皆以精神为主，故于玄极之灵，咸有理以感。尧则远矣，而百兽舞德，岂非感哉？则佛为万感之宗焉。日月海岳，犹有朝夕之礼，秩望之义。况佛之道众，高者穷神于生表，中者受身于妙生，下则免夫三趣乎？今世教所弘，致治于一生之内。夫玄至者寡，顺世者众，何尝不相与唯习世情，而谓死则神灭乎？是以不务邈志清遐，而多循情寸阴，故君子之道鲜焉。若鉴以佛法，则厥身非我，盖一憩逆旅耳。精神乃我身也，廓长存而无已。上德者，其德之畅于己也无穷。中之为美，徐将清升以至尽。下而恶者，方有自新之回路，可补过而上迁。是以自古精粗之中，洁己怀远，祇行于今，以拟来业，而迈至德者，不可胜数，是佛法之效矣。此皆世之所壅，佛之所开，其于类岂不旷然融朗，妙有通途哉！若之何忽而不奉乎？

夫风经炎则暄，吹林必凉。清水激浊，澄石必明。神用得丧，亦存所托。今不信佛法，非分之必然，盖处意则然。诚试避心世物，移映清微，则佛理可明，事皆信矣，可不妙处其意乎？资此明信已往，终将克王神道。百世先业，皆可幽明永济，孝之大矣。众生沾仁，慈之至矣。凝神独妙，道之极矣。洞朗无碍，明之尽矣。发轸常人之心，首路得辙，纵可多历劫数，终必径集玄极，若是之奇也。等是人也，背辙失路，蹭蹬长往，而永没九地，可不悲乎？若不然也，世何故忽生懿圣，复育愚鄙，上则诸佛，下则蜎飞蠕动乎？皆精神失得之势也。今人以血身七尺，死老数纪之内，既夜消其半矣。丧疾众故，又苦其半。生之美盛，荣乐得志，盖亦何几？而壮齿不居，荣必惧辱，乐实连忧，亦无全泰。而皆竞入流俗之险路，讳陟佛法之旷途，何如其智也？世之以不达缘本，而闷于佛理者，诚亦众矣！

夫缘起浩汗，非复追想所及，失得所关，无理以感，即六合之外，故佛而不论，已具前论。请复循环而申之：夫圣人之作《易》，天之垂象，吉凶治乱，其占可知。然原其所以然之状，圣所弗明，则莫之能知。今以所莫知，废其可知，逆占违天而动，岂有不亡者乎？不可以缘始弗明，而背佛法，亦犹此也。又以不忆前身之意，谓神不素存。夫人在胎孕，至于孩龆，不得谓无精神矣。同一生之内耳，以今思之，犹冥然莫忆。况经生死，历异身，昔忆安得不亡乎？所忆亡矣，而无害神之常存。则不达缘始，何妨其理常明乎？子路问死，子曰："未知生，安知死。"问事鬼神，则曰："未知事人，焉知事鬼。"岂不以由也尽于好勇，笃于事君，固宜应以一生之内。至于生死鬼神之本，虽曰有问，非其实理之感。故性与天道，不可得闻。佛家之说众生有边、无边之类十四问，一切智者皆置而不答。诚以答之无利益，则堕恶邪。然则禀圣奉佛之道，固宜谢其所绝，餐其所应。如渴者饮河，挹洪流以盈己，岂须穷源于昆山哉？凡在佛法，若违天碍理，不可得然，则疑之可也。今无不可得然之碍，而有顺天清神之实，岂不诚然哉！

夫人之生也，与忧俱生。患祸发于时事，灾沴奋于冥昧。虽复雅贵连云，拥徒百万，初自独以形神坐待无常。家人嗃嗃，妇子嘻嘻，俄复沦为惚恍。人理曾何足恃？是以过隙宜竞，赊谤冥化，纵欲侈害，神既无灭，求灭不得，复当乘罪受身。今之无赖群生，虫豸万等，皆殷鉴也。为之谋者，唯有委诚信佛，托心履戒，以援精神。生蒙灵援，死则清升。清升无已，径将作佛。佛固言尔，而人侮之。何以断人之胜佛乎？其不胜也，当不下坠彼恶，永受其剧乎？呜呼！六极苦毒，而生者所以世无已也。所闻所见，精进而死者，临尽类多神意安定。有危迫者，一心称观世音，略无不蒙济。皆向所谓生蒙灵援、死则清升之符也。

夫万乘之主，千乘之君，日昃不遑食，兆民赖之于一化内耳。何以增茂其神，而王万化乎？今依周孔以养民，味佛法以养神，则生为明后，殁为明神，而常王矣。如来岂欺我哉？非崇塔侈像，容养滥吹之僧，以伤财害民之谓也。物之不窥远实而睹近弊，将横以诟法矣。盖尊其道，信其教，悟无常，空色有，慈心整化，不以尊豪轻绝物命，不使不肖窃假非服。岂非导之以德，齐之以礼，天下归仁之盛乎？其在容与之位，及野泽之身，何所足惜，而不自济其精神哉！

昔远和尚澄业庐山，余往憩五旬，高洁贞厉，理学精妙，固远流也。其师安法师，灵德自奇。微遇比丘，并含清真，皆其相与素洽乎道，而后孤立于山，是以神明之化，邃于岩林。骤与余言于崖树涧壑之间，暧然乎有自言表而肃人者。凡若斯论，亦和尚据经之旨云尔。夫善即者，因鸟迹以书契，穷神与人之颂。缇萦一言，而霸业用遂，肉刑永除。事固有俄尔微感，而终至冲天者。今芜陋鄙言，以警其所感，奄然身没，安知不以之超登哉！

（《弘明集》卷二）

## 答何承天书难《白黑论》

### 何承天与宗炳书

近得贤从中郎书，说足下勤西方法事。贤者志其大，岂以万劫为奢。但恨短生，无以测冥灵耳。治城慧琳道人作《白黑论》[①]，乃为众僧所排摈，赖蒙值明主善救，得免波罗夷耳。既作比丘，乃不应明此。白徒亦何为不言？足下试寻二家，谁为长者。吾甚昧然，望有以佳悟。何承天白。

### 宗炳答何承天书

所送琳道人《白黑论》，辞清致美。但吾暗于照理，犹未达其意。

既云：“幽冥之理，不尽于人事。周孔疑而不辨，释氏

① 《白黑论》，又名《均善论》《均圣论》，刘宋元嘉十年（433），治城沙门慧琳撰。

辨而不实。”然则人事之表、幽暗之理，为取廓然唯空，为犹有神明耶？若廓然唯空，众圣、庄、老，何故皆云有神？若有神明，复何以断其不实如佛言？今相与共在常人之域，料度近事，犹多差错，以陷患祸。及博弈粗艺，注意研之，或谓生更死，谓死实生。近事之中，都未见有常得而无丧者，何以决断天地之外，亿劫之表，冥冥之中，必谓所辨不实耶？若推据事不容得实，则疑之可也。今人形至粗，人神实妙，以形从神，岂得齐终？心之所感，崩城陨霜，白虹贯日，太白入昴。气禁之医，心作水火，冷暖辄应。况今以至明之智，至精之志，专诚妙彻，感以受身，更生于七宝之土，何为不可实哉？

又云：“析毫空树，无伤垂荫之茂。离材虚室，无损轮奂之美。贝锦以繁彩发华，和羹以盐梅致旨。”以塞本无之教，又不然矣。佛经所谓“本无”者，非谓众缘和合者皆空也。垂荫、轮奂，处物自可有耳，故谓之“有谛”。性本无矣，故谓之“无谛”。吾虽不悉佛理，谓此唱居然甚安。自古千变万化之有，俄然皆已空矣。当其盛有之时，岂不常有也必空之实，故俄而得以空耶？亦如惠子所谓：“物方生方死，日方中方睨。”死、睨之实，恒预明于未生、未中之前矣。愚者不睹其理，唯见其有，故齐侯摄爽鸠之余伪，而泣恋其乐。贤者心与理一，故颜子庶乎屡空，有若无，实若虚也。自颜以下，则各随深浅，而味其虚矣。若又逾下，纵不能自清于至言，以倾爱竞之惑，亦何尝无仿佛于一毫？岂当反以一火增寒，而更令恋嗜好之欲乎？乃云："明无常，增渴荫之情。陈苦伪，笃竞辰之虑。"其言过矣。

又以舟壑、塘驷之论已盈耳于中国，非理之奥，故不举为教本，谓剖析此理，更由指掌之民[1]。夫舟壑潜谢，佛经所谓现在不住矣，诚能明之，则物我常虚，岂非理之奥耶？盖悟之者寡，故不以为教本耳，支公所谓未与佛同也。何为以素闻于中国，而蔑其至言哉？

又以"效神光，无径寸之明。验灵变，无纤芥之实。徒称无量之寿，孰见期颐之叟。"诸若此类，皆谓于事不符。夫神光灵变，及无量之寿，皆由诚信幽奇，故将生乎佛土，亲映光明，其寿无量耳。今没于邪见，慢诞灵化，理固天隔，当何由睹其事之符乎？

夫心不贪欲，为十善之本，故能俯绝地狱，仰生天堂，即亦服义蹈道，理端心者矣。今内怀虔仰，故礼拜悔罪。达夫无常，故情无所吝。委妻子而为施，岂有邀于百倍？复何得乃云"不由恭肃之意，不乘无吝之情"乎？泥洹以无乐为乐，法身以无身为身。若本不希拟，亦可为增耽逸之虑，肇好奇之心。若诚餐仰，则耽逸稍除，而获利于无利矣，又何关利竞之俗乎？

① "民"，《宋书》所载《白黑论》作"间"。

又云："道在无欲，而以有欲要之。俯仰之间，非利不动。"何诬佛之深哉！夫佛家大趣，自以八苦皆由欲来，明言十二因缘，使高妙之流，朗神明于无生耳。欲此道者，可谓有欲于无欲矣。至于启导粗近，天堂、地狱，皆有影响之实。亦犹于公以仁活招封，严氏以好杀致诛。畏诛而欲封者，必舍杀而修仁矣。厉妙行以希天堂，谨五戒以远地狱，虽有欲于可欲，实践日损之清途，此亦西行而求郢，何患其不至哉！

又嫌"丹青眩媚彩之目，土木夸好壮之心，成私树之权，结师党之势，要厉精之誉，肆凌竞之志"，固黑蝗之丑。或可谓作法于凉，其弊犹贪耳，何得乃慢佛云作法于贪耶？王莽窃《六经》以篡帝位，秦皇因朝觐而构阿房，宁可复罪先王之礼教哉？

又云："宜废显晦之迹，存其所要之旨。示来生者，蔽亏于道，释不得已。"请问其旨，为欲何要？必欲使修利迁善，以遂其性矣。夫圣无常心，就万物以为心耳。若身死神灭，是物之真性，但当即其必灭之性，与周孔并力致教，使物无禀，则迁善之实岂不纯乎？何诳以不灭，欺以佛理，使烧祝发肤，绝其胖合，所遏苗裔，数不可量。为害若是，以伤尽性之美，释氏何为其不得已乎？若不信之流，亦不肯修利而迁善矣。夫信者，则必耆域、犍陀勒、夷陀蜜、竺法乘、帛法祖、竺法护、于法兰、竺法行、于道邃、阙公则、佛图澄、尸梨蜜、郭文举、释道安、支道林、远和尚之伦矣，神理风操，似殊不在琳比丘之后。宁当妄有毁人理，落簪于不实人之化哉？皆灵奇之实，引绵邈之心，以成神通清真之业耳。

足下藉其不信，远送此论，且世之疑者，咸亦妙之。故自力白，答以尘露众情。夫世之然否佛法，都是人兴丧所大，何得相与共处以可否之间？吾故罄其愚思，制《明佛论》，以自献所怀。始成，已令人书写，不及此信。晚更遣信，可闻，当付往也。宗炳白。

## 释《均善难》

何承天

前送《均善论》[①]，并咨求雅旨。来答周至，及以为兹理兴丧宜明，不可但处以可否之间。吾虽不能一切依附，亦不甚执偏见，但求夜光于巨海，正自未得耳。以为佛经者，善九流之别家，杂以道、墨，慈悲爱施，与中国不异。大人君子，仁为己任，心无意必。且以形像彩饰，将谐常人耳目，其为糜损尚微，其所弘益或著，是以兼而存之。至于好事者，遂以为超孔越老，唯此为贵，斯未能求立言之本，而眩惑于末说者也。知其言者，当俟忘言之人。若唯取信天堂、地狱之应，因缘不

① 即《白黑论》，见前注。

灭之验，抑情菲食，尽勤礼拜，庶几荫宝积[1]之盖，升弥灯之座，淳于生所以大谑也。

论云：众圣、老、庄皆云有神明，复何以断其不如佛言？

答曰：明有礼乐，幽有鬼神，圣王所以为教，初不昧其有也。若果有来生报应，周、孔宁当缄默而无片言耶？若夫婴儿之临坑，凡人为之骇怛，圣者岂独不仁哉？

又云：人形至粗，人神实妙，以形从神，岂得齐终？

答曰：形神相资，古人譬以薪火。薪弊火微，薪尽火灭。虽有其妙，岂能独传？

又云：心之所感，崩城陨霜，白虹贯日，太白入昴。气禁之医，冷暖辄应。专诚妙感以受身，更生七宝之土，何为不可哉？

答曰：崩城陨霜，贯日入昴，不明来生之譬，非今论所宜引也。又见水火之禁，冀其能生七宝之乡，犹观大冶销金，冀其能自陶铸，终不能亦可知也。

又曰：有谛、无谛，此唱居然甚安。自古千变万化之有，俄然皆已空矣。当其盛有之时，岂不常有必空之实？愚者不知其理，唯见其有。

答曰：如论云："当其盛有之时，已有必空之实。"然则即物常空，空、物为一矣。今空有未殊，而贤愚异称，何哉？

---

① "宝积"，原本作"罗帐"，据下答书改。

昔之所谓道者，于形为无形，于事为无事，恬漠冲粹，养智怡神，岂独爱欲未除，宿缘是畏？唯见其有，岂复是过？以此嗤齐侯，犹五十步笑百步耳。

又云：舟壑潜谢，佛经所谓现在不住。诚能明之，则物我常虚。

答曰：潜谢不住，岂非自生入死、自有入无之谓乎？故其言曰："有骇形而无损心，有旦宅而无愤死。"贾生亦云："化为异物，又何足患？"此达乎死生之变者也。而区区去就，在生虑死，心系无量，志生天堂。吾党之常虚，异于是焉。

又云：神光灵变，及无量之寿，皆由诚信幽奇，故映其明。今没于邪见，理固天隔。

答曰：今亦不从慢化者求其光明，但求之于诚信者耳。寻释迦之教，以善权救物，若果应验若斯，何为不见其灵变，以晓邪见之徒？岂独不爱数十百万之说，而吝俄顷神光？徒为化声之辩，竟无明于真智，终年疲役，而不知所归，岂不哀哉！

又云：内怀虔仰，故礼拜悔罪。达夫无常，故情无所吝。委妻子而为施，岂有邀于百倍。

答曰：繁巧以兴事，未若除贪欲而息竞。遵戒以洗悔，未若剪荣冀以全朴。况乃诱所尚以祈利，忘天属以要誉。谓之无邀，吾不信也。

又云：泥洹以无乐为乐，法身以无身为身。若诚能餐仰，则耽逸稍除，获利于无利矣。

答曰：泥洹以离苦为乐，法身以接苦为身，所以使餐仰之徒不能自绝耳。果归于无利，勤者何获？而云获于无利耶？此乃形神俱尽之证，恐非雅论所应明言也。

又云：欲此道者，可谓有欲于无欲矣。至若启导粗近者，有影响之实。亦犹于公以仁活致封，严氏以好杀致诛。厉妙行以希天堂，谨五戒以远地狱。虽有欲于可欲，实践日损之途，此亦西行而求郢，何患其不至。

答曰：谓粗近为启导，比报应于影响，不亦善乎？但影响所因，必称形声。寻常之形，安得八万由旬之影乎？所滞若有欲于无欲，犹是常滞于所欲。夫耳目殊司，工艺异业。末技所存，虑信不并。是以金石克谐，泰山不能呈其高。鸿鹄方集，冥秋不能传其旨。而欲以有欲成无欲，希望就日损。虽云西行，去郢兹远，如之何？

又云：若身死神灭，是物之真性，但当与周孔并力致教。何为诳以不灭，欺以佛理，使烧祝发肤，绝其胖合，以伤尽性之美。

答曰：华戎自有不同。何者？中国之人，禀气清和，含仁抱义，故周孔明性习之教。外国之徒，受性刚强，贪欲忿戾，故释氏严五戒之科。来论所谓圣无常心，就物之性者也。惩暴之戒，莫苦乎地狱。诱善之劝，莫美乎天堂。将尽残害之根，非中庸之谓。周孔则不然，顺其天性，去其甚泰。淫盗著于五刑，酒辜明于《周诰》。春田不围泽，见生不忍死。五犯三驱，钓而不纲。是以仁爱普洽，泽及豚鱼。嘉礼有常俎，老者得食肉。春耕秋收，蚕织以时。三灵格思，百神咸秩。方彼之所为者，岂不弘哉！又甄供灌之赏，严疑法之罚。述蒲宰之问，为劝化之本。演君蒿之答，明来生之验。袨服盱衡而矜斯说者，其处心亦悍矣。

论又称耆、陀、尸梨之属，神理风操，不在琳比丘后。足下既明常人不能料度近事，今何以了其胜否于百年之前、数千里之外耶？若琳比丘者，僧貌而天虚，似夫深识真伪，殊不肯忌经护师，崇饰巧说，吾以是敬之。孙兴公论云："竺法护之渊达，于法兰之纯博。"足下欲比中土何士也？及楚英之修仁寺，笮融之赒行馑，宁复有清真风操乎？

昔在东邑，有道含沙门，自吴中来，深见劝譬，甚有恳诚。因留三宿，相为说练形澄神之缘，罪福起灭之验，皆有条贯。吾拱听谠言，申旦忘寝。退以为士所以立身扬名、著信行道者，实赖周孔之教。子路称："闻之而未之能行，唯恐有闻。"吾所行者多矣，何遽舍此而务彼？又寻称情立文之制，知来生之为奢。究终身不已之哀，悟受形之难再。圣人我师，周、孔岂欺我哉？

缘足下情笃，故具陈始末。想耆旧大智，诲人不倦，于此未默耳。前已遣取《明佛论》，迟寻至，冀或朗然于心。何承天白。

## 答何衡阳难《释白黑论》

宗 炳

敬览来论，抑裁佛化，毕志儒业。意义检著，才笔辨核。善可以警策世情，实中区之美谈也。

观足下意，非谓制佛法者非圣也，但其法权而无实耳。未审竟何以了其无实？今相与断现事大计，失得略半也。灵化超于玄极之表，其故纠结于幽冥之中。曾无神人指掌相语，徒信史之阙文于焚烧之后，便欲以废顿神化，相助寒心也。

夫圣人穷理尽性，以至于命。物有不得其所，若己纳之于隍。今诳以不灭，欺以成佛，使髡首赭衣，焚身燃指，不复用天分以养父母、夫妇、父子之道。从佛法已来，沙河以西三十六国，未暨中华，绝此绪者，亿兆人矣。东夷、西羌，或可圣贤，及由金日磾得来之类，将生而不得生者多矣。若使佛法无实，纳隍之酷，岂可胜言？及经之权为合何道，而云欲以矫诳过正，以治外国刚强忿戾之民乎？夫忿戾之类，约法三章，交赏见罚，尚不信惧。宁当复以即色本无、泥洹法身、十二因缘、微尘劫数之言以治之乎？禀此训者，皆足下所谓“禀气清和、怀仁抱义”之徒也。资清和以疏微言，厉义性以习妙行，故遂能澄照观法，法照俱空，而至于道。皆佛经所载，而足下所信矣。

至若近世通神令德，若孙兴公所赞八贤，支道林所颂五哲，皆时所共高，故二子得以缀笔，复何得其谓妄语乎？孙称竺法护之渊达，于法兰之淳博。吾不关雅俗，不知当比何士。然法兰弟子道邃，未逮其师。孙论之：“时以对胜流，云谓庾文秉也。”是护、兰二公，当又出之。吾都不识琳比丘，又不悉世论，若足下谓与文秉等者，自可不后道邃，犹当后护、兰也，前评未为失言。诚能僧貌天虚，深识真伪，何必非天帝释化作，故激励以成佛耶？《白黑论》未可以为诚实也。

来告所疑：“若实有来生报应，周、孔何故默无片言？”此固偏见之恒疑也，真宜所共明。夫圣神玄发，感而后应，非先物而唱者也。当商、周之季，民坠涂炭，杀逆横流，举世情而感圣者，乱也。故《六经》之应，治而已矣，是以无佛言焉。刘向称《禹贡》九州，盖述《山海》所记：“申毒之民，偎人而爱人。”郭璞谓之：“天竺，浮屠所兴。”虽此之所夷，然万土星陈于太虚，竟知孰为华哉？推其偎爱之感，故浮屠之化应焉。彼之粗者，杂有乱虐，君臣不治。此之精者，随时抱道，佛事亦存。虽可有禀法性于伊洛，餐真际于洙泗。苟史佚以非治道而不书，卜商以皆儒术而弗编。纵复或存于复壁之外典，复为秦王所烧。周、孔之无言，未必审也。夫玄虚之道，灵仙之事，世典未尝无之。而夫子道言远，见庄周之篇。瑶池之宴，乃从汲冢中出。然则治之《五经》，未可以塞天表之奇化也。

难又曰："若即物常空，空、物为一。空有未殊，何得贤愚异称？"夫佛经所称即色为空，无复异者，非谓无有，有而空耳。有也，则贤愚异称；空也，则万异俱空。夫色不自色，虽色而空。缘合而有，本自无有。皆如幻之所作，梦之所见，虽有非有。将来未至，过去已灭，现在不住，又无定有。凡此数义，皆玄圣致极之理。以言斥之，诚难朗然。由此观物我，亦实觉其昭然，所以旷焉增洗汰之清也。足下当何能安之？

又云："形神相资，古人譬之薪火。薪弊火微，薪尽火灭。虽有其妙，岂能独存？"夫火者薪之所生，神非形之所作。意有精粗，感而得形随之。精神极则超形独存，无形而神存，法身常住之谓也。是以始自凡夫，终则如来，虽一生尚粗，苟有识向，万劫不没，必习以清升。螟蛉有子，蜾蠃负之。况在神明理，荫宝积之盖，升灯王之座，何为无期？

又疑："释迦以善权救物，岂独不爱数十百万之说，而吝俄顷神光，不以晓邪见之徒。"夫虽云善权，感应显昧，各依罪福。昔佛为众说，又放光明，皆素积妙诚，故得神游若时。言成已著之筌，故慢者可睹。光明发由观照，邪见无缘瞻洒。今睹经而不悛其慢，先洒夫复何益？若诚信之贤，独朗神照，足下复何由知之？而言者会复谓是妄说耳。恒星不现，夜明也，考其年月，即佛生放光之夜也。管幼安，风夜泛海，同侣皆没。安于暗中见光，投光赴岛，阖门独济。夫佛无适莫，唯善是应。而致应若王祥、郭巨之类，不可称说，即亦见光之符也。岂足下未见，便无佛哉？

又陈周、孔之盛，唯方佛为弘。然此国治世君王之盛耳，但精神无灭，冥运而已。一生瞬息之中，八苦备有，虽克儒业，以整俄顷，而未几已灭。三监之难，父子相疑，兄弟相戮。七十二子，虽复升堂入室，年五十者曾无数人。颜夭，冉疾，由醢，予族，赐灭其须。匡、陈之苦，岂可胜言？忍饥弘道，诸国乱流，竟何所救？以佛法观之，唯见其哀，岂非世物宿缘所萃耶？若所被之实理，于斯犹未为深弘。若使外率礼乐，内修无生，澄神于泥洹之境，以亿劫为当年，岂不诚弘哉！事不传后，理未可知。幸勿据粗迹，而云周孔则不然也。

人皆谓佛妄语。《山海经》说死而更生者甚众，昆仑之山，广都之野，轩辕之丘，不死之国，气不寒暑，凤卵是食，甘露是饮，荫玕琪之树，歃朱泉之水，人皆数千岁不死。及化为黄能，入于羽渊，申生、伯有之类，丘明所说亦不少矣。皆可推此之粗，以信彼之精者也。

承音有道，闻佛法而敛衽者，必不啻作蒲城之死士可知矣，当由所闻者未高故耶？足下所闻者高，于今犹可豹变也。人是精神物，但使归信灵极，粗禀教戒，纵复微薄，亦足为感，感则弥升，岂非脱或不灭之良计耶？昔不灭之实，事如佛言。而神背心毁，自逆幽司，安知今生之苦毒者，非往生之故尔耶？轻以独见，傲尊神之训，恐或自贻伊阻也。佛经说释迦文昔为小乘比丘，而毁大乘，犹为此备苦地狱，经历劫数，况都不信者耶？复何以断此经必虚乎？

足下所诘前书中语，为因琳道人章句耳。其意既已粗达，不能复一二辩答。所制《明佛论》，已事事有通，今付往，足下力为善寻，具告中否？老将死，以此续其尽耳。此书至，便倚索答，殊不密悉。宗炳白。

## 何衡阳重答宗炳

重告并省大论，置阵如项籍，既足以贱汉祖，况弱士乎？证譬坚明，文词渊富，诚欲广其利泽，施及凡民，深知君子之用心也。足下方欲影响，以神其教。故宜缄默，成人之美。但常谓外国之事，或非中华所务，是以有前言耳。果今中外宜同，余则陋矣，敢谢不敏。虽然，犹有所怀。夫明天地性者，不致惑于迂怪。识盛衰之径者，不役心于理表。倘令雅论不因善权笃诲，皆由情发，岂非通人之蔽哉？未缘言对，聊以代面。何承天白。

（《弘明集》卷三）

## 画山水序

宗 炳

圣人含道应物，贤者澄怀味象。至于山水，质有而趣灵。是以轩辕、尧、孔、广成、大隗、许由、孤竹之流，必有崆峒、具茨、藐姑、箕、首、大蒙之游焉。又称仁智之乐焉。夫圣人以神法道，而贤者通。山水以形媚道，而仁者乐。不亦几乎？

余眷恋庐、衡，契阔荆、巫，不知老之将至。愧不能凝气怡身，伤跕石门之流。于是画象布色，构兹云岭。夫理绝于中古之上者，可意求于千载之下。旨微于言象之外者，可心取于书策之内。况乎身所盘桓，目所绸缪，以形写形，以色貌色也。且夫昆仑山之大，瞳子之小，迫目以寸，则其形莫睹，迥以数里，则可围于寸眸。诚由去之稍阔，则其见弥小。今张绡素以远映，则昆阆之形，可围于方寸之内。竖划三寸，当千仞之高。横墨数尺，体百里之迥。是以观画图者，徒患类之不巧，不以制小而累其似，此自然之势。如是则嵩、华之秀，玄牝之灵，皆可得之于一图矣。

夫以应目会心为理者，类之成巧，则目亦同应，心亦俱会，应会感神，神超理得。虽复虚求幽岩，何以加焉？又神本亡端，栖形感类，理入影迹。诚能妙写，亦诚尽矣。于是闲居理气，拂觞鸣琴，披图幽对，坐究四荒，不违天励之丛，独应无人之野。峰岫峣嶷，云林森眇，圣贤映于绝代，万趣融其神思。余复何为哉？畅神而已。神之所畅，孰有先焉！

（《全宋文》卷二十）

## 与子侄书

雷次宗

夫生之修短，咸有定分。定分之外，不可以智力求，但当于所禀之中，顺而勿害[①]耳。

吾少婴羸患，事钟养疾，为性好闲，志栖物表。故虽在童稚之年，已怀远迹之意。暨于弱冠，遂托业庐山，逮事释和尚。于时师友渊源，务训弘道，外慕等夷，内怀悱发，于是洗气神明，玩心坟典，勉志勤躬，夜以继日。爰有山水之好，悟言之欢，实足以通理辅性，成夫亹亹之业，乐以忘忧，不知朝日之晏矣。

自游道餐风，二十余载，渊匠既倾，良朋凋索。续以衅逆违天，备尝荼蓼。畴昔诚愿，顿尽一朝。心虑荒散，情意

① “害”，别本作“率”。

衰损。故遂与汝曹归耕垄畔，山居谷饮，人理久绝。日月不处，忽复十年。犬马之齿，已逾知命。崦嵫将迫，前途几何？实远想尚子五岳之举，近谢居室琐琐之勤。及今耄未至昏，衰不及顿，尚可厉志于所期，纵心于所托。栖诚来生之津梁，专气暮年之摄养。玩岁日于良辰，偷余乐于将除。在心所期，尽于此矣。

汝等年各成长，冠娶已毕，修惜衡泌，吾复何忧？但顾守全所志，以保令终耳。自今以往，家事大小，一勿见关。子平之言，可以为法。

（《宋书·隐逸传》）

## 奉和游庐山诗[1]

### 其一

刘遗民

理神固超绝，涉粗罕不群。

孰至消烟外，晓然与物分。

---

① 四库全书、守山阁丛书《庐山略记》，及民国沙健庵、项智源所辑《庐山慧远法师文钞》，以奉和游庐山诗三首，订为远公作。今仍依陈舜俞《庐山记·古人留题篇》，订为莲社诸贤之作。

冥冥玄谷里，响集自可闻。
文峰无旷秀，交岭有通云。
悟深婉冲思，在要开冥欣。
中岩拥微兴，临岫想幽闻。
弱明反归鉴，暴怀传灵薰。
永陶津玄匠，落照俟虚斤。

## 其二

王乔之

超游罕神遇，妙善自玄同。
彻彼虚明域，暧然尘有封。
众阜平廖廓，一岫独凌空。
霄景凭岩落，清气与时雍。
有标造神极，有客越其峰。
长河濯茂楚，险雨列秋松。
危步临绝冥，灵壑映万重。
风泉调远气，遥响多喈噰。
遐丽既悠然，余盼觌九江。
事属天人界，常闻清吹空。

### 其三

张 野

觌岭混太象，望崖莫由检。

器远蕴其天，超步不阶渐。

朅来越重垠，一举拔尘染。

辽朗中大盼，迥豁遐瞻慊。

乘此摅莹心，可以忘遗玷。

旷风被幽宅，妖途故死减。

（《庐山记》）

## 念佛三昧诗

王齐之[①]

### 其一

妙用在兹，涉有览无。

神由昧彻，识以照粗。

积微自引，因功本虚。

泯彼三观，忘此毫余。

---

① 王齐之，一作王乔之。彭绍升《居士传》云："王乔之，琅琊人，官临贺太守。已而入白莲社事远公，与刘遗民诸贤作《念佛三昧诗》，而乔之诗独传于世。"

### 其二

寂漠何始，理玄通微。
融然忘适，乃廓灵晖。
心悠缅域，得不践机。
用之以冲，会之以稀。

### 其三

神资天凝，圆映朝云。
与化而感，与物斯群。
应不以方，受者自分。
寂尔渊镜，金水尘纷。

### 其四

慨自一生，夙乏慧识。
托崇渊人，庶藉冥力。
思转毫功，在深不测。
至哉之念，注心西极。

（《广弘明集》卷三十）

## 佛菩萨赞

王齐之

### 萨陀波伦赞

（因画般若台，随变立赞等）

密哉达人，功玄曩叶。
龙潜九泽，文明未接。
运通其会，神疏其辙。
感梦魂交，启兹圣哲。

### 萨陀波伦入山求法赞

激响穷山，愤发幽诚。
流音在耳，欣跃晨征。
奉命宵游，百虑同冥。
叩心在誓，化乃降灵。

### 萨陀波伦始悟欲供养大师赞

归途将启，灵关再辟。
神功难图，待损而益。
信道忘形，欢不期适。
非伊哲人，孰采玄策。

## 诸佛赞

（因常啼念佛为现像灵）

妙哉正觉，体神以无。
动不际有，静不邻虚。
化而非变，象而非摹。
映彼真性，镜此群粗。

（《广弘明集》卷三十）

## 佛菩萨赞

谢灵运

### 佛 赞

惟此大觉，因心则灵，
垢尽智照，数极慧明。
三达非我，一援群生，
理阻心行，道绝形声。

### 菩萨赞

若人仰宗，发性遗虑，
以定养慧，和理斯附。

爰初四等，终然十住，
涉求至矣，在外皆去。

### 缘觉、声闻合赞

厌苦情多，兼物志少，
如彼化城，权可得宝。
诱以涅槃，救尔生老，
肇元三车，翻乘一道。

（《广弘明集》卷十五）

## 无量寿颂

谢灵运

法藏长王宫，怀道出国城，
愿言四十八，弘誓拯群生。
净土一何妙，来者皆清英，
颓年欲安寄，乘化必晨征。

（《广弘明集》卷十五）

# 佛影铭

谢灵运

夫大慈弘物，因感而接。接物之缘，端绪不一。难以形检，易以理测。故已备载经传，具著记论矣。虽舟壑缅谢，像法犹在。感运钦风，日月弥深。法显道人，至自祇洹，具说佛影，偏为灵奇。幽岩嵌壁，若有存形。容仪端庄，相好具足。莫知始终，常自湛然。庐山法师闻风而悦，于是随喜幽室，即考空岩。北枕峻岭，南映滮涧。摹拟遗量，寄托青彩。岂唯像形也笃故，亦传心者极矣。

道秉道人远宣意旨，命余制铭，以充刊刻。石铭所始，实由功被。未有道宗崇大，若此之比，岂浅思肤学所能宣述？事经徂谢，永眷罔已。辄罄竭劣薄，以诺心许。徽猷秘奥，万不写一。庶推诚心，颇感群物。飞鸮有革音之期，阐提获自拔之路。当相寻于净土，解颜于道场。圣不我欺，致果必报。援笔兴言，情百其慨！

群生因染，六趣牵缠。七识迭用，九居屡迁。
剧哉五阴，倦矣四缘。遍使转轮，苦根迍邅。
迍邅未已，转轮在己。四缘云薄，五阴火起。
亹亹正觉，是极是理。动不伤寂，行不乖止。
晓尔长梦，贞尔沉诐。以我神明，成尔灵智。

我无自我，实承其义。尔无自尔，必祛其伪。
伪既殊途，义故多端。因声成韵，即色开颜。
望影知易，寻响非难。形声之外，复有可观。
观远表相，就近暧景。匪质匪空，莫测莫领。
倚岩辉林，傍潭鉴井。借空传翠，激光发冋。
金好冥漠，白毫幽暧。日月居诸，胡宁斯慨！
曾是望僧，拥诚俟对。承风遗则，旷若有概。
敬图遗踪，疏凿峻峰。周流步栏，窈窕房栊。
激波映墀，引月入窗。云往拂山，风来过松。
地势既美，像形亦笃。彩淡浮色，详视沉觉。
若灭若无，在摹在学。由其絜精，能感灵独。
诚之云孚，惠亦孔续。嗟尔怀道，慎勿中惕。
弱丧之推，阐提之役。返路今睹，发蒙兹觌。
式厉厥心，时逝流易。敢铭灵宇，敬告振锡！

（《广弘明集》卷第十五）

## 庐山慧远法师诔

谢灵运

道存一致，故异化同晖。德合理妙，故殊方齐致。昔释安公振玄风于关右，法师嗣沫流于江左，闻风而悦，四海同归。

尔乃怀仁山林，隐居求志。于是众僧云集，勤修净行，同法餐风，栖迟道门。可谓五百之季，仰绍舍卫之风。庐山之嵎，俯传灵鹫之旨。洋洋乎未曾闻也！予志学之年，希门人之末。惜哉！诚愿弗遂，永违此世。春秋八十有四，义熙十三年秋八月六日薨。年逾纵心，功遂身亡。有始斯终，千载垂光。呜呼哀哉！

乃为诔曰：

于昔安公，道风允被。大法将尽，颓纲是寄。
体静息动，怀真整伪。事师以孝，养徒以义。
仰弘如来，宣扬法雨。俯授法师，威仪允举。
学不窥牖，鉴不出户。粳粮虽御，独为苌楚。
朗朗高堂，肃肃法庭。既严既静，愈高愈清。
从容音旨，优游仪形。广演慈悲，饶益众生。
堂堂其器，亹亹其资。总角味道，辞亲随师。
供养三宝，析微辨疑。盛化济济，仁德怡怡。
于焉问道，四海承风。有心载驰，戒德鞠躬。
令声续振，五浊暂隆。弘道赞扬，弥虚弥冲。
十六王子，孺童先觉。公之出家，年未志学。
如彼邓林，甘露润泽。如彼琼瑶，既磨既琢。
大宗戾止，座众龙集。聿来胥宇，灵寺奚立。
旧望研几，新学时习。公之勖之，载和载辑。
乃修什公，宗望交泰。乃延禅众，亲承三昧。
众美合流，可久可大。穆穆道德，超于利害。

六合俱否，山崩海竭。日月沉辉，三光寝晰。
众麓摧柯，连波中结。鸿化垂绪，徽风永灭。
呜呼哀哉！
生尽冲素，死增伤凄。单苰土椁，示同敛骸。
人天感悴，帝释恸怀。习习遗风，依依余凄。
悲夫法师，终然是栖。室无停响，途有广蹊。
呜呼哀哉！
端木丧尼，哀直六年。仰慕洙泗，俯惮罘筌。
今子门徒，实同斯艰。晨扫虚房，夕泣空山。
呜呼法师，何时复还！
风啸竹柏，云蔼岩峰。川壑如泣，山林改容。
自昔闻风，志愿归依。山川路邈，心往形违。
始终衔恨，宿缘轻微。安养有寄，阎浮无希。
呜呼哀哉！

（《广弘明集》卷第二十三）

## 庐山法师碑

谢灵运

法师讳慧远，本姓贾，雁门楼烦人。弱而好学，年十三，随舅令狐氏游学许、洛，故少为书生。二十一，欲渡江就范宣子，于时王路尚鲠，有志不遂。于关右遇释道安，一面定敬，以为真吾师也，遂抽簪落发，求直道场。沙门昙翼，每资以灯烛之费。安公曰："道士诚知人。"法师藉旷劫之神明，表今生之灵智，道情深邃，识鉴渊微。般若无生之津，道行息心之观，妙理与高悟俱彻，冥宗与深心等至。安公叹曰："使道流东国者，其在远乎！"

太元初，襄阳既没，振锡南游，考室庐阜，结宇倾岩。同契不命，而景响闻道。誓期于霜雪，自以年至耳顺，足不越山。桓氏以震主之威，力为屈致。法师确然贞固，辞以老疾。俄而制使沙门尽敬王者，法师惧大法之将沦，抗言万乘。玄知不可强，俯而顺焉。既道渐中土，名流遐域，外国诸僧，咸东向礼。非夫道深德广，焉能使显默同归，异域致敬？且新经未表晋邦，律藏历年莫正。禅法甘露，国所未闻。实相宗本，人有异说。法师深存广图，大援群生，乃命弟子迎请禅师，究寻经本。逾历葱岭，跨越沙漠，弥旷年稔，并皆归还。既得传译，备尽法教。是故心禅诸经，出自庐山，几乎百卷。又以心、本二无，即色，三家之谈[①]，不穷妙实。乃著《法性论》，理深辞婉，独拔怀抱。罗什见论而叹曰："汉人未见新经，便暗与理会！"

① 东晋时代的般若学，以本无宗、心无宗、即色宗三家为主流派别。

若夫温心善诱，发必远言。栖寄林岭，游兴能彻。虽复风云屡由，而无昭昧之情。俯仰尘化之域，游神无生之门。所谓言斯可发，行斯可乐矣。自枕石漱流，始终一概。恬智交养，三十余载。春秋八十三，命尽绝岭。遗言露骸松林，同之草木。达生神期，既于此矣。古人云："道存人亡。"法师之谓。凡我门徒，感风徽之缅邈，伤语晤之永灭。敢以浅见，扬德金石。其辞曰：

九流乖真，三乘归佛。道往绝迹，慈还接物。
孰是发蒙，昭我慧日。摄乱以定，闲邪以律。
妙法常存，悠悠莫往。若人乘生，皎皎远赏。
鉴我鉴物，知狭知广。息心空谷，训徒幽壤。
秦皇雄惑，蔽理通情。王孙偏解，滞死达生。
夫子之悟，屡劫独明。仰高契峻，俯深怀清。
惟清惟峻，若隔近绝。惟高惟深，志崇智洁。
昔在香积，今也明哲。嗣之有人，实隆废缺。
揵度练数，甘露流津。律藏拂故，法性增新。
凡厥希道，日知好仁。景薄命尽，宗倾理湮。
寒暑递易，悲欣皋壤。秋蓬四转，春鸿五响。
孤松独秀，德音长往。节有推迁，情无遗想。

元熙二年春二月朔，康乐公谢灵运撰。

（《佛祖统纪》卷二十六）

# 远法师铭

张 野

沙门释慧远，雁门楼烦人，本姓贾氏，世为冠族。年十三，随舅令狐氏游学许、洛。年二十一，欲南渡，就范宣子学，道阻不通。遇释道安，以为师，抽簪落发，研求法藏。释昙翼每资以灯烛之费。诵鉴淹远，高悟冥赜。安尝叹曰：“道流东国，其在远乎！”襄阳既没，振锡南游，结宇灵岳。自年六十，不复出山。名被流沙，彼国僧众皆称汉地有大乘沙门，每至燃香礼拜，辄东向致敬。年八十三而终。

（《世说新语·文学》注）

庐山慧远大师文集

# 传记文献

# 慧远法师传一

释慧远，本姓贾，雁门楼烦人也。弱而好书，圭璋秀发。年十三，随舅令狐氏游学许、洛，故少为诸生，博综六经，尤善《老》、《庄》。性度弘伟，风鉴朗拔，虽宿儒才彦，莫不服其深致焉。年二十一，欲度江东，就范宣子共契嘉遁，值王路屯阻，有志不果。乃于关左，遇见安公，一面尽敬，以为真吾师也，遂投簪落鬘，委质受业。既入乎道，厉然不群，常欲总摄纲维，以大法为己任，精思讽持，以夜续昼。沙门昙翼，每给以灯烛之费。安公闻而喜曰："道士诚知人矣。"远藉慧解于前因，资胜心于旷劫，故能神明英越，机鉴遐深。无生实相之玄，般若中道之妙，即色空慧之秘，缘门寂观之要，无微不析，无幽不畅，志共理冥，言与道合。安公常叹曰："使道流东国，其在远乎！"

后随安公，南游樊沔。晋太元之初，襄阳失守，安公入关。远乃迁于浔阳，葺宇庐岳。江州刺史桓伊，为造殿房。此山仪形九派，峻耸天绝，栖集隐沦，吐纳灵异。远创造精舍，洞尽山美，却负香炉之峰，傍带瀑布之壑，仍石叠基，即松栽构，清泉环阶，白云满室。复于寺内别置禅林，森树烟凝，石径苔合。凡在瞻履，皆神清而气肃焉。远闻北天竺有佛影，欣感交怀，乃背山临流，营筑龛室，妙算画工，淡彩图写。色凝积空，望似轻雾。晖相炳暖，若隐而显。遂传写京都，莫不嗟叹。

于是率众行道，昏晓不绝。释迦余化，于斯复兴。既而谨律息心之士，绝尘清信之宾，并不期而至，望风遥集。彭城刘遗民、雁门周续之、新蔡毕颖之、南阳宗炳，并弃世遗荣，依远游止。远乃于精舍无量寿像前，建斋立誓，共期西方。其文曰：

惟岁在摄提，秋七月戊辰朔，二十八日乙未。法师释慧远，贞感幽冥，霜怀特发，乃延命同志息心清信之士，百有二十三人，集于庐山之阴，般若台精舍阿弥陀像前，率以香花敬荐而誓焉。

惟斯一会之众，夫缘化之理既明，则三世之传显矣，迁感之数既符，则善恶之报必矣。推交臂之潜沦，悟无常之期切。审三报之相催，知险趣之难拔。此其同志诸贤，所以夕惕宵勤，仰思攸济者也。盖神者可以感涉，而不可以迹求。必感之有物，则幽路咫尺。苟求之无主，则渺茫何津。今幸以不谋而佥心西境，叩篇开信，亮情天发。乃机象通于寝梦，欣欢百于子来。于是灵图表辉，景侔神造。功由理谐，事非人运。兹实天启其诚，冥数来萃者矣。可不克心，重精叠思，以凝其虑哉！

然其景绩参差，功福不一。虽晨祈云同，夕归攸隔。即我师友之眷，良可悲矣。是以慨焉，胥命整襟法堂，等施一心，亭怀幽极，誓兹同人，俱游绝域。其有惊出绝伦，首登神界，则无独善于云峤，忘兼全于幽谷。先进之与后升，勉思汇征之道。然后妙觐大[①]仪，启心贞照。识以悟新，形由化革。藉芙蓉于中流，荫琼柯以咏言。飘云衣于八极，泛香风以穷年。体忘安而弥穆，心超乐以自怡。临三途而缅谢，傲天宫而长辞。绍众灵以继轨，指太息以为期。究兹道也，岂不弘哉！

司徒王谧、护军王默等，并钦慕风德，遥致师敬。谧修书曰："年始四十七，而衰同耳顺。"远答曰："古人不爱尺璧，而重寸阴。观其所存，似不在长年。檀越既履顺而游性，乘佛理以御心，因此而推，复何羡于遐龄耶？想斯理久已得之，为复酬来讯耳。"

初经流江东，多有未备，禅法无闻，律藏残阙。远大存教本，愤慨道缺，乃命弟子法净等，远寻众经，逾越沙雪，旷载方还，皆获梵本，得以传译。每逢西域一宾，辄恳恻咨访。屡遣使入关，迎请禅师，解其摈事，传出《禅经》。又请罽宾沙门僧伽提婆，出数经。所以禅法经戒，皆出庐山，几且百卷。初关中译出《十诵》，所余一分未竟，而弗若多罗亡。远常慨其未备，及闻昙摩流支入秦，乃遣书祈请，令于关中更出

① "大"，《永乐北藏》本作"天"。

余分。故《十诵》一部，具足无阙。晋地获本，相传至今。葱外妙典，关中胜说，所以来集兹土者，皆远之力也。外国众僧，咸称汉地有大乘道士，每至烧香礼拜，辄东向致敬。其神理之迹，固未可测也。常以支竺旧义，未穷妙实，乃著《法性论》，理奥文诣。罗什见而叹曰："边国人未见经，便暗与理合，岂不妙哉！"远翘勤弘道，懔厉为法，每致书罗什，访核经要。什亦高其胜心，万里响契。

姚略钦想风名，叹其才思，致书殷勤，信饷岁通，赠以龟兹国细镂杂变石像，以申款心。又令姚嵩，献其珠像。《释论》初出，兴送论，并遗书曰："《大智度论》新讫，此既龙树所作，又是方等旨归，宜为一序，以宣作者之意。然此诸道士，咸相推谢，无敢动手。法师可为作序，以贻后之学者。"远答云："欲令作《大智论序》，以申作者之意。贫道闻怀大非小褚所容，汲深非短绠所测。披省之日，有愧高命。又体羸多病，触事有废，不复属意已来，其日亦久。缘来告之重，辄粗缀所怀。至于研究之美，当复寄诸明德。"其名高远固如此。远尝谓《大智论》文句繁积，初学难寻，乃删烦剪乱，令质文有体，撰为二十卷，序致渊雅，以贻学者。

后桓玄以震主之威，苦相延致，乃贻书骋说，劝令登仕。远答辞坚正，确乎不拔，志逾丹石，终莫能屈。俄而玄欲沙汰众僧，教僚属曰："沙门有能申述经诰，畅说义理，或禁行循整，足以宣寄大化。其有违于此，皆悉罢遣。唯庐山道德所居，不在搜简之例。”初成帝时，庾冰辅政，以为沙门宜敬王者。尚书令何充，奏不应敬礼，官议悉同充等。门下承冰旨为驳，同异纷然，竟莫能定。及玄在姑孰，欲令尽敬，乃书与远，具述其意。远惧大法将坠，报书恳切，以为袈裟非朝宗之服，钵盂非廊庙之器。又著《沙门不敬王者论》，辞理精峻。玄意感悟，遂不果行。其荷持法任，皆此类也。临川太守谢灵运，负才傲俗，少所推崇，及一相见，肃然心服。

自卜居庐阜，三十余载，影不出山，迹不入俗，故送客游履，常以虎溪为界焉。义熙末，卒于庐山精舍，春秋八十有三。遗命露骸松下，同之草木。既而弟子收葬，谢灵运造碑墓侧，铭其遗德焉。初，远善属文章，辞气清越，席上谈论，精义简要，加以仪容端雅，风采洒落。故图像于寺，遐迩式瞻。所著论、序、铭、赞、诗、书，集为十卷，五十余篇，并见重于世。

（《出三藏记集》卷十五）

## 慧远法师传二

释慧远，本姓贾氏，雁门楼烦人也。弱而好书，圭璋秀发。年十三，随舅令狐氏游学许、洛，故少为诸生，博综六经，尤善《庄》、《老》。性度弘伟，风鉴朗拔，虽宿儒英达，莫不服其深致。年二十一，欲渡江东，就范宣子共契嘉遁。值石虎已死，中原寇乱，南路阻塞，志不获从。

时沙门释道安，立寺于太行恒山，弘赞像法，声甚著闻。远遂往归之，一面尽敬，以为真吾师也。后闻安讲《般若经》，豁然而悟，乃叹曰："儒道九流，皆糠秕耳！"便与弟慧持，投簪落鬟，委命受业。既入乎道，厉然不群。常欲总摄纲维，以大法为己任。精思讽持，以夜续昼。贫旅无资，缊纩常阙，而昆弟恪恭，终始不懈。有沙门昙翼，每给以灯烛之费。安公闻而喜曰："道士诚知人矣！"远藉慧解于前因，发胜心于旷劫，故能神明英越，机鉴遐深。安公常叹曰："使道流东国，其在远乎！"年二十四，便就讲说。尝有客听讲，难实相义，往复移时，弥增疑昧。远乃引《庄子》义为连类，于是惑者晓然。是后安公特听慧远不废俗书。安有弟子法遇、昙徽，皆风才照灼，志业清敏，并推服焉。

后随安公南游樊沔。伪秦建元九年，秦将苻丕，寇并襄阳。道安为朱序所拘，不能得去，乃分张徒众，各随所之。临路，诸长德皆被诲约，远不蒙一言。远乃跪曰："独无训勖，惧非人例？"安曰："如汝者，岂复相忧！"远于是与弟子数十人，南适荆州，住上明寺。后欲往罗浮山，及届浔阳，见庐峰清静，足以息心，始住龙泉精舍。此处去水本远，远乃以杖扣地曰："若此中可得栖止，当使朽壤抽泉。"言毕，清流涌出，浚矣成溪。其后少时，浔阳亢旱，远诣池侧读《海龙王经》，忽有巨蛇从池上空，须臾大雨，岁以有年，因号精舍为龙泉寺焉。时有沙门慧永，居在西林，与远同门旧好，遂要远同止。永谓刺史桓伊曰："远公方当弘道，今徒属已广，而来者方多。贫道所栖褊狭，不足相处，如何？"桓乃为远复于山东更立房殿，即东林是也。远创造精舍，洞尽山美，却负香炉之峰，傍带瀑布之壑，仍石叠基，即松栽构，清泉环阶，白云满室。复于寺内别置禅林，森树烟凝，石径苔合，凡在瞻履，皆神清而气肃焉。

远闻天竺有佛影，是佛昔化毒龙所留之影，在北天竺月氏国那竭呵城南，古仙人石室中，径道取流沙西一万五千八百五十里，每欣感交怀，志欲瞻睹。会有西域道士，叙其光相。远乃背山临流，营筑龛室。妙算画工，淡彩图写。色疑积空，望似烟雾。晖相炳暧，若隐而显。远乃著铭曰：

廓矣大象，理玄无名。体神入化，落影离形。回晖层岩，凝映虚亭。在阴不昧，处暗愈明。婉步蝉蜕，朝宗百灵。应不同方，迹绝而冥。（其一）

茫茫荒宇，靡劝靡奖。淡虚写容，拂空传像。相具体微，冲姿自朗。白毫吐曜，昏夜中爽。感彻乃应，扣诚发响。留音停岫，津悟冥赏。抚之有会，功弗由曩。（其二）

旋踵忘敬，罔虑罔识。三光掩晖，万象一色。庭宇幽蔼，归途莫测。悟之以靖，开之以力。慧风虽遐，惟尘攸[1]息。匪圣玄览，孰扇其极。（其三）

希音远流，乃眷东顾。欣风慕道，仰规玄度。妙尽毫端，运微轻素。托彩虚淡[2]，殆映霄雾。迹似[3]像真，理深其趣。奇兴开襟，祥风引路。清气回轩，昏交未曙。仿佛神容，依稀钦遇。（其四）

铭之图之，曷营曷求。神之听之，鉴尔所修。庶兹尘轨，映彼玄流。漱清灵沼，饮和至柔。照虚应简，智落乃周。深怀冥托，宵想神游。毕命一对，长谢百忧。（其五）

又昔浔阳陶侃，经镇广州。有渔人于海中见神光，每夕艳发，经旬弥盛，怪以白侃。侃往详视，乃是阿育王像，即接归，以送武昌寒溪寺。寺主僧珍，尝往夏口，夜梦寺遭火，而此像屋独有龙神围绕。珍觉，驰还寺，寺既焚尽，唯像屋存焉。侃后移镇，以像有威灵，遣使迎接。数十人舆之至水，及上船，船又覆没，使者惧而反之，竟不能获。侃幼出雄武，素薄信情，故荆楚之间为之谣曰："陶惟剑雄，像以神标。云翔泥

① "攸"，《永乐北藏》、《乾隆大藏经》作"假"，今从《大正藏》本及《广弘明集》。

② "淡"，《大正藏》本及《广弘明集》所载作"凝"。

③ "似"，《大正藏》本及《广弘明集》所载作"以"。

宿，邈何遥遥。可以诚致，难以力招。”及远创寺既成，祈心奉请，乃飘然自轻，往还无梗。方知远之神感，证在风谣矣。

于是率众行道，昏晓不绝。释迦余化，于斯复兴。既而谨律息心之士，绝尘清信之宾，并不期而至，望风遥集。彭城刘遗民、豫章雷次宗、雁门周续之、新蔡毕颖之、南阳宗炳、张莱民、张季硕等，并弃世遗荣，依远游止。远乃于精舍无量寿像前，建斋立誓，共期西方。乃令刘遗民著其文曰：

维岁在摄提格，七月戊辰朔，二十八日乙未。法师释慧远，贞感幽奥，霜怀特发。乃延命同志息心贞信之士，百有二十三人，集于庐山之阴，般若台[1]精舍，阿弥陀像前，率以香花敬荐而誓焉。

惟[2]斯一会之众。夫缘化之理既明，则三世之传显矣。迁感之数既符，则善恶之报必矣。推交臂之潜沦，悟无常之期切。审三报之相催，知险趣之难拔。此其同志诸贤，所以夕惕宵勤，仰思攸济者也。盖神者可以感涉，而不可以迹求。必感之有物，则幽路咫尺。苟求之无主，则渺茫何津。今幸以不谋而佥心西境，叩篇开信，亮情天

① “般若台”，《永乐北藏》、《乾隆大藏经》作“般若云台”，今从《大正藏》本及《出三藏记集》。

② “惟”，《永乐北藏》、《乾隆大藏经》作“推”，今从《大正藏》本及《出三藏记集》。

发。乃机象通于寝梦，欣欢百于子来。于是云图表晖，影侔神造。功由理谐，事非人运。兹实天启其诚，冥运来萃者矣。可不克心，重精叠思，以凝其虑哉！

然其景绩参差，功德不一。虽晨祈云同，夕归攸隔。即我师友之眷，良可悲矣。是以慨焉，胥命整襟法堂，等施一心，亭怀幽极，誓兹同人，俱游绝域。其有惊出绝伦，首登神界，则无独善于云峤，忘兼全于幽谷，先进之与后升，勉思汇征之道。然复妙觐[①]大仪，启心贞照，识以悟新，形由化革。藉芙蓉于中流，荫琼柯以咏言。飘云衣于八极，泛香风以穷年。体忘安而弥穆，心超乐以自怡。临三途而缅谢，傲天宫而长辞。绍众灵以继轨，指太息以为期。究兹道也，岂不弘哉！

远神韵严肃，容止方棱。凡预瞻睹，莫不心形战栗。曾有一沙门，持竹如意，欲以奉献。入山信宿，竟不敢陈，窃留席隅，默然而去。有慧义法师，强正不惮，将欲造山，谓远弟子慧宝曰："诸君庸才，望风推服，今试观我如何？"至山，值远讲《法华》，每欲难问，辄心悸流汗，竟不敢语。出谓慧宝曰："此公定可讶。"其伏物盖众如此。

---

① "觐"，《永乐北藏》、《乾隆大藏经》作"观"，今从《大正藏》本及《出三藏记集》。

殷仲堪之荆州，过山展敬，与远共临北涧，论《易》体要，移景不倦，既而叹曰："识信深明，实难庶几。"司徒王谧、护军王默等，并钦慕风德，遥致师敬。谧修书曰："年始四十，而衰同耳顺。"远答曰："古人不爱尺璧，而重寸阴，观其所存，似不在长年耳。檀越既履顺而游性，乘佛理以御心，因此而推，复何羡于遐龄耶？聊想斯理，久已得之，为复酬来信耳。"

卢循初下据江州城，入山诣远。远少与循父嘏同为书生，及见循，欢然道旧，因朝夕音介。僧有谏远者曰："循为国寇，与之交厚，得不疑乎？"远曰："我佛法中，情无取舍，岂不为识者所察？此不足惧。"及宋武追讨卢循，设帐桑尾，左右曰："远公素主庐山，与循交厚。"宋武曰："远公世表之人，必无彼此。"乃遣使赍书致敬，并遗钱米。于是远近方服其明见。

初经流江东，多有未备，禅法无闻，律藏残阙。远慨其道缺，乃令弟子法净、法领等，远寻众经，逾越沙雪，旷岁方返，皆获梵本，得以传译。昔安法师在关，请昙摩难提，出《阿毗昙心》，其人未善晋言，颇多疑滞。后有罽宾沙门僧伽提婆，博识众典，以晋太元十六年来至浔阳。远请重译《阿毗昙心》，及《三法度论》，于是二学乃兴，并制序标宗，贻于学者。孜孜为道，务在弘法。每逢西域一宾，辄恳恻咨访。闻罗什入关，即遣书通好曰："释慧远顿首。去岁得姚左军书，具承德问。仁者曩绝殊域，越自外境，于时音驿未交，闻风而悦，但江湖难置，以形乖为叹耳。顷知承否通之会，怀宝来游，至止有间，则一日九驰，徒情欣雅味，而无由造尽，寓目望途，固以增其劳伫。每欣大法宣流，三方同遇。虽运钟其末，而趣均在昔。诚未能扣津妙门，感彻遗灵。至于虚襟遣契，亦无日不怀。夫栴檀移植，则异物同熏。摩尼吐曜，则众珍自积。是惟教合之道，犹虚往实归。况宗一无像，而应不以情者乎！是故负荷大法者，必以无执为心。会友以仁者，使功不自己。若令法轮不停轸于八正之路，三宝不辍音于将尽之期，则满愿不专美于绝代，龙树岂独善于前踪。今往比量衣裁，愿登高座为着之。并天漉之器，此既法物，聊以示怀。”

什答书曰：“鸠摩罗什和南。既未言面，又文辞殊隔，导心之路不通，得意之缘圮绝。传驿来贶，粗承风德，比知何如。备闻一途，可以蔽百。经言：‘末后东方，当有护法菩萨。’勖哉仁者，善弘其事！夫财有五备：福、戒、博闻、辩才、深智。兼之者道隆，未具者疑滞，仁者备之矣。所以寄心通好，因译传意，岂其能尽，粗酬来意耳。损所致比量衣裁，欲令登法座时着，当如来意，但人不称物，以为愧耳。今往常所用鍮石双口澡罐，可备法物之数也。”并遗偈一章曰：“既已舍染乐，心得善摄否？若得不驰散，深入实相否？毕竟空相中，其心无所乐。若悦禅智慧，是法性无照。虚诳等无实，亦非停心处。仁者所得法，幸愿示其要。”

远重与什书曰："日有凉气，比复何如？去月法识道人至，闻君欲还本国，情以怅然。先闻君方当大出诸经，故未欲便相咨求。若此传不虚，众恨可言。今辄略问数十条事，冀有余暇，一一为释。此虽非经中之大难，要欲取决于君耳。"并报偈一章曰："本端竟何从，起灭有无际。一微涉动境，成此颓山势。惑相更相乘，触理自生滞。因缘虽无主，开途非一世。时无悟宗匠，谁将握玄契？末问尚悠悠，相与期暮岁。"

后有弗若多罗，来适关中，诵出《十诵》梵本，罗什译为晋文。三分始二，而多罗弃世。远常慨其未备。及闻昙摩流支入秦，复善诵此部，乃遣弟子昙邕致书祈请，令于关中更出余分。故《十诵》一部，具足无阙，晋地获本，相传至今。葱外妙典，关中胜说，所以来集兹土者，远之力也。外国众僧，咸称汉地有大乘道士，每至烧香礼拜，辄东向稽首，献心庐岳。其神理之迹，故未可测也。

先是中土未有"泥洹常住"之说，但言寿命长远而已。远乃叹曰："佛是至极，至极则无变，无变之理，岂有穷耶？"因著《法性论》，曰："至极以不变为性，得性以体极为宗。"罗什见论而叹曰："边国人未有经，便暗与理合，岂不妙哉！"

秦主姚兴，钦风名德，叹其才思，致书殷勤，信饷连接，赠以龟兹国细缕杂变像，以申款心，又令姚嵩献其珠像。《释论》新出，兴送论，并遗书曰："《大智论》新译讫，此既龙树所作，又是方等旨归，宜为一序，以伸作者之意。然此诸道士，咸相推谢，无敢动手。法师可为作序，以贻后之学者。”远答书云：“欲令作《大智论序》，以伸作者之意。贫道闻怀大非小褚所容，汲深非短绠所测。披省之日，有愧高命。又体羸多疾，触事有废，不复属意已来，其日亦久。缘告之重，辄粗缀所怀。至于研究之美，当复寄诸明德。”其名高远固如此。远常谓《大智论》文句繁广，初学难寻，乃抄其要文，撰为二十卷，序致渊雅，使夫学者息过半之功矣。

后桓玄征殷仲堪，军经庐山，要远出虎溪，远称疾不堪。玄自入山，左右谓玄曰：“昔殷仲堪入山礼远，愿公勿敬之。”玄答：“何有此理？仲堪本死人耳。”及至见远，不觉致敬。玄问：“不敢毁伤，何以剪削？”远答云：“立身行道。”玄称善。所怀问难，不敢复言。乃说征讨之意，远不答。玄又问：“何以见愿？”远云：“愿檀越安隐，使彼亦复无他。”玄出山，谓左右曰：“实乃生所未见。”玄后以震主之威，苦相延致，乃贻书骋说，劝令登仕。远答辞坚正，确乎不拔，志逾丹石，终莫能回。俄而玄欲沙汰众僧，教僚属曰：“沙门有能申述经诰，畅说义理，或禁行循整，足以宣寄大化。其有违于此者，悉皆罢遣。唯庐山道德所居，不在搜简之例。”远与玄书曰：“佛教陵迟，秽杂日久。每一寻至，慨愤盈怀。常恐运出非意，沦湑将及。窃见清澄诸道人教，实应其本心。夫泾以渭分，则清浊殊势。枉以直正，则不仁自远。此命既行，必二理斯得。然后令饰伪者绝假通之路，怀真者无负俗之嫌。道世交兴，三宝复隆矣。”因广立条制。玄从之。

昔成帝幼冲，庾冰辅政，以为沙门应敬王者。尚书令何充、仆射褚翜、诸葛恢等，奏不应敬礼，官议悉同充等。门下承冰旨为驳，同异纷然，竟莫能定。及玄在姑熟，欲令尽敬，乃与远书曰：“沙门不敬王者，既是情所不了，于理又是所未喻，一代大事，不可令其体不允。近与八座书，今以呈君，君可述所以不敬意也。此便当行之于事，一一令详遣，想必有以释其所疑耳。”远答书曰：“夫称沙门者何耶？谓能发曚俗之幽昏，启化表之玄路。方将以兼忘之道，与天下同往，使希高者挹其遗风，漱流者味其余津。若然，虽大业未就，观其超步之迹，所悟固已弘矣。又袈裟非朝宗之服，钵盂非廊庙之器。沙门尘外之人，不应致敬王者。”玄虽苟执先志，耻即外从，而睹远辞旨，趑趄未决。有顷，玄篡位，即下书曰：“佛法宏大，所不能测。推奉主之情，故兴其敬。今事既在己，宜尽谦光，诸道人勿复致礼也。”

远乃著《沙门不敬王者论》，凡有五篇：一曰在家，谓在家奉法，则是顺化之民，情未变俗，迹同方内，故有天属之爱，奉主之礼。礼敬有本，遂因之以成教。二曰出家，谓出家者，能遁世以求其志，变俗以达其道。变俗则服章不得与世典同礼，遁世则宜高尚其迹。夫然故能拯溺俗于沉流，拔玄根于重劫，远通三乘之津，近开人天之路。如令一夫全德，则道洽六亲，泽流天下。虽不处王侯之位，固已协契皇极，在宥生民矣。是故内乖天属之重，而不违其孝。外阙奉主之恭，而不失其敬也。三曰求宗不顺化，谓返本求宗者，不以生累其神。超落尘封者，不以情累其生。不以情累其生，则其生可灭。不以生累其神，则其神可冥。冥神绝境，故谓之泥洹。故沙门虽抗礼万乘，高尚其事，不爵王侯，而沾其惠者也。四曰体极不兼应，谓如来之与周、孔，发致虽殊，潜相影响；出处成异，终期必同。故虽曰道殊，所归一也。不兼应者，物不能兼爱也。五曰形尽神不灭，谓识神驰骛，随行东西也。此是论之大意。自是沙门得全方外之迹矣。

及桓玄西奔，晋安帝自江陵旋于京师。辅国何无忌，劝远候迎，远称疾不行。帝遣使劳问。远修书曰："释慧远顿首。阳月和暖，愿御膳顺宜。贫道先婴重疾，年衰益甚。猥蒙慈诏，曲垂光慰，感惧之深，实百于怀。幸遇庆会，而形不自运，此情此慨，良无以喻。"诏答："阳中感怀，知所患未佳，甚情耿。去月发江陵，在道多诸恶情，迟兼常，本冀经过相见。法师既养素山林，又所患未痊，邈无复因，增其叹恨。"

陈郡谢灵运，负才傲俗，少所推崇，及一相见，肃然心服。远内通佛理，外善群书，夫预学徒，莫不依拟。时远讲《丧服经》，雷次宗、宗炳等，并执卷承旨。次宗后别著《义疏》，首称雷氏。宗炳因寄书嘲之曰："昔与足下，共于释和尚间，面受此义，今便题卷首称雷氏乎？"其化兼道俗，斯类非一。

自远卜居庐阜，三十余年，影不出山，迹不入俗。每送客游履，常以虎溪为界焉。以晋义熙十二年八月初动散，至六日困笃。大德耆年，皆稽颡请饮豉酒，不许。又请饮米汁，不许。又请以蜜和水为浆，乃命律师，令披卷寻文，得饮与否，卷未半而终。春秋八十三矣。门徒号恸，若丧考妣。道俗奔赴，踵继肩随。远以凡夫之情难割，乃制七日展哀。遗命使露骸松下，既而弟子收葬。浔阳太守阮侃，于山西岭凿圹开冢。谢灵运为造碑文，铭其遗德。南阳宗炳，又立碑寺门。

初远善属文章，辞气清雅。席上谈吐，精义简要。加以容仪端整，风彩洒落。故图像于寺，遐迩式瞻。所著论、序、铭、赞、诗、书，集为十卷，五十余篇，见重于世焉。

（《高僧传》卷六）

## 慧远法师传三

慧远，姓贾，雁门楼烦人。幼而好学，博综六经，尤善《庄》、《老》。时释道安建刹于太行恒山，远往归之。闻安讲《般若经》，豁然开悟，因投簪受业。精思讽诵，以夜继昼。安叹曰："使道流东国者，其在远乎！"

晋太元六年过浔阳，见庐山闲旷，可以栖止，乃立精舍，号龙泉寺。时远同门慧永，先居庐山西林，欲邀同止。而远学侣寖众，西林隘不可处。刺史桓伊，为远更立寺于山东，遂号“东林”。远于是率众行道，凿池种莲，于水上立十二叶莲花，因波随转，分刻昼夜，以为行道之节。既而四方清信之士，闻风而至者，百二十三人。远曰：“诸君之来，能无意于净土乎？”乃造西方三圣像，建斋立社，令刘遗民著《发愿文》，勒之石。时王乔之等数人，复为《念佛三昧诗》以见志。远为作序曰：

夫称三昧者何？专思寂想之谓也。思专，则志一不分；想寂，则气虚神朗。气虚，则智恬其照；神朗，则无幽不彻。是二者，自然之玄符，会一而致用也。又诸三昧，其名甚众。功高易进，念佛为先。何者？穷玄极寂，尊号如来。体神合变，应不以方。故令入斯定者，昧然忘知，即所缘以成鉴。鉴明，则内照交映，而万象生焉。非耳目之所暨，而闻见行焉。于是灵相湛一，清明自然。玄音叩心，滞情融朗。非天下之至妙，孰能与于此哉！所以奉法诸贤，咸思一揆之契。感寸阴之将颓，惧来储之未积。洗心法堂，整襟清向。夜分忘寝，夙兴唯勤。庶夫贞诣之功，以通三乘之志。仰援超步，拔茅之兴。俯引弱进，垂策其后。以此览众篇之挥翰，岂徒文咏而已哉！

远以江东经藏多阙，遣弟子远越葱岭，购诸梵本，并传关中。所有经律，出诸庐山，几至百卷。尝造《法性论》，以明

“泥洹常住”之旨。鸠摩罗什见而叹曰：“边方未见大经，便暗与理合。”

居山三十年，迹不入俗。专志净土，澄心观想，三见圣相，而沉厚不言。义熙十二年七月晦夕，于般若台之东龛，方从定起，见阿弥陀佛，身满虚空，圆光之中，有诸化佛，观音、势至，左右侍立。又见水流光明，分十四支，回注上下，演说苦、空、无常、无我之音。佛告远曰：“我以本愿力故，来安慰汝。汝后七日，当生我国。”又见社中先化者，佛陀耶舍、慧持、慧永、刘遗民等，皆在侧，前揖曰：“师早发心，何来之晚！”远谓弟子法净、慧宝曰：“吾始居此，十一年中，三睹圣相。今复再见，吾生净土必矣。”即自制《遗诫》。至八月六日，端坐入寂，年八十三。

慧持，远同母弟，与远同事安公。遍学众经，亦有高行。隆安中，辞兄入蜀，以西方为期。住郫县龙渊寺，大弘佛化。义熙八年入寂，年七十六。遗命诸弟子，务严律仪，专心净业云。

（《净土圣贤录》）

# 十八贤传

## 慧远法师

法师慧远，姓贾氏，雁门楼烦人。幼而好学，年十三，随舅令狐氏游学许、洛。博综六经，尤善《庄》、《老》。宿儒先进，莫不服其深致。二十一，欲渡江从学范宁，适石虎暴死，南路梗塞，有志不遂。

时沙门释道安，建刹于太行恒山。一面尽敬，以为真吾师也。初闻安师讲《般若经》，豁然开悟，叹曰："九流异议，皆糠秕耳！"遂与母弟慧持，投簪受业。精思讽诵，以夜继昼，因求值道场。沙门昙翼（此自是北人，非庐山入社者），每给灯烛之费。安师闻之曰："道士诚知人。"师神明英越，志与理冥。至二十四，大善讲贯。有客闻说实相义，往复问难，弥增疑昧。师为引《庄子》之说以相比类，惑者释然。安师因许令不废外典，常临众叹曰："使道流东国者，其在远乎！"

后随安师南游襄阳，值秦将苻丕为寇，乃分张徒属，各随所往。耆德临歧，皆蒙诲益，唯师不闻一言，即跪请曰："独无训敕，惧非人类？"安师曰："如汝者，复何所虑！"师乃与弟子数十人，南适荆州，居上明寺。念旧与同门慧永，约结屋于罗浮。太元六年（晋孝武帝）至浔阳，见庐山闲旷，可以息心，乃立精舍。以去水犹远，举杖扣地曰："若此可居，当使朽壤抽泉。"言毕，清流涌出。浔阳亢旱，师诣池侧，读《海龙王经》，忽有神蛇从池而出，须臾大雨，岁竟有秋，因名龙泉精舍。永师先居庐山西林，欲邀同止，而师学侣寖众。永乃谓刺史桓伊曰："远公方当弘道，而贫道所栖，隘不可处。"时师梦山神告曰："此山足可栖神，愿毋他往。"其夕大雨雷震。诘旦，林麓广辟，素沙布地，梗、楠、文梓，充布地上，不知所自至。伊大敬感，乃为建刹，名其殿曰"神运"。以在永师舍东，故号"东林"。时太元十一年也。此山仪形九叠，峻耸天绝。而所居尽林壑之美，背负炉峰，旁带瀑布，清流环阶，白云生栋。（《庐山记》："匡裕先生，殷、周之际，受道于仙人，即岩成馆，人称神仙之庐，因名庐山。"《浔阳记》："山高三千三百六十丈，周二百五十里，其山九叠，川亦九派。"《郡国志》："叠障九层，包藏仙迹。"）别营禅室，最居静深。凡在瞻履，神清气肃。

师闻天竺佛影，是佛昔化毒龙瑞迹，欣感于怀。后因耶舍律士叙述光相，乃背山临流，营筑龛室，淡彩图写，望如烟雾。复制五铭，刻于石。江州太守孟怀玉、别驾王乔之、常侍张野、晋安太守殷隐、黄门毛修之、主簿殷蔚、参军王穆夜、孝廉范悦之、隐士宗炳等，咸赋铭赞（见《庐山集》）。

先是浔阳陶侃刺广州，渔人见海中有神光，网之得金像文殊，志云“阿育王所造”。后商人于海东获一圆光，持以就像，若弥缝然。侃以送武昌寒溪寺。主僧僧珍，尝往夏口，夜梦寺火，而此像室独有神护。驰还，寺果焚，像室果存。及侃移督江州，迎像将还，至舟而溺。荆楚为之谣曰：“陶惟剑雄，像以神标。云翔泥宿，邈何遥遥。可以诚至，难以力招。”及寺成，师至江上虔祷之，像忽浮出。遂迎至神运殿，造重阁以奉之，因制《文殊瑞像赞》。

尝谓诸教三昧，其名甚众，功高易进，念佛为先。既而谨律息心之士，绝尘清信之宾，不期而至者，慧永（同师安公，先居西林）、慧持（远师同母弟）、道生、昙顺（并罗什门弟）、僧睿[①]、昙恒、道昞、昙诜、道敬（并远师门人）、佛驮耶舍（此云觉明，罽宾国人）、佛驮跋陀罗（此云觉贤，迦维卫国人）、名儒刘程之（号遗民）、张野、周续之、张诠、宗炳、雷次宗等，结社念佛，世号十八贤。复率众至百二十三人，同修净土之业。造西方三圣像，建斋立誓，令刘遗民著《发愿文》。而王乔之等，复为《念佛三昧诗》以见志。

师神貌严肃，瞻仰者则心战。沙门有持如意致献者，不敢陈白，窃留座隅而去。法师慧义，强正少可，谓师弟子慧宝曰：“诸君肤浅，故于远公望风推服。”尝至山，值师讲《法

① 应为慧睿，见后注。

华》，欲致难，辄内悸流汗，出谓慧宝曰："此公言貌，诚可敬服。"殷仲堪任荆州，入山展敬，与师俱临北涧松下，共谈《易》道，终日忘倦。仲堪叹曰："师智识深明，实难庶几。"师亦曰："君之才辩，如此流泉（后人名其处曰聪明泉）。"司徒王谧、护军王默，并钦慕风德，遥致敬礼（王谧有书往返）。

卢循据江州，入山诣师。师少与循父嘏，同为书生，及见循，欢然道旧。其徒谏曰："循为国寇，得不为人疑？"师曰："我佛法中，情无取舍，识者自能察之，此何足惧。"及宋武进讨循，设帐桑尾，左右曰："远公素主庐山，与循交厚。"宋武曰："远公世表之人，何可疑也。"乃遣使驰书，遗以钱帛。

有行者来侍师，善驱蛇，蛇为尽去，因号辟蛇行者。有一虎往来，时见行迹，未尝伤人，人号游山虎。师与社众，每游憩上方峰顶，患去水远，他日有虎跑其石，水为之出，因号虎跑泉。又于一峰，制《涅槃疏》，因名掷笔峰。

初是大教流行江东，经卷未备，禅法无闻，律藏多阙。师乃令弟子法净、法领等，远越葱岭，旷岁来还，皆获梵本。昔安公在关中，请昙摩难提，出《阿毗昙心》，其人未善晋言，颇多疑滞。后僧伽提婆至，即请重译，及《三法度论》。于是二论乃兴，师即制序，以贻学者。闻鸠摩罗什入关，遣书通好。什答书曰："传驿来觋，粗闻风德。经言：'末代东方，有护法菩萨。'钦哉仁者，善弘其道！"昙摩流支入秦，师遣弟子昙邕，请于关中出《十诵律》，流传晋国。西土诸僧，咸称汉地有大乘开士，每东向致礼，献心庐岳。及佛驮跋陀罗至，师即请出禅数诸经。于是禅、戒经典，出自庐山，几至百卷。先是此土未有泥洹常住之说，但言寿命长远。师曰："佛是至极，至极则无变。无变之理，岂有穷耶？"乃著《法性论》十四篇[①]。罗什见而叹曰："边方未见经，便暗与理合。"秦主钦风，以《大智度论》新译，致书求序。师以其文繁广，乃抄其要，为二十卷，而为之序（罗什译《智论》凡百卷）。

桓玄征殷仲堪，要师出虎溪，称疾不往。玄将入山，左右曰："昔殷仲堪礼敬于远，请公勿屈。"玄曰："仲堪死人耳。"及玄见师，不觉屈膝，所怀问难，不复敢发。及语至征讨，师即不答。玄后以震主之威，劝令登仕。师正辞以答，玄不能强。既而欲沙汰众僧，下教僚属曰："沙门之徒，有能申述经诰、禁行修整者，始可以宣寄大化。其有违于此者，悉当罢黜。唯庐山道德所居，不在搜简之列。"师因致书，广立条制。玄悉从之。

初庾冰辅政，以沙门应敬王者，何充奏不应礼。及玄在

---

① 据陆澄《法论目录》，"十四篇"当为"上下篇"之误。

姑熟，复申冰议。师答书曰：“袈裟非朝宗之服，钵盂非廊庙之器。尘外之容，不应致敬王者。”乃著《沙门不敬王者论》五篇：一明在家者有天属之爱，奉主之礼。二明出家以求志，变俗以达道，岂得与世典同其礼敬。三明求宗不顺化。宗谓泥洹不变，以化尽为宅。（“泥洹”，即“涅槃”，翻“不生不灭”。）不顺化者，其生可灭，其神可冥，冥神绝境，谓之泥洹，而不随顺于生生化化、流动无穷之境。斯所以不事王侯，高尚其事，岂复有所礼敬者哉？四明体极不兼应，谓历代君王，体极之主，但务方内，而不可并御于方外，故曰不兼应。天地之道，功尽于运化。帝王之德，理极于顺通。与夫独绝之教、不变之宗，优劣明矣。若夫如来之道，则无所不应矣。五明形尽神不灭，谓火之传于薪，犹神之传于形。火之传异薪，犹神之传异形。方生方死，往来无穷。但悟彻者返本，惑理者逐物耳。有顷，玄纂位，即下书曰：“佛法宏诞，所未能了。初推奉主之情，故令兴敬。今事既在己，宜尽谦光，诸道人勿复致礼也。”桓玄西奔，安帝自江陵还京师。辅国何无忌，劝师候迎，师称疾不行。帝遣使劳问，师上书谢病，帝复下诏慰答。

师尝讲《丧服经》（当是《礼记》“小记”、“大记”、“四制”等篇），雷次宗、宗炳等，并执卷承旨。次宗后著《义疏》，首称雷氏。宗炳寄书责之曰：“昔与足下，面受于释和尚，今便称雷氏耶？”（陆德明《毛诗音义》云：“周续之与雷次宗同受《诗》义于远法师。”亦此类也。）

释惠要，患山中无刻漏，乃于水上立十二叶芙蓉，因波随转，分定昼夜，以为行道之节，谓之“莲花漏”。僧澈善篇牍，尝至山南攀松而啸，和风远集，众鸟悲鸣，超然有自得之趣。退咨于师曰：“律禁管弦歌舞。若一吟一啸，可得为乎？”师曰：“苟以乱意，皆为非法。”澈唯而止。

师居山三十年，迹不入俗，唯以净土克勤于念。初十一年，澄心系想，三睹圣相，沉厚不言。后十九年，七月晦夕，于般若台之东龛，方从定起。见阿弥陀佛，身满虚空，圆光之中，有诸化佛。观音、势至，左右侍立。又见水流光明，分十四支，流注上下，演说苦、空、无常、无我之音。佛告之曰：“我以本愿力故，来安慰汝。汝后七日，当生我国。”又见佛驮耶舍、慧持（义熙八年先逝）、慧永（义熙十年先逝）、刘遗民（义熙六年先逝），在佛之侧，前揖师曰：“师志在先，何来之晚！”师语法净、惠宝曰：“吾始居此，十一年中，三见佛相。今复见之，吾生净土必矣。”又曰：“七日之期，斯为渐矣。”即寝疾，制遗诫曰：“吾昔以知命之年，托业此山，自审有必尽之期，便欲绝迹外缘，以求其志。良由性弱于断，遂令同趣相引，时贤过眷，情以类感，不觉形与运颓，今年已八十三矣。仰寻违离之诲，俯慨自负之心，徒令此生虚谢，以悼往疾之深。于今时至，露骸松林之下，即岭为坟，与土木同状。此乃古人之礼，汝等勿违。苟神理不昧，庶达其诚。大哀世尊，亦当祐之以道。”门徒号恸，若丧父母。

师以世情难割，乃制七日展哀。至期始顺寂，即义熙十二年八月六日也。弟子不忍露尸，与浔阳太守阮侃，奉全躯举葬于西岭，累石为塔。谢灵运立碑，以铭遗德。张野作序，自称门人。宗炳复立碑于寺门，以表德业。

师将终，耆德请以豉酒治病，师曰："律无通文。"请饮米汁，师曰："日过中矣。"又请饮蜜和水，乃令披律寻文，卷未半而终。所著经论诸序、铭、赞、诗、记，凡十卷，号《庐山集》（刻梓在绍兴府库）。自佛图澄、道安师、远法师、昙顺、僧睿，五世为国师云。唐宣宗大中二年，追谥"辩觉大师"。升元三年（南唐李先主年号，即晋高祖天福四年也），追谥"正觉"。大宋太宗太平兴国三年，追谥"圆悟大师凝寂之塔"。

## 慧永法师

西林法师慧永，河内潘氏。年十二出家，事沙门竺昙现。初习禅于恒山，与远师同依安法师，期结宇罗浮。及远师为安公所留，师乃欲先度五岭。太元初，至浔阳。刺史陶范，素挹道风，乃留憩庐山，舍宅为西林，以奉师。布衣蔬食，精心克己，容常含笑，语不伤物。峰顶别立茅室，时往禅思。至其室者，常闻异香，因号"香谷"。一虎同居，人至，辄驱去。远师来之龙泉，桓伊为立东林，三十年影不出山。师居西林，亦如之。尝因法事至近邑，还山薄暮。乌桥营主醉，骑马当道，遮师不听去。师以杖指马，马惊走，营主仆地。师捧慰之，遂还。营主病，往寺悔罪。师曰："非贫道意。"为祷之，寻愈。镇南将军何无忌镇浔阳，至虎溪，请远公及师。远公持名望，从徒百余，高言华论，举止可观。师衲衣半胫，荷锡捉钵，松下飘然而至。无忌谓众曰："永公清散之风，乃多于远师也。"师标诚植愿，动在安养。义熙十年在疾，忽敛衣，求屣欲起。众惊问，师曰："佛来也。"言终而化，异香七日方歇。葬于寺之西南。春秋八十三。唐玄宗朝，诏重建塔亭，追谥"觉寂大师实智之塔"。

## 慧持法师

法师慧持，远公同母弟也。幼读书，一日所记，常敌十日。年十八，与兄同事安公，遍学众经，游刃三藏。及安公在襄阳，遣远公与师东下，遂止庐山。师形长八尺，衲衣垂膝。徒属三百，师为上首。豫章太守范宁，请师讲《法华经》、《阿毗昙论》，四方云聚。琅邪王珣，与范宁书，问远、持二公孰愈。宁曰："诚谓贤兄贤弟。"珣复书曰："但令如弟，诚未之有，况复贤耶？"罗什在关中，遥相钦敬，每致书通好。隆安三年，辞兄入蜀。远公留之曰："人生爱聚，汝独乐离。"师曰："滞情爱聚者，本不应出家。今既割欲求道，正以西方为期耳。”即怅然而别。至成都郫县，居龙渊寺，大弘佛法。升其堂者，号登龙门。义熙八年顺寂，春秋七十六。临终遗命，务严律仪，专心净业。以东间经籍付道泓，西间法典付昙兰。以泓行业清敏，兰神悟天发，并能系轨师踪焉。

## 道生法师

法师道生，魏氏，钜鹿人。幼从竺法汰出家，披对经诰，一览能诵。年在志学，便登讲座，吐纳明辨，虽宿望莫敢酬抗。初依庐山，常以入道之要，慧解为本，乃与僧睿[①]、慧严、慧观等游学长安，从罗什受业。关中僧徒，咸仰神悟。尝喟然叹曰：“自经典东流，译人重阻，多滞权文，鲜通圆义。若忘筌得鱼，始可与言道矣。”于是校阅真俗，精练空有，研思因果，乃立“善不受报”及“顿悟成佛”义，又著《二谛论》、《佛性常有论》、《佛无净土论》、《应有缘论》，并笼罩旧说，妙有渊旨。守文之徒，嫌嫉竞起。师又以法显三藏所翻《泥洹经》本先至（六卷成文），经云：“除一阐提，皆有佛性。”师云：“夫禀质二仪，皆有涅槃正因。阐提含生之类，何得独无佛性？盖是经来未尽耳。”乃唱“阐提之人，皆得成佛”。时大本未传，孤明先发。旧学僧党，以为

① 据《高僧传》应为慧睿，见后注。

背经，遂显大众，摈而遣之。师正容誓之曰：“若我所说背经，当现身疠疾。若与实相不背，愿舍寿之日，踞狮子座。”遂拂衣而行。及后《大经》至，《圣行品》云：“一阐提人，虽复断善，犹有佛性。”于是诸师皆为愧服。师被摈南还，入虎丘山，聚石为徒，讲《涅槃经》。至阐提处，则说有佛性，且曰：“如我所说，契佛心否？”群石皆为点头。旬日学众云集。忽雷震青园佛殿，有龙升天，因改寺曰“龙光”。师于寺请罽宾律师译《弥沙塞律》，传于世。既而辞众，复投庐山，预莲社。久之还都，止青霞寺。宋文帝大会沙门，亲御地筵，食至良久，众疑过中。帝曰：“始可中耳。”生乃曰：“白日丽天，天言始中，何得非中？”遂举箸而食，一众从之，莫不叹其机辩。时王弘、范泰、颜延之，并挹敬风猷，相从问道。元嘉十一年十一月庚子，于庐山升座说法，将毕，众见麈尾纷然坠地，隐几而化，宛若入定。诸师闻之，益信前誓有证。翌日葬于庐山之西阜。初关中僧肇，始注《维摩诘经》，世咸玩味。师乃更发深旨，人服其妙。所述《维摩诘》、《法华》、《泥洹》、《小品》诸经，皆有义疏。时以师能推“阐提得佛”之义，于是显其“顿悟不受报”等论。

## 昙顺法师

法师昙顺，黄龙人。幼出家，承训罗什。讲释群经，妙尽色空无着之旨。什叹曰：“此子奇器也。”后来庐山，同修净业。宁蛮校尉刘遵孝，于江陵立寺，要师经始，盛弘念佛三昧之道。宋元嘉二年，别众坐逝，异香满室。春秋七十九。

## 僧睿法师[①]

法师僧睿，冀州人。游学诸方，尝行经蜀西界，为人所掠，使牧羊。有商客异之，疑是沙门，及问以经义，无不综达，即出金赎之。后游历天竺诸国，还至关中，从罗什咨禀

① 本传所载，除参译《法华经》及临终感应外，其余诸事及世寿等，均为《高僧传》所载慧睿事。又《高僧传》独记慧睿曾先入庐山，其后入关从什公咨禀，而无僧睿入庐山之记载。且《高僧传·竺道生传》中，同由庐山游学长安，从罗什受业者亦为慧睿。本文撰者乃将僧睿、慧睿混为一人。《净土圣贤录》亦言僧睿"入庐山，依远公修净业。后适京师，止乌衣寺，讲说众经，听者推服。"或即沿袭《佛祖统纪》此传之讹。考北宋熙宁五年(1072)陈舜俞所著《庐山记》，列名十八贤者为慧睿，而非僧睿，但称慧睿为晋时"四圣"之一，已将二人相混。卍续藏《东林十八高贤传》后，载北宋元丰四年(1081)李冲元作《莲社十八贤图记》，列名十八贤者为惠睿(即慧睿)。其后元代普度所撰《莲宗宝鉴》，卷四"庐山十八大贤名氏"中"睿法师"，亦注明为"慧睿"。因知列名庐山莲社十八贤者，仍以慧睿法师为确。但僧睿法师为罗什四大弟子之一，平生志愿求生西方，瑞迹亦尤为昭著。《高僧传》记其"善摄威仪，弘赞经法，常回此诸业，愿生安养。每行住坐卧，不敢正背西方。后自知命尽，忽集众告别。于是入房洗浴，烧香礼拜，还床，向西方合掌而卒。是日，同寺咸见五色香烟，从睿房出。春秋六十七矣。"

经义。罗什翻《法华经》，以竺法护本云："天见人，人见天。"什曰："此言过质耳。"睿曰："将非'人天交接，两得相见'？"什喜，遂用其文。久之，来入庐山，依远公修净业。既而适京师，止乌衣寺。讲说众经，听者推服。宋彭城王义康，要入第受戒。师曰："礼闻来学。"王乃入寺，祗奉戒法。王以貂裘奉师，常用敷坐。王密令以钱三万买之，师曰："此虽非所宜服，然王之所施，不可弃也。"王闻益加敬。谢灵运笃好佛理，殊方俗音，多所通解，尝以经中字音，求证于师，因为著《十四音训》，梵、汉昭然。元嘉十六年，无疾，告众曰："吾将行矣。"即面西合掌而亡。众见卧内一金莲花，倏尔而隐。春秋八十五。

## 昙恒法师

法师昙恒，河东人。童孺依远公出家，年甫十三，便能讲说。内外典籍，无不通贯。德行清孤，物情推服。常有群鹿，驯绕座隅。自入庐山，专志净业。义熙十四年，端坐合掌，厉声念佛而化，春秋七十二。

## 道昞法师

法师道昞，颍川人，陈氏。幼出家，为远公弟子。该通经律，兼明《庄》《老》。志节孤峻，言与行合。念佛三昧，究心无间。义熙十四年，豫章太守王虔，入山谒敬，请为山中主，用绍远公之席。众以道源法嗣，咸知宗仰。元嘉十二年，集众念佛，就座而化。春秋七十一。

## 昙诜法师

法师昙诜，广陵人。幼从远公出家，勤修净业，兼善讲说。注《维摩经》，行于世。尝著《穷通论》，以明宿修。述《莲社录》，以记往生。又能别识鸟兽毛色俊钝之性，洞晓草木枝干甘苦之味，妙尽其理，人知其有密证云。元嘉十七年，集众谓曰："自建寺以来，至此五十年。吾之西行，最在其后。"即跏趺念佛百声，闭息遂绝。春秋八十。

## 道敬法师

法师道敬，琅邪王氏，祖凝之刺江州，遂从远公出家。年十七，博通经论，日记万言。每叹戒律终日难全，愿净六根，但禀一戒，以为得度之要。远公知其坚正，许之。笃志念佛，蚤夜弗替。远公归寂，乃入若耶山。宋永初元年，谓众曰："先师见命，吾其行矣。"即端坐唱佛而化。众见光明满室，弥时方灭。春秋五十二。

## 佛驮耶舍尊者

尊者佛驮耶舍（晋言“觉明”），罽宾国婆罗门种。有沙门至其家乞食，父本外道，怒殴之，遂手足挛躄。巫师谓曰：“坐犯贤圣。”即请此沙门悔过，旬日乃瘳。因令耶舍出家，时年十三。随师行旷野，与虎遇。耶舍曰：“虎已饱，必不伤人。”前行中道，果见余骸。年十五，诵经日至万言，以分卫废业为忧（梵语“分卫”，晋言“乞食”），一罗汉来代乞食。年十九，诵经满数百万言。性度简傲，不为诸人重。至三十，犹为沙弥。复从舅氏学五明论、世间法术。（内众、外道，皆有五明。内五明者，一声明、二医方明、三咒术明、四工巧明、五因明。外五明者，前四并同，后一是符印明。）至沙勒国，待遇隆厚。既而罗什至，乃从学《阿毗昙论》、《十诵律》。什随母返龟兹，师遂留止行化。符坚遣吕光伐龟兹，执罗什。师闻叹曰：“我与罗什未尽怀抱，今忽羁虏，相见何期？”后十年，师东至龟兹，盛弘法化。罗什在姑臧，遣信要之。师恐国人止其行，取清水，以药投之，咒数十言，与弟子洗足，即夜便发。比旦，行数百里，追之不及。问弟子：“何所觉耶？”答曰：“唯闻疾风流响，两目有泪。”师又咒水洗足，乃止。既达姑臧，什已入长安，闻姚主逼以妾媵，叹曰：“罗什如好绵纩，何可使入棘林？”罗什劝姚主遣使迎师，既至，别立省寺于逍遥园。四事供养，一无所受。时至分卫，一食而已。时罗什译出《十住经》，师更相征决，辞理方定。师髭赤，善解《毗婆沙论》，时人号“赤髭论主”。秦弘始中，译出《四分律》（四十四卷）、《长阿含经》（二十二卷）。义熙八年，来庐山入社。后辞还本国，自罽宾以《虚空藏经》一卷，寄商客至凉州。

## 佛驮跋陀罗尊者

尊者佛驮跋陀罗（晋言“觉贤”），姓释迦，迦维罗卫国人，甘露饭王苗末也。幼亡父母，出家为沙弥。年十六，博学群经，深达禅、律。常与僧伽达多，共游罽宾。达多闭户禅坐，忽见师来云：“暂往兜率，致敬弥勒。”言讫便隐。后益见其神变，敬心祈问，方知得不还果。时姚秦沙门智严至罽宾，睹法众清净，慨然东顾曰：“我诸同辈，未遇真匠，将何发悟？”即咨询于众：“孰能遂我祈请，流化东土？”佥应之曰：“跋陀罗其人也。”严乃要师，裹粮而行。经历诸国，至交趾，附舶循海，达于青州东莱。闻鸠摩罗什在长安，即往从之。秦太子泓，请师于东宫，集众说法，与罗什论“色空”义。师曰：“汝只说得果中色空，不说得因中色空。”什问：“何谓？”师曰：“一微空故众微空，众微空故一微空。一微空中无众微，众微空中无一微。”往复数番，罗什罔测。秦主兴，供僧三千，盛修人事，而师禅静自守。忽谓弟子曰：“吾见本国五舶俱发。”众谓妄言，因共擯弃。乃与弟子慧严、慧观四十余人俱发，至庐山香谷，茇舍而居，时会莲社。远公谓师被擯，过由门人；悬记五舶，于律无犯。即遣弟子昙邕，致书秦主，为其解擯。乃请师东林译出禅数诸经，自是江东始耽禅悦。师志在游化，西适江陵，持钵分卫，果见天竺五舶至此。后还都，立道场寺。先是支法领于于阗得《华严》梵本三万六千偈，未经宣译。义熙十四年，吴郡内史孟顗、右卫将军褚叔度，请师为主译，与沙门法业、慧义、惠严、慧观等为笔授，译成六十卷。有二青衣，旦从池出，洒扫研墨。师先后译出《观佛三昧经》、《般泥洹经》、《修行方便论》，及法显所得《大僧祇律》，凡十五部。宋元嘉六年，念佛而化，塔于庐山北岭。

## 刘程之

刘程之，字仲思，彭城人，汉楚元王之后。妙善《老》《庄》，旁通百氏。少孤，事母以孝闻。自负其才，不预时俗。初解褐为府参军。谢安、刘裕嘉其贤，相推荐，皆力辞。性好佛理，乃之庐山，倾心自托。远公曰：“官禄巍巍，欲何不为？”答曰：“君臣相疑，吾何为之！”刘裕以其不屈，乃旌其号曰“遗民”。及雷次宗、周续之、宗炳、张诠、毕颖之等同来庐山，远公谓曰："诸君之来，岂宜忘净土之游乎？"程之乃镵石为誓文，以志其事（文见《庐山集》）。遂于西林涧北，别立禅坊，养志安贫，精研玄理，兼持禁戒。宗、张等咸叹仰之。尝贻书关中，与什、肇扬搉经义。著《念佛三昧诗》，以见专念坐禅之意。始涉半载，即于定中，见佛光照地，皆作金色。居十五年，于正念佛中，见阿弥陀佛，玉毫光照，垂手慰接。程之曰："安得如来为我摩顶，覆我以衣？"俄而佛为摩顶，引袈裟以披之。他日念佛，又见入七宝池，莲青白，其水湛湛。有人项有圆光，胸出卍字（"卍"音"万"，是佛具万德之相），指池水曰："八功德水，汝可饮之。"程之饮水甘美。及寤，犹觉异香发于毛孔，乃自慰曰："吾净土之缘至矣。"复请僧转《法华经》近数百遍。后时庐阜诸僧毕集，程之对像焚香，再拜而祝曰："我以释迦遗教，故知有阿弥陀佛，此香先当供养释迦牟尼如来，次供阿弥陀佛。复次供养《妙法华经》，所以得生净土，由此经功德。愿令一切有情，俱生净土。"即与众别，卧床上，面西合手气绝。敕子雍，积土为坟，勿用棺椁。时义熙六年也，春秋五十九。（《庐山集》载感应事迹甚详。）

## 张野

张野，字莱民，居浔阳柴桑，与渊明有婚姻契。野学兼华、梵，尤善属文。性孝友，田宅悉推与弟，一味之甘，与九族共。州举秀才、南中郎、府功曹、州治中，征拜散骑常侍，俱不就。入庐山依远公，与刘、雷同尚净业。及远公卒，谢灵运为铭，野为序，首称门人，世服其义。义熙十四年，与家人别，入室端坐而逝。春秋六十九。

## 周续之

周续之，字道祖，雁门人。父殁过江，因居豫章。八岁丧母，哀戚过于成人。十二诣范宁受业，通《五经》、《五纬》，时号“十经童子”。养志闲居，穷研《老》、《易》。公卿交辟，无所就。入庐山事远公，预莲社。以为身不可遗，余累宜绝，遂终身不娶，布衣蔬食。刘毅镇姑熟，命为抚军，复辟太学博士，俱不就。以嵇康《高士传》得出处之正，为之注释。宋武帝北伐，太子居守，迎馆安乐寺，入讲礼月余，复还山。江州太守刘柳，荐于武帝，辟太尉掾，不就。武帝践祚，召至都，开馆东郭外。乘舆行幸，问《礼经》“傲不可长”、“与我九龄”、“射于矍圃”三义，辨析精异，上甚悦。或问：“身为处士，时践王廷，何也？”答曰：“心驰魏阙者，以江湖为桎梏。情致两忘者，市朝亦岩穴耳。”时号“通隐先生”。续之素患风痹，不复堪讲，乃移病钟山。景平元年卒，春秋六十七。

## 张诠

张诠，字秀硕，野之族子也。尚情高逸，酷嗜坟典。虽耕锄，犹带经不释。朝廷征为散骑常侍，不起。庾悦以其贫，起为浔阳令。笑曰："古人以容膝为安，若屈志就禄，何足为荣？"乃入庐山，依远公，研穷释典，深有悟入。宋景平元年，无疾，西向念佛，安卧而卒，春秋六十五。

## 宗炳

宗炳，字少文，南阳人。其母聪辩，富于学识，教授诸子，皆有成。炳妙善琴书，尤精玄理。殷仲堪、桓玄并以主簿辟，皆不就。刘裕领荆州，复辟为主簿，答曰："栖丘饮谷，三十年矣。"乃入庐山筑室，依远公莲社。久之，兄臧为南平守，逼与俱还江陵，闲居绝俗。刘裕辟太尉掾，不就。二兄卒，累甚众，颇营稼穑。武帝敕南郡长，时致饩赉。衡阳王义季在荆州，亲至其室。炳角巾布衣，引见不拜。王曰："处先生以重禄，可乎？"对曰："禄如秋草，时过即腐。"宋受禅，征为太子舍人；元嘉初，征为通直郎；太子建，征为中庶子，并不应。妻罗氏，亦有高志。罗氏殁，炳哀之过甚。既而悲情顿释，谓沙门慧坚曰："死生之分，未易可达。三复至教，方能遣哀。"雅好山水，往必忘归。西陟荆巫，南登衡岳。因结宇山中，怀尚平之志。以疾还江陵，叹曰：“老病俱至，名山不可再登，唯澄怀观道，卧以游之。”凡所游履，悉图之于室，谓人曰：“抚琴动操，欲令众山皆响。”宋元嘉二十四年卒，春秋六十九。

## 雷次宗

雷次宗，字仲伦，豫章南昌人。博学，明《诗》、《礼》。入庐山，预莲社，立馆东林之东。元嘉十五年，召至京师，立学馆鸡笼山，置生徒百员。除给事中，不拜。久之还南昌，公卿祖道以送。与子侄书曰：“吾童稚之年，已怀远略。弱冠托庐山，事释和尚，游道餐风，二十余载。渊匠既倾，复与汝曹归耕先垄，山居谷饮，忽复十年。及今未老，尚可励志，成西归之津梁。自今以往，家务大小，一勿见关。”二十五年，召拜散骑常侍，不就。复征诣京师，筑室钟山，谓之招隐馆。每自华林园，入延贤堂，为太子、诸王讲《礼经》。是年无疾而卒，春秋六十三。子肃之，颇传素业，官至豫章郡丞。

《十八贤传》，始不著作者名，疑自昔出于庐山耳。熙宁间，嘉禾贤良陈令举舜俞，粗加刊正。大观初，沙门怀悟，以事迹疏略，复为详补。今历考《庐山集》、《高僧传》，及晋、宋史，依悟本再为补治，一事不遗，自兹可为定本矣。

（《佛祖统纪》卷二十六）

## 莲社十八贤图记

龙眠李伯时，为余作《莲社十八贤图》，追写当时事。按十八贤行状，沙门慧远，初为儒，因听道安讲《般若经》，豁然大悟，乃与其弟慧持，俱弃儒落发。太元中，至庐山。时沙门慧永，先居香谷。远欲驻锡是山，一夕山神见梦，稽首留师。忽于后夜，雷电大震。平旦，地皆坦爽，材木委积。江州刺史桓伊，表奏其异，为师建寺，是为东林，因号其殿为“神运”。时有彭城遗民刘程之、豫章雷次宗、雁门周续之、南阳宗炳、张诠、张野，凡六人，皆名重一时，弃官舍缘，来依远师。复有沙门道昺、昙恒、慧睿、昙诜、道敬、道生、昙顺，凡七人，又有梵僧佛驮跋陀罗、佛驮耶舍二尊者，相结为社，号庐山十八贤。

时陈郡谢灵运，以才自负，少所推与。及来社中，见远师，心悦诚服，乃为开池种白莲，求预净社。远师以其心乱，拒而不纳。陶潜时弃官居栗里，每来社中，或时才至，便攒眉回去。远师爱之，欲留不可得。道士陆修静，居简寂观，亦常来社中，与远相善。远自居东林，足不越虎溪，一日送陆道士，忽行过溪，相持而笑。又尝令人沽酒，引渊明来。故诗人有："爱陶长官醉兀兀，送陆道士行迟迟。沽酒过溪俱破戒，彼何人斯师如斯。"又云"陶令醉多招不得，谢公心乱去还来"者，皆其事也。

此图初为人路，与清流激湍，萦带曲折。逾石桥，溪回路转，石岩一，又缭而上石岩一。二岩之间，有方石池，种白莲花。岩之傍，有石梯，度山迤俪而去，不知所穷。当图穷处，横为长云，蔽覆树腰、岩顶，其高深远近，盖莫得而见也。傍石池，有高崖悬泉，下潴为潭，支流贯池，下注大溪。激石而湍浪者，虎溪也。

岩之外，游行而来者二人。一人登岭出半身者，宗炳也。一人蹑石磴而下者，昙顺也。

岩中经筵会讲者四人。一人踞床凭几，挥麈而讲说者，道生也。一人持羽扇，目注悬猿，而意在深听者，雷次宗也。一人合掌坐于床下者，道敬也。一人相向而坐者，昙诜也。一人执经卷，跪听于其后。童子一，舒足搔首，有倦听之意。

莲池之上，环石台坐而笺经校义者五人，石上列香炉、笔砚之具。一人凭石而坐者，刘程之也。一人手开经轴，倚石而回视者，张诠也。一人正坐俯而阅经者，慧睿也。一人回坐拱手傍视而沉思者，慧持也。一人持如意而指经者，慧永也。一人捧经笈，与童子持如意立其后。又童子跪而司火，持铗向炉而吹。一人俯炉而方烹，一人捧茶盘而立。傍有石置茶器。

又一岩中有文殊金像，环坐其下为佛事者三人。一人执炉跪而歌呗者，昙恒也。一人坐而擎拳者，道昞也。一人执经卷而坐者，周续之也。

临溪偶坐者二人，皆梵僧。一人袒肩持短锡者，跋陀罗也。一人举如意据膝而坐者，耶舍也。童子一，卷发胡面，持羽扇立其后。

一人露顶坦腹，仰视悬泉，坐而濯足者，张野也。童子持巾立其侧。又蹲而汲者一人。

石桥之傍，峭壁崛起，前有僧与道士相促而笑者，远公送陆道士过虎溪也。一人貌怪雄视，捉巾瓶而立者，捕蛇翁也。童子负杖却立而待。

一人乘篮舆者，渊明之回去也。渊明有足疾，尝以竹篮为舆，其子与门生肩之。前者若欲憩而不得，后者若甘负而忘倦，盖门人与其子也。童子负酒瓢从之。

一人持贝叶，骑而方来者，谢灵运也。傍一人持曲笠，童子负笈前骑而行。

凡为人三十有八。马一，猿一，鹿一。器用、草木，不复以数计。人物洒落，泉石秀润。追千载于笔下，萃群贤于掌中。开图恍然，若与之接。挥麈而谈者，如欲悬河吐屑，肆辩而未停。默坐而听者，如欲屏息杜意，审谛而冥冥。沉思者，如欲钩深味远，叩玄关宅灵府，而游乎恍忽之庭。梵呗者，如欲转喉鼓舌，而有云雷之响，与海潮之声。行往来者，如御风而遐举。坐临水者，如骑鲸而将去。笑执手者，轩渠绝倒，达于衣冠。盖其心手相忘，笔与神会，而妙出意表，故能奴隶顾陆，童仆张吴，跨千载而独步。非十八人者，不足以发伯时之笔。非伯时者，不足以写十八人之趣。岂非泉石膏肓，烟霞锢疾，其臭相似，故形容之工，若同时而共处者也。

伯时与余为从兄，实山林莫逆之友。为此图凡三十八日而成。余得之，游居寝饭其下。客来观者，或未知莲社事，因记其后，览者当自得之也。图成于元丰庚申十二月二十五日。越明年辛酉正月二十六日，龙眠李冲元元中记。

## 远公轶事补录

●安常注诸经，恐不合理，乃誓曰："若所说不甚远理，愿见瑞相。"乃梦见胡道人，头白眉毛长，语安云："君所注经，殊合道理。我不得入泥洹，住在西域，当相助弘通，可时时设食。"后《十诵律》至，远公乃知和上所梦，宾头卢也，于是立座饭之，处处成则。（《高僧传·道安传》）

●沙门道恒，颇有才力，常执"心无"义，大行荆土。汰曰："此是邪说，应须破之。"乃大集名僧，令弟子昙壹难之，据经引理，析驳纷纭。恒仗其口辩，不肯受屈。日色既暮，明旦更集。慧远就席，攻难数番，关责锋起。恒自觉义途差异，神色微动，麈尾扣案，未即有答。远曰："不疾而速，杼柚何为？"坐者皆笑。"心无"之义，于此遂息。（《高僧传·竺法汰传》）

●姚兴王秦，法事甚盛，于是法和入关，而提婆渡江。先是庐山慧远法师，翘勤妙典，广集经藏，虚心侧席，延望远宾。闻其至止，即请入庐岳，以晋太元中，请出《阿毗昙心》，及《三法度》等。提婆乃于般若台，手执梵文，口宣晋语，去华存实，务尽义本。今之所传，盖其文也。（《高僧传·僧伽提婆传》）

●秦主姚兴，专志佛法，供养三千余僧，并往来宫阙，盛修人事。唯贤守静，不与众同。后语弟子云："我昨见本乡有五舶俱发。"既而弟子传告外人。关中旧僧，咸以为显异惑众。又贤在长安，大弘禅业，四方乐靖者并闻风而至，但染学有浅深，所得有浓淡，浇伪之徒，因而诡滑。有一弟子，因少观行，自言得阿那含果。贤未即检问，遂致流言，大被谤读，将有不测之祸。于是徒众或藏名潜去，或逾墙夜走，半日之中，众散殆尽。贤乃夷然不以介意。时旧僧僧䂮、道恒等，谓贤曰："佛尚不听说己所得法。先言五舶将至，虚而无实。又门徒诳惑，互起同异。既于律有违，理不同止，宜可时去，勿得停留。"贤曰："我身若流萍，去留甚易，但恨怀抱未伸，以为慨然耳。"于是与弟子慧观等四十余人俱发，神志从容，初无异色。识真之众，咸共叹惜。白黑送者，千有余人。姚兴闻去怅恨，乃谓道恒曰：“佛贤沙门，协道来游，欲宣遗教，缄言未吐，良用深慨。岂可以一言之咎，令万夫无导？”因敕令追之。贤报使曰：“诚知恩旨，无预闻命。”于是率侣宵征，南指庐岳。沙门释慧远，久服风名，闻至欣喜，倾盖若旧。远以贤之被摈，过由门人。若悬记五舶，只说在同意，亦于律无犯。乃遣弟子昙邕，致书姚主，及关中众僧，解其摈事。远乃请出禅数诸经。贤志在游化，居无求安，停山岁许，复西适江陵。（《高僧传·佛驮跋陀罗传》）

●镇南将军何无忌，作镇浔阳，爰集虎溪，请永及慧远。远既久持名望，亦雅足才力，从者百余，皆端整有风序，及高言华论，举动可观。永怙然独往，率尔后至，衲衣草屣，执杖提钵，而神气自若，清散无矜。众咸重其贞素，翻更多之。远少所推先，而挹永高行，身执卑恭，以希冥福。（《高僧传·慧永传》）

●刘程之力辞举荐，乃之庐阜，以托于远公。远公曰：“官禄巍巍，欲何不为？”程之曰：“君臣相疑，疣赘相窥。晋室无磐石之固，物情有累卵之危。吾何为哉？”远闻其说，大相器厚。太尉刘公，亦以其志不可以力屈，与群公议“遗民”之号旌焉。及雷次宗、周续之、毕颖之、张秀实等，同来依远。远曰：“诸公之来，岂宜忘净土之游乎？如有心焉，当加勉励，无宜后也。”程之于诸公中，又最有文，得志其事，

镌石以永之。（《净土往生传》、《新修往生传》）

●肇著《般若无知论》，凡二千余言，竟以呈什。什读之称善，乃谓肇曰："吾解不谢子，辞当相挹。"时庐山隐士刘遗民，见肇此论，乃叹曰："不意方袍，复有平叔。"因以呈远公。远乃抚机叹曰："未常有也。"因共披寻玩味，更存往复。（《高僧传·僧肇传》）

●初生法师入关，从什法师禀学，后还庐山，得《无知论》，以示刘公。刘公以呈远法师，因共研尽，遂致此书，问其幽隐处。虽言迹在于刘公，亦是远法师之意也。（元康《肇论疏》）

●远法师顷恒履宜，思业精诣，乾乾宵夕。自非道用潜流，理为神御，孰以过顺之年，湛气若兹之勤？所以凭慰既深，仰谢逾绝。去年夏末，始见生上人示《无知论》，才运清俊，旨中沉允，推涉圣文，婉而有归。披味殷勤，不能释手。直可谓浴心方等之渊，而悟怀绝冥之肆者矣。……论至日，即与远法师详省之，法师亦好相领得意。但标位似各有本，或当不必理尽同矣。（《肇论·刘遗民书问》）

●每因行李，数有承问。愿彼山僧无恙，道俗通佳。承远法师之胜常，以为欣慰。虽未清承，然服膺高轨，企伫之勤，为日久矣。公以过顺之年，湛气弥厉，养徒幽岩，抱一冲谷，遐迩仰咏，何美如之！每亦翘想一隅，悬庇霄岸。无由写敬，致慨良深。君清对终日，快有悟心之欢也。……威道人至，得君《念佛三昧咏》，并得远法师《三昧咏》及序。此作兴寄既高，辞致清婉。能文之士，率称其美。可谓游涉圣门，扣玄关之唱也。君与法师当数有文集，因来何少。（《肇论·答刘遗民书》）

●释僧济，晋太元末入庐山，从远公受学。远每谓曰："共吾弘佛法者，尔其人乎！"后停山少时，忽感笃疾，于是诚要西国，想像弥陀。远遗济一烛曰："汝可以运心安养，竞诸漏刻。"济执烛凭机，停想无乱。又请众僧夜集，为转《无量寿经》。至五更中，济以烛授同学，令于僧中行之。于是暂卧，因梦见自秉一烛，乘虚而行，睹无量寿佛，接置于掌，遍至十方。不觉欻然而觉，具为侍疾者说之，且悲且慰。（《高僧传·僧济传》）

●释昙邕，少仕伪秦王，为卫将军。形长八尺，雄武过人。太元八年，从符坚南征，为晋军所败，还至长安，因从安公出家。安公既往，乃南投庐山，事远公为师。内外经书，多所综涉。志尚弘法，不惮疲苦。后为远入关，致书罗什，凡为使命，十有余年。鼓击风流，摇动峰岫，强捍果敢，专对不辱。京师道场僧鉴，挹其德解，请还杨州。邕以远年高，遂不果行。然远神足高抗者，其类不少，恐后不相推谢，因以小缘托摈邕出。邕奉命出山，容无怨忤，乃于山之西南营立茅宇，与弟子昙果，澄思禅门。至远临亡之日，奔赴号踊，痛深天属。后往荆州，卒于竹林寺。（《高僧传·昙邕传》）

●释道祖，少出家，后与同志僧迁、道流等，共入庐山七年，并山中受戒，各随所习，日有其新。远公每谓祖等易悟，尽如此辈，不复忧后生矣。迁、流等并年二十八而卒。远叹曰："此子并才义英茂，清悟日新。怀此长往，一何痛哉！"道流撰诸经目未就，祖为成之，今行于世。祖后还京师瓦官寺讲说。桓玄每往观听，乃谓人曰："道祖后发，愈于远公，但儒博不逮耳。"（《高僧传·道祖传》）

●远有弟子慧要，亦解经律，而尤长巧思。山中无刻漏，乃于泉水中立十二叶芙蓉，因流波转，以定十二时，晷景无差焉。亦尝作木鸢，飞数百步。（《高僧传》卷六）

●彻年十六，入庐山造远公。远见而异之，问曰："宁有出家意耶？"对曰："远尘离俗，固其本心。绳墨镕钧，更唯匠者。"远曰："君能入道，当得无畏法门。"于是投簪委质，从远受业。遍学众经，尤精般若。又以问道之暇，亦厝怀篇牍，至若一赋一咏，辄落笔成章。尝至山南，攀松而啸，于是清风远集，众鸟和鸣，超然有胜气。退还咨远："律制管弦，戒绝歌舞。一吟一啸，可得为乎？"远曰："以散乱言之，皆为违法。"由是乃止。至年二十四，远令讲《小品》。时辈未之许。及登座，词旨明析，听者无以折其锋。远谓之曰："向者勍对，并无遗力。汝城隍严固，攻者丧师。发轸能尔，良为未易。"由是门人推服焉。（《高僧传·僧彻传》）

●远公在庐山中，虽老，讲论不辍。弟子中或有惰者，远公曰："桑榆之光，理无远照，但愿朝阳之晖，与时并明耳。"执经登座，讽诵朗畅，词色甚苦。高足之徒，皆肃然增敬。（《世说新语·规箴》）

●峰顶院之前，有辟蛇行者饮牛池。远公始居山，山多蛇虫。行者不知何许人，尝侍远公，善驱蛇，蛇为之尽去，故号"辟蛇行者"。常耕于峰顶，有辟蛇行者田，塍陇仿佛可辨，今无耕者。说者曰，盖山神云。故至今山虽高深，樵苏弋猎之人，不闻罹虫蛇之毒。（陈舜俞《庐山记》）

●由宝林一里，至掷笔峰。其峰下临大壑，群峰巀嵲，不可名状。昔远公制《涅槃经疏》于此，疏成，故以名其峰。（同上）

●上方之北，有虎跑泉。昔远公与社贤，每游此峰顶，患去水甚远。他日，虎辄跑石出泉。（同上）

●远内通佛理，外善群书，夫预学徒，莫不依拟。时远讲《丧服经》，雷次宗、宗炳等，并执卷承旨。次宗后别著《义疏》，首称"雷氏"。宗炳因寄书嘲之曰："昔与足下，共于释和尚间，面受此义，今便题卷首称雷氏乎？"其化兼道俗，斯类非一。（《高僧传》卷六）

●然此题非毛公、马郑、王肃等题，相传云是雷次宗题，承用既久，未敢为异。又案周续之与雷次宗同受慧远法师《诗》义，而续之释题已如此，又恐非雷之题也。（陆德明《毛诗音义》）

●宗炳著《明佛论》、颜延之析《达性论》、周颙驳《夷夏论》、郑道子著《神不灭论》，皆禀远是正焉。（《佛祖历代通载》）

●陆澄《法论目录》，著录郑道子《与释慧远书论沙门袒服》。（《出三藏记集》）

●郑道子与远师书云：“夙兴之诚，日月而至。”（惠达《肇论疏》）

●昔远和尚澄业庐山，余往憩五旬，高洁贞厉，理学精妙，固远流也。其师安法师，灵德自奇。微遇比丘，并含清真。皆其相与素洽乎道，而后孤立于山，是以神明之化，邃于岩林。骤与余言于崖树涧壑之间，暧然乎有自言表而肃人者。凡若斯论，亦和尚据经之旨云尔。（宗炳《明佛论》）

●吾少婴羸患，为性好闲，故虽在童稚之年，已怀远迹之意。暨于弱冠，遂托业庐山。逮事释和尚，于时师友渊源，务训弘道。外慕等夷，内怀悱发，于是洗气神明，玩心坟典，勉志勤躬，夜以继日。爰有山水之好，悟言之欢，实足以通理辅性，成夫亹亹之业，乐以忘忧，不知朝日之晏矣。（雷次宗《与子侄书》）

●陶渊明闻远公议论，谓人曰：“令人颇发深省。”（《杜诗注》）

●远师结白莲社，以书招渊明。陶曰：“弟子嗜酒，若许饮，即往矣。”远许之，遂造焉。因勉令入社，陶攒眉而去。

（《庐阜杂记》）

●远法师居庐阜三十余年，影不出山，迹不入俗。送客过虎溪，虎辄鸣号。昔陶元亮，居栗里。山南陆修静，亦有道之士。远师尝送此二人，与语道合，不觉过之，因相与大笑。今世传《三笑图》。（周景式《庐山记》）

●灵运欲入社，远拒之曰："子发鬓而须美，面与身戾，非令终之相。请多行阴德，戒饬三年而后可。"灵运怒曰："学道在心，安以貌耶？"远笑而不答。（嵩仲灵《钞书记》）

●神运殿之后，有白莲池。昔谢灵运恃才傲物，少所推重。一见远公，肃然心服。乃即寺翻《涅槃经》，因凿池为台，植白莲池中，名其台曰"翻经台"，今白莲亭即其故地。（陈舜俞《庐山记》）

●聪明泉者，荆州殷仲堪之访远公也，相与谈《易》于林间。仲堪辩博，远公因指泉曰："君之辩，如此泉涌。"后世因号聪明泉。（同上）

●殷荆州曾问远公："《易》以何为体？"答曰："《易》以感为体。"殷曰："铜山西崩，灵钟东应，便是《易》耶？"远公笑而不答。（《世说新语·文学》）

●卢循，司空从事中郎谌之曾孙也。双眸冏彻，瞳子四转，善草隶、弈棋之艺。沙门慧远有鉴裁，见而谓之曰："君虽体涉风素，而志存不轨。"（《晋书·卢循传》）

●远法师作《念佛三昧咏》及序，刘公等皆和。捡《远法师集》，此但有《三昧咏序》，无《三昧咏》及和，收集不谨也。（元康《肇论疏》）

●《匡山集》亦二十卷，景福二年尝重写。明道中，为部使者刑部许申所借。今本十卷，寺僧抄补，用以讹舛。今《庐山略记》，并《游石门诗序》，刊石于寺，皆因集中本云。（陈舜俞《庐山记》）

●师有杂文二十卷，号《庐山集》。灵芝元照律师作序，板刊绍兴府库，识者敬焉。（宗晓《乐邦文类》）

●唱导者，盖以宣唱法理，开导众心也。昔佛法初传，于时齐集，只宣唱佛名，依文致礼。至中宵疲极，事资启悟，乃别请宿德，升座说法，或杂序因缘，或傍引譬喻。其后庐山释慧远，道业贞华，风才秀发。每至斋集，辄自升高座，躬为导首，先明三世因果，却辩一斋大意。后代传受，遂成永则。（《高僧传·唱导篇论》）

●晋、宋间有庐山慧远法师，化行浔阳。高士逸人，辐凑于东林，皆愿结香火。时雷次宗、宗炳、张诠、刘遗民、周续之等，共结白莲花社，立弥陀像，求愿往生安养国，谓之莲社。社之名始于此也。（赞宁《僧史略·结社法集》）

●弥陀教观，载于《大藏》，不为不多。然佛化东流，数百年间，世人殆无知者。晋慧远法师，居庐山之东林，神机独拔，为天下倡。凿池栽莲，建堂立誓，专崇净业，号为白莲社。当时名僧、巨儒，不期而自至。慧持、道生，释门之后彦。刘遗民、雷次宗，文士之豪杰。皆伏膺请教，而预其社焉。是故后世言净社者，必以东林为始。（元照《无量院造弥陀像记》）

●时教虽本佛说，然而弘时教者，必以天台为始祖。律藏虽本佛制，然而张律藏者，必以南山为始祖。禅宗虽本佛心，然而传佛心者，必以达磨为始祖。劝生净土，固出大觉慈尊，然而使此方之人知有念佛三昧者，应以远公法师为始祖焉。（宗晓《莲社始祖庐山远法师传》）

●晋以前，净土之旨，虽闻于震旦。而弘阐力行，俾家喻户晓，则自远师始。故万代而下，净业弟子推师为始祖，可谓释迦再说西方，弥陀现身东土者也。（莲池《往生集》）

## 记刘遗民禅观事

晋彭城侯刘遗民，撰《五时教》，著《九想诗》；豫章太守雷次宗，精心慕法，造栖灵寺；临淮令周续之，服道日新；新蔡侯毕颖之，心期净域；南阳长宗炳之，加事恳苦。右五贤，谢职遗荣，策名神府，从远师游憩。意志隐沦，等布一心，俱履幽极。藉芙蓉于中流，荫琼柯以咏言。飘云气于八极，泛香风于百年。体忘安以弥穆，心超乐以自然。（《辩正论》卷三）

刘遗民，彭城人，少为儒生，丧亲，至孝以闻。家贫，卜室庐山西林中，多病，不以妻子为心，绝迹往来，精思禅业。半年之中，见眉间相，渐见佛一眼，及发际二色，又见全身，谓是图画。见一道人奉明珠，因遂病瘥。出《宣验记》。（《辩正论》卷七）

## 东林寺碑

［唐］李　邕

古者将有圣贤，必应山岳。尼丘启于夫子，鹫岭保于释迦，衡阜之托思，天台之栖颉，岂徒然也！故知土不厚，则巨材不生；地不灵，则异人不降。阴骘潜运，玄符肇开，宿根果于福庭，大事萌于净土，其来尚矣。

东林寺者，晋太元九年，慧远法师之所建也。世居雁门楼烦，俗姓贾氏。童妙神悟，壮力精博。初涉华学，不读非圣之书。中留梵经，尤邃是田之说。尝就恒岳，觐止道安，如火遇薪，玉成于器，虽根种诸佛，而果得一时。狮子吼言，载闻顺喻。维摩诘答，更了空门。安住四依，修舍二法。和尚叹曰：“吾道行者，唯此人焉！”属朱序寻戈，缁徒逃海，道由兹岭，冥契宿诚，谓其徒曰：“是处崇胜，有足底居。”居地若无流泉，曷云法宇？大雄神庙，特异莲峰。结跏一心，开宗五力。以杖刺地，应时涌泉。既荷殊祥，因立精舍。坚持禁戒，弘演妙乘。浮囊毒流，木铎正教。首唱南部，转觉后人。以智慧力，断烦恼锁。由是真僧益广，妙供日崇。隘其本图，弘其别业。乃进自香谷，集坂安栖。即昙现之门生，邻慧永之阿若。相与撰平圃，逾层岩，在山之阳，居水之右。经其始而未究其末，有其所而未虞其劳。

当是时也，桓玄司人柄，干国钧，以福庄严，因憻檀施。书日力之费，尽土木之功。缭垣云连，厦屋天耸。如来之室，宛化出于林间。帝释之幢，忽飞来于空外。至若奥宇冬燠，高台夏清。玉水文阶而碧沙，瑶林藻庭而朱实。琉璃之地，月照灼而徘徊。栴檀之龛，吹芳芬而馝馞。相事毕集，微妙绝时。罗什致其澡瓶，巧穷双口。姚兴奉其雕像，工极五年。殷堪抠衣而每谈，卢循避席而累赞。道弘三界，何止八部宅心。声闻十方，足使诸天回首。观其育王赎罪，文殊降形。蹈海不沉，验于陶侃。迫火不爇，梦于僧珍。愿苟存诚，祈心通感。既多雨以出日，乍积阳以作霖。则有影图西来，舍利东化。或塔涌于地，或光属于天。谢客欣味而成文，刘斐诋诃而覃思。所以山亚五岳，江比四渎。地凭法而自高，物因词而益重。

洎梁有崇禅师者，传灯习明，安心乐行。指拳犹昔，薪尽如生。次有果、晊二法师，僧宝所钦，克和止观，法物为大，用继住持。上座昙杰、寺主道廉、都维那道真等，皆沐浴福河，栖止静业。诸结已尽，白黑双遣。众生可度，名色两忘。

綦盛名于旧人，启新意于今作。重建雅颂，远托鄙夫。代斵有惭，岂云伤手。握笔余勇，曷议齐贤。但相如好仁，慕蔺名而激节。伯喈闻义，读曹碑而羡能。倘青色于蓝，冰寒于水，非曰能也，固请学焉。其词曰：

灵山兆发，真僧感通。刺泉有力，呵神致功。
法曹外演，禅心内融。性除偏执，门开太空。
瞻礼云集，底居峰薄。越岭图胜，降平规博。
信臣檀施，护供兴作。大起重阶，广延阿阁。
严幢涌出，宝塔飞来。尊客月满，法宇天开。
化城改筑，道树移栽。松清梵乐，石蔽华台。
金容海游，法宇山荐。毒龙业消，渔子心变。
万里西传，一时东现。华戎异闻，穹厚惊盼。
远实法主，谢惟文伯。光颂累彰，德名增益。
助起江山，声流金石。一言可追，千载相激。
了性了义，或古或今。止持绍律，定慧通心。
睹物情至，怀远道深。敢凭净业，永纪禅林。

## 远公影堂碑

［唐］李 演

天之高哉，日星垂其曜。地之厚哉，山岳镇其维。禀两间之气，分五行之秀，而得预称于三才者，其为人道之最灵者乎！至若迈德宏域，融神慧境，焯迦维之绝照，挹甘露之玄津，并名岳而永崇，睎扶桑而不息，则慧远法师其人也。

法师，雁门楼烦人，贾氏，释道安之门人。英姿雅韵，清行素节，详诸旧碑，及张氏传，固以杳映前秀，铺铄令闻者矣。灰心土骸，而神机天发。金口木舌，而法音雷震。无取无舍，而律仪冰彻。不生不灭，而禅性晖如。抱德阳和，而浩类洗心。潜灵渊照，而远方翘首。修不共法，而恒轸大悲。熏般若智，而富诸梵行。故能诱纳众善，泠汰群疑。万流仰海而同归，一雨施物而咸润。诚所谓阿摩勒果，实从中生；分陀利花，性非外染之为义也。自晋氏太元九年，法师始飞锡南岭，宅胜东林。世更七代，年垂四百，流风遗泽逮于今，而人知怀仰。故虎溪为释氏龙门，庐阜即搢绅阙里也。

皇唐贞元十有一年，江州刺史冯翊严公士良，秉明德以分符，宣中和而述职，上赞缉熙之化，下临击壤之人，以无为为政，政克用乂。巡穑外野，指途中林，敷衽禅关，式瞻遗像。喟然叹曰："斯名也，寒暑不能易其芳。斯德也，江海无以臻其极。彼琐行纤节，尚崇植楹庑，正位居室。岂尊美若兹，而寓形在壁！"乃与寺之上首熙怡律师，图建胜宇，用昭真相。旌美树若，二谋同心。说徒勒工，成之匪石。绣甍云耸，睟容景彰。观至道者，存妙像于境中。味微言者，得玄珠于意表。岂只慧义慑英姿而雨汗，仲堪仰素风而心醉哉！故非夫远公之至德，不能译圣文，服秀民。非夫严公之彻识，不能立清祀，扬妙范。篆芳金石，敬赞二美。乃为之铭曰：

粹灵纯绝，实惟至人。含德摛曜，升阳发春。
道光海域，幽遁岳滨。六髦弃轂，八士辞巾。
缘徂物谢，迹留事往。百亿神游，恒沙化广。
昭昭遐一，泠泠末响。慧日凝晖，白云翘想。
旷哉明牧，仰味芳风。思觌遗像，求之列墉。
爰建栋宇，式是道宗。旌休垂美，地广山崇。

唐大中八年七月望日，陇西李演撰，三纲徒众立。

## 述匡山寺书

［隋］智者大师

江州匡山东林寺者，东晋雁门慧远法师之所创也。远是弥天释道安之高足，安是大和尚佛图澄之弟子。三德相承，如日月星，真佛法梁栋，皆不可思议人也。而远内闲半满，外善三玄，德布遐方，声高霄汉。初诣山足，依止一林，共耶舍禅师，头陀其下，若说若默，修西方观。末于林右建立伽蓝，因以为名东林之寺。远自创般若、佛影二台。谢灵运穿凿流池三所。梁孝元构造重阁，庄严寺宇，即日宛然。峰顶寺者，是齐慧景禅师，感山人延请，因栖其峰。次梁慧归，在后登蹑，方建伽蓝。峰有水泉，忽然枯涸，归烧香咒愿，清流盈满，天降甘露于泥洹日。是以先德名踪，垂芳不断。松霞清旷，触处萧条。公私往还，莫不归向。

自大化江左，贫道因至彼山，憩泊东林，时游峰顶，以岁为日，羡玩忘劳。然山下伽蓝，偏近驿道，行人去来，颇成混杂。今奉请为两寺檀越，庶藉影响，众得安心，礼诵虔诚，用酬洪泽。并乞勒彼所由，永禁公私停泊。沙门某敬白。

## 莲社始祖庐山远法师传

［宋］宗晓

时教虽本佛说，然而弘时教者，必以天台为始祖。律藏虽本佛制，然而张律藏者，必以南山为始祖。禅宗虽本佛心，然而传佛心者，必以达磨为始祖。劝生净土，固出大觉慈尊，然而使此方之人知有念佛三昧者，应以远公法师为始祖焉。

法师讳慧远，俗贾氏，雁门人。少游学，通经、史、《庄》、《老》。年二十余，问道道安法师。因听讲《般若经》，豁然开悟，乃曰："九流异议，皆糠秕耳。"因削染事之。至二十四，大晓经论，凡诸疑难，莫不条析。伪秦建元中，襄阳寇乱。因届寻阳，见庐峰清峻，意颇乐之。刺史桓伊，即创东林以居焉。自是三十年，影不出山，迹不入俗，每送客以虎溪为界。桓玄震主之威，相见不觉致敬。晋安帝自江陵还都，或劝师候覲。师称疾不前，帝复遣使问劳。时有刘遗民、雷次宗、宗昺，洎诸高僧，一十八人，并弃世遗荣，依远游止。远拉一百二十三人为莲社，令遗民著誓辞，于弥陀像前，建诚立誓，期生安养。谢灵运负才傲物，一与远接，肃然心服。为凿二池，引水栽白莲，求入社，师以心杂止之。陶渊明、范宁，累招入社，终不能致。故齐已诗云："元亮醉多难入社，谢公心乱入何妨。"

远于净土克勤于念，初十一年，澄心系想，三睹圣相，而远沉厚不言。后十九年七月晦日，于般若台，方从定起。见弥陀佛身，满虚空，圆光之中有诸化佛，观音、势至左右侍立。又见水流光明，分十四支，流注上下，演说苦空。佛告远曰："我以本愿力故，来安慰汝。汝后七日，当生我国。"又见佛陀耶舍、慧持、昙顺，在佛之侧，前揖远曰："师志在吾先，何来之迟！"既而乃与其徒曰："吾始居此，幸于净土三睹圣相。今复再见，吾往生决矣。"次日即寝疾，期七日而后行："汝徒当自勉，无以情虑拘也。"至期果令终，寿八十三，即义熙十二年丙辰八月六日也。遗嘱露尸林下，弟子奉葬西岭。谢灵运作铭，张野为序。唐大中二年，谥号"辨觉大师"。升元三年，改谥"正觉"。大宋兴国三年，追谥"圆悟大师"，坟为"凝寂之塔"。师有杂文二十卷，号《庐山集》。灵芝元照律师作序，板刊绍兴府库，识者敬焉。

（《乐邦文类》）

# 远祖师传

［明］莲池大师

晋慧远，雁门楼烦人，博综六经，尤善《庄》《老》。闻安法师讲《般若经》，豁然大悟，因剃染事之。太元六年过浔阳，见庐山闲旷，可以息心。遂感山神现梦，一夕雷雨，材木自至。刺史桓伊，乃为建殿，名曰“神运”。以慧永先住西林，故远所居号“东林”焉。

远住东林三十年，迹不入俗，克志西方。高僧、巨儒凡百四十人，共为净社。莲漏六时，禅诵不辍。澄心系想，三睹圣相，而沉厚不言。后十九年七月晦夕，于般若台，方从定起，见阿弥陀佛，身满虚空，圆光之中，无量化佛。观音、势至，左右侍立。又见水流光明，分十四支，洄注上下，演说妙法。佛言：“我以本愿力故，来安慰汝。汝七日后，当生我国。”又见佛陀耶舍、慧持、慧永、刘遗民，在佛之侧，揖曰：“师志在先，何来之晚耶！”既知时至，谓门人曰：“吾始居此，三睹圣相。今复再见，当生净土必矣。”至期，端坐入寂。时义熙十二年八月六日也。

赞曰：晋以前，净土之旨虽闻于震旦，而弘阐力行，俾家喻户晓，则自远师始。故万代而下，净业弟子推师为始祖，可谓释迦再说西方、弥陀现身东土者也，厥功顾不伟欤！予昔游庐山，酌虎溪之泉，瞻三笑之堂，徘徊十八贤之遗迹。见其规模弘远，足称万僧之居。而殿阁尘埃，钟鼓阒寂，寥寥然户异其扃，室殊其爨矣。哲人云亡，芳躅无继。嗟夫！

（《往生集》）

## 莲社始祖慧远法师赞

［明］蕅益大师

莲社始祖慧远法师，俗姓贾，雁门楼烦人。幼好学，博综六经，尤善《庄》《老》。二十一岁，师事道安。二十四，大善讲贯。晋孝武太元六年，至庐山，梦神告以毋他往。夕大雷电，林壑洞开，素砂布地，梗、楠、文梓，充布地上。九江刺史桓伊，为建东林寺，殿名神运。尝谓："诸种三昧，其名甚众。功高易进，念佛为先。"结社者有十八高贤，及一百二十三众，皆登安养。时江东经卷未备，禅法无闻，律学多缺，师令弟子越葱岭远求得之。著《法性论》，创明"涅槃常住"之理，什师叹其暗与理合。安帝时，桓玄令沙门拜王。师致书谏止，著《沙门不敬王者论》。师居山三十年，专修净业，三见佛，不言。义熙十二年七月晦日，佛来迎云："七日后，当生我国。"至八月六日，耆宿请以豉酒治病。师曰："律无通文。"又请饮米汁，师曰："日过中矣。"又请饮蜜水，乃披律寻文，卷未半，坐逝。寿八十三。赞曰：

念佛三昧宝，圆顿法中王，
挺生神圣士，勇猛独承当。
香象截流度，捣丸集众香，
大德矜细行，禅律咸舒光。
法性悟常住，僧仪超帝皇，
才识迈前哲，密证不自彰。
文成印乃坏，怡然返故乡，
高风千古在，归命附慈航。

（《灵峰宗论》卷九）

## 晋初祖庐山东林慧远大师赞

［民国］印光法师

以特别法，永为世范。意旨暗合于《行愿》，中外流通遍。普令庸彦，大事即生办。

肇启莲宗福震旦，畅佛本怀垂方便。圆音一阐士归庐，大法将弘神运殿。一切法门从此流，一切行门从此办。致令各宗尽朝宗，万川赴海依《行愿》。

（《文钞续编》）

## 远公大师像赞

[民国] 印光法师

缅维远公，乘愿再来。创立莲宗，畅佛本怀。
俾诸凡夫，忆念佛名。仗佛慈力，带业往生。
已断惑者，即证无生。证无生者，速圆佛乘。
以果地觉，为因地心。感应道交，利益甚深。
未见《涅槃》，即宣常住。未见《行愿》，普导西去。
其所立法，暗与经合。护法菩萨，表自大觉。
罗什举经，深加赞叹。西僧景仰，心香辄献。
千余年来，不闻圆音。幸有遗教，尚可遵循。
伏愿我公，乂复示生。普引群伦，同登五清。
印公遗文，模公道貌。庶几来哲，是则是效。

(《文钞续编》)

庐山慧远大师文集

# 附录 庐山记

# 庐山记

[宋] 陈舜俞撰

【校勘说明】《庐山记》五卷，宋代陈舜俞撰。陈舜俞，字令举，乌程人，自号“白牛居士”。宋庆历六年进士，嘉祐四年又中制科第一，官至都官员外郎。熙宁中，任山阴县令，以不奉行青苗法，谪南康监税，事见《宋史》。谪官期间，与好友刘涣尽游庐山南北之胜迹，在实地考察基础上，结合史传、碑记等，撰成此书。原书后经佚失，至清代仅存前三篇，并后人所辑慧远《庐山略记》（一名《庐山记略》）一卷，收于清代《四库全书》及《守山阁丛书》。故《四书提要》云：“北宋地志，传世者稀。此书考据精核，尤非后来《庐山纪胜》诸书所及。虽经残阙，犹可宝贵，故特录而存之。”所幸尚有全本流存于日本，尤以内阁文库藏宋刻本校刻精良，保存完整，允为善本。此次校勘，即以日本内阁文库藏本为底本（以下简称宋本），以东方学会罗振玉重刊日本元禄十年刻本（以下简称元禄本）、《大正藏》本，及清代《四库全书》本、《丛书集成初编》所收《守山阁丛书》本参校，并参考相关文献史籍，以正讹舛。

# 庐山记序

余昔者读书山中，爱其泉石塔庙之盛，而恨《图志》之不详，遗古略近，或出于愚夫野老之语，言鄙辞赘，可取者无几，将讨论删次之，未遑暇也。后二十年，雠书秘阁，得《庐山记》，欣然以喜，以为夙愿获遂，而考其所载，疏略尤甚。熙宁五年，嘉禾陈令举舜俞谪官山前，酷嗜游览，以六十日之力，尽南北高深之胜。昼行山间，援毫折简，旁钞四诘，小大弗择。夜则发书考之，至可传而后已。其高下广狭，山石水泉，与夫浮屠、老子之宫庙，逸人达士之居舍，废兴衰盛，碑刻诗什，莫不毕载。而又作俯视之图，纪寻山先后之次，泓泉块石，无使遗者。成书凡五卷。后三年，余守吴兴，令举扁舟相过，以余山前之人也，出稿见授，请镂诸板，藏之山间。会余蒙恩移济南，遽与之别。令举寻复物故。余益以事役，奔走四方，思一旋归，茫不可得。辄序其撰述之勤，贻好事君子，庶几成令举之志云。朝散郎充秘阁校理李常序。

予雅爱庐山之胜，弃官归南，遂得居于山之阳。游览既久，遇景亦多，或赋或录，杂为一编，将欲次之而未暇也。熙宁中，会陈令举以言事斥于是邦，山林之嗜既同，相与乘黄犊往来山间。岁月之积，遂得穷探极观，无所不究。令举乃采予所录，及古今之所纪，耆旧之所传，与夫耳目之所经见，类而次之，以为记，其详盖足以传后。予材不可以应时，宜退老于林野。令举以制策擢上第，名声赫赫惊世，仕不二十岁，乃废于筦库，而与予共见于此记，甚可惜也。然推古以较今，岂特一令举为可惜哉！江西刘涣序。

# 庐山记卷第一

尚书屯田员外郎嘉禾陈舜俞令举撰

## 总叙山篇第一

案太史公曰："余南登庐山，观禹九江。"

前汉《郊祀志》云："元封中，武帝浮江，自寻阳出枞阳，过彭蠡，礼其名山大川。"

桑钦《水经》云："庐江出三天子都，北过彭泽县。"

释慧远《庐山略记》曰："山在江州寻阳南，南滨宫亭，北对九江。九江之南江为小江，山去小江三十余里，左挟彭泽，右傍通川，引三江之流而据其会。《山海经》云：'庐江出三天子都，入江彭泽西。一曰天子鄣。[①]'故旧语以所滨为彭蠡。有匡俗[②]先生者，出自殷周之际，遁世隐时，潜居其

① "入江彭泽西"五字，宋本、元禄本、《大正藏》本均无，四库全书本作"彭泽西入江"，丛书集成本作"引彭泽西入江"。又"鄣"，以上各本均作"障"。今据《山海经》订正。

② "匡俗"，元禄本、四库全书本、丛书集成本作"匡裕"，今从宋本。以下凡名"俗"皆同此，不再标出。

下。或云：俗受道于仙人，共游此山，遂托室崖岫[①]，即岩成馆。故时人谓其所止为神仙之庐，因以名山焉。其山大岭凡有七重，圆基周回垂五百里，风云之所摅，江湖之所带，高崖仄[②]宇，峭壁万寻，幽岫穷岩，人兽两绝。天将雨，则有白气先抟，而瓔珞于岭下，及至，触石吐云，则倏忽而集。或大风振崖，逸响动谷，群籁竞奏，奇声骇人。此其变化不可测者矣。众岭中第三岭极高峻，人迹之所罕经也。昔太史公东游，登其峰而遐观，南眺三湖，北望九江，东西肆目，若陟天庭焉。其岭下半里许，有重巘，上有悬崖，傍有石室，即古仙之所居也。其后有岩，汉董奉馆于岩下，常为人治病，法多奇神，绝于俗医。病愈者令栽杏五株，数年之中，蔚然成林。计奉在民间二百年，容状常如三十时。俄而升举，遂绝迹于杏林。其北岭西崖，常有悬流遥霔，激势相趣，百余仞中，云气映天，望之若山在霄雾焉。其南岭临宫亭湖，下有神庙，即以宫亭为号。安侯世高所感化，事在《安侯传》[③]。七岭同会于东，共成峰崿，其崖穷绝，莫有升之者。有野夫见人着沙门服，凌虚直上，既至，则回身踞鞍，良久乃与云气俱灭，此似得道者。当时能文之士，咸为之异。又所止多奇，触象有异。

---

① 宋本、元禄本、《大正藏》本作“遂托空崖”，今从四库全书本。

② “仄”，宋本、元禄本、《大正藏》本作“反”，今从四库全书本。

③ 宋本、元禄本、《大正藏》本作“事在叙山北篇”，今依四库全书本改。

北背重阜，前带双流。所背之山，左有龙形，而石塔基焉。下有甘泉涌出，冷暖与寒暑相变，盈减经水旱而不异。寻其源，似出于龙首也。南对高岑，上有奇木，独绝于林表数十丈。其下似一层佛浮图，白鹤之所翔，玄云之所入也。东南有香炉山，孤峰秀起。游气笼其上，则氛氲若香烟。白云映其外，则昺然与众山殊别。天将雨，其下水气涌起如车马，盖此即龙井之所吐。其左有翠林，青雀、白猿之所憩，玄鸟之所蛰。西有石门，其前似双阙，壁立千余仞，而瀑布流焉。其中鸟兽草木之美，灵药方物之奇，焉可得胜名哉！略举其异耳。”刘昭注《续汉志》，郦道元注《水经》，并用慧远语。

又《豫章旧志》云：“匡俗，字君平，夏禹之苗裔也。或曰字君孝。父东野王，与吴芮佐汉定天下而亡。汉封俗于郦阳，曰越庐君。俗兄弟七人，皆好道术，遂寓情[1]于洞庭之山，故谓之庐山。”

张僧鉴《寻阳记》云：“山东南有三宫，所谓三天子都也。庐宫，溪水出焉。上宫，人所不至，有三石梁，长十余丈，阔才盈尺[2]，其下无底。其中宫在别岩，悉是文石。两边有小圆峰奇特，号为右障峰，石形若羊马，夹道相对。下宫，彭蠡湖际，宫亭庙旧所也。山高二千三百六十丈，周回

① “情”，宋本、元禄本、《大正藏》本作“精”，今从四库全书本。

② “尺”，宋本、元禄本、《大正藏》本作“赤”，又下“丈尺”亦作“丈赤”，今从四库全书本。

二百五十里[①]。其山九叠，川亦九派。”

《郡国志》曰：“庐山叠障九层，崇岩万仞，怀灵抱异，包诸仙迹。”

《寻阳记》又云：“秦始皇十七年，东登庐山，以望九江。至上霄峰，以与霄汉相接，因命之。峰后有刻石，云是夏禹所刻，丈尺里数文字不可辨。”

伏滔《游山序》曰：“庐山者，江阳之名岳。其大形也，背岷流，面彭蠡，蟠根所据，亘数百里。重岭桀嶂，仰插云日，俯瞰川湖之流焉。”

王彪之《山赋叙》曰：“庐山，彭泽之山也。虽非五岳之数，穹隆嵯峨，实峻极之名山也。”

孙放《山赋》曰：“寻阳南有庐山，九江之镇也。临彭蠡之泽，接平敞之原。”

张野《庐山记》曰：“天将雨，则有白云，或冠峰岩，或亘中岭，俗谓之山带，不出三日必雨。每雨，其下成潦，而上犹皎日。峰头有大盘石，可坐数百人。”

以上皆述此山也。

宋支昙谛赋[②]云：“昔[③]哉壮丽，峻极氤氲。包灵奇以藏

---

① 四库全书本、丛书集成本作“圆基周回垂五百里”。

② 《艺文类聚》卷七作“庐山赋”。

③ “昔”，四库全书本、丛书集成本作“惜”，另有本作“唶”。

器，蕴绝峰乎青云。景澄则岩岫开镜，风生则芳林流芬。岭奇故神明鳞萃，路绝故人迹自分。严清升山于玄崖，世高垂化于郏亭。应真凌云以踞峰，眇忽翳景而入冥。咸豫闻其清尘，妙无得之称名也。若其南面巍崛，北背岧嵉[1]，悬溜分流以飞湍，七岭重嵲而叠势。映以竹柏，蔚以柽松，萦以三湖，带以九江。嗟四物之萧森，爽独秀于玄冬。美二流之潺湲，津百川之所冲。峭门百寻，峻阙千仞。香炉吐云以像烟，甘泉涌溜[2]而先润。”

梁元帝序[3]曰：“夫日月丽天，皇穹所以贞观。川岳带地，后土所以惟宁。庐山者，亦南国之德镇。虽林石异势，而云霞共色。长风夜作，则万流俱响。晨鼯晓吟，则百岭齐应。东瞻洪井，识曳帛之在兹。西望石梁，见指宝之可拾。诚复慕类易悲，山中难久。攀萝结桂，多见淹流。”

其余古今赋咏，不可备载，实天下之名山也。

江州在山北二十里，本在大江之北，寻水之阳，因名寻阳。今蕲州之兰城，即其故址。咸和九年，刺史温峤始自江北移于湓城之南。义熙元年，刺史郭昶移居江夏。八年，孟怀玉

① “岧嵉”，高耸貌。宋本、元禄本作“苕蒂”，《大正藏》本误作“芳蒂”，今从四库全书本。

② “甘泉涌溜”，四库全书本、丛书集成本作“甘原通窟”。

③ 《艺文类聚》卷七作“庐山碑序”。

还治寻阳。太清二年，萧大心因侯景之乱，欲依险固，乃移于湓口城，仍号怀玉旧城为故州。

张僧鉴《寻阳记》云：湓口城，灌婴所筑。汉建平中，孙权经北城，命凿井。适中古甃得石函，铭曰："汉六年，颍阴侯开。卜云：三百年当塞，后不百年，当为应运者所开。"权欣然以为己瑞。井极深，湓江有风浪，井水辄动，邦人因号浪井[①]。故李白《下寻阳城泛彭蠡诗》云："浪动灌婴井，寻阳江上风。"今井在衙城内之西圃。

城上有北楼，下临湓江，凭高眺远，为一郡之胜。陈散骑常侍张正见《湓城诗》云："匡山暖远壑，灌垒属中流。城花飞照水，江月上明楼。"案《晋书·庾亮传》云：亮在武昌，诸佐吏殷浩之徒，乘秋夜共登南楼，俄不觉亮至，人将避之。亮曰："诸君少住，老子于此处，兴复不浅。"便据胡床，与浩等谈咏竟坐。则事在武昌之南楼也。后人以亮尝为江州刺史，因名此曰庾楼，实非当时秋夜所登之遗址也。

是郡前世或号九江，或号寻阳。唐衰，杨氏、李氏代有其地，升为奉化军节度。皇朝开宝四年，平江南，降为军州事。太平兴国三年，升星子镇为县，仍隶焉。七年，割星子与建昌、都昌三县，置南康军。于是山南属南康，山北属江州矣。

① 四库全书本、丛书集成本作"邦人号应浪井"。

# 叙山北篇第二

由江州之南出德化门，五里，至延寿院，旧名罗汉坛。过延寿院五里，至石塘桥，有濂溪，周郎中之隐居。周名惇颐，字茂叔，道州人，仕宦有才略。早慕高名，乐庐山之胜，因家寻阳，创别墅于附郭[①]，自名曰濂溪。

过濂溪，东入宝严禅院，十里。北至太一[②]观，亦十里。宝严旧曰双溪，景德三年赐今名。院当官道，吴乾贞二年，僧常真始基焉。常真，荆南人，姓田氏，人谓之“田道者”，勤身耕斸，以待四方游者。二林僧修睦，号楚湘，东西二林监寺，谈论大德官命废省庵舍，睦谓之曰：“今撤子所宇，则何归乎？”田曰：“本是林下人，却归林下去。”睦异其言，因加敬待，赠之诗曰：“入门空寂寂，真个出家儿。有行鬼不识，无心人谓痴。古岩寒柏对，流水落花随。欲别一何懒，相逢所恨迟。”由是历南唐，为山中之表宇。显德六年，元宗赐田，使给诸庵岩无田者，岁取其粮者二十六庵岩。

南抵吴章岭，五里。由岭下北行一里，道西有云庆庵，

① “附郭”，指城郭的近郊，四库全书本、丛书集成本作“负郭”，二词互通。

② “太一”，四库全书本、丛书集成本作“太乙”，二词互通。下皆同此。

旧名云镜。因流泉为池，多畜鲂鲤，岁已久，游泳甚狎。由云庆西一里，至宝积庵。松竹蒙密，白云亭在其上，北望湓江，盘石可坐数人，鸣泉过其下，此山北僧庵之最佳者。云庆、宝积，皆在宝严之南。由云庆还宝严，亦三里。

宝严之东十五里，有下龙泉院。太一观北，别有龙泉庵，故此以下别之。由龙泉十里，至尊胜庵。由尊胜庵八里，至白鹿台。由白鹿台十五里，至仁寿院。由仁寿院十里，至香积院。由香积院三十里，至长岭院。长岭者，彭蠡湖之别屿也。凡下龙泉，至香积，非在山间，然山人野客，穷览幽远，皆尝至焉，水声野色，有足佳者。香积之西二十里，有山南开先寺之场圃，曰大富庄。过大富，则游山之南矣。

宝严之西一里，至龙池庵，旧名冒峰。由冒峰五里，至庵岩庄。由庵岩庄一里，至禅智院，旧名净居，其后有绿野亭。由禅智五里，至大中祥符观，旧曰太一宫，祥符中赐今名。葛洪《神仙传》曰：董真人名奉，字君异，闽中侯官人，少有道术。交趾太守士燮，死已三日，奉以一丸药与服，以水含之，捧其头摇捎之，食顷开目动手，颜色渐复，半日能起坐，四日能语，遂复常。后居庐山，治人之疾，不取赀币，使愈者人植杏五株，数年郁茂成林。奉乃作仓廪，宣言："人买杏者，不须来报，但一器杏偿一器稻。"人有欺者，猛兽辄逐之。所积稻，复以施人。后上升，号碧虚上监。是观，即杏林之故地也。唐升元六年，徐知证作《真人庙记》，及有保大十二年记，今存焉。气象肃然，过者敬而不敢亵。沼泉游鱼，尤为蕃狎。或曰真人杏林在山南。张景诗云："桃花谩说武陵源，误杀刘郎不得仙。争似莲花峰下客，栽成红杏上青天。"今莲花峰在观后。

观之北五里，有龙泉庵。初，远法师至于庐山，爱此闲旷，欲结庵焉。地无流泉，师以杖刺地，应时泉涌，浸为溪流。既而寻阳岁旱，远师诵《龙王经》于池上，俄有龙起而上天，雨乃大足，故号龙泉。

龙泉之南十里，有妙智院，旧名行春亭。由妙智五里，至蛇冈。《高僧传》云：安世高，安息国王之太子，让国于季父而出家。汉魏间，行达邦亭湖。时湖神能分风上下，舟人敬惮，因与同旅三十余船，奉牲请福。神忽降祝曰："吾昔外国与子俱出家学道，而性多瞋恚，故堕神报。今见同学，悲欣不可胜言。"世高请神出形，神乃出大蟒头，不知尾之长短。世高向之胡语赞呗数番，蟒悲泪如雨，须臾还隐。庙有绢千匹，并杂宝物，世高为持去，豫章造东寺焉。后人于山西泽中，见一死蟒，头尾数里。今寻阳郡蛇村是也，故名其冈曰蛇冈。蛇冈之下五里，至太平观。

太一观之西南二里，又有国泰庵。其西，上有莲花峰，十里，峰顶有莲花庵。由国泰五里，至报恩庵。由报恩一里，至云际庵。由云际二里，至永清庵，亦名下莲花庵。永清之涧北，有牛道人隐居。由永清之西一里，至云溪庵，亦名莲花洞。自太一观至云溪，凡佛、老之居八，同在莲花峰下。

由云溪二里，亦至太平观，唐号九天使者真君庙。南唐升元元年，赐名通玄府。本朝兴国二年，赐今名。《录异记》云：唐开元十九年八月二十一日，玄宗梦神仙羽卫，千乘万骑，集于空中。有一人朱衣金冠，乘车而下，谒帝曰："我九天采访，巡绰[1]人间，欲于庐山西北置下宫。木石、基址素具，但须上力耳。"帝即遣中使诣山，西北有基址宛然。信宿，巨木数千段，自然而至。堂殿廊宇，随类致木，皆得足用。或云此木九江王所采，拟作宫殿，沉于湓浦，至是浮出。赭垩丹黄，凿庙北地得之，彩饰备足。既而建昌渡有灵官五百余人，若衣道士服者，皆言诣使者庙，因图像于壁。或曰明皇始以梦告左右，左右不信，俄有神降于庭，彩云乘足，仪仗侍卫甚伟，明皇命吴道子走笔写之。其所立像，即依仿焉。始置庙记，李泚撰，泚自称蕲州黄梅县东山衡门之下草茅臣，开元二十年岁次壬申正月乙巳朔二十五日己巳立。其略曰："敕置庙，使内供奉。将使者真图，建立祠庙，章醮行道。设醮使大弘道观法师张平公，使持节江州诸军事守江州刺史独孤祯，朝散大夫行长史杨楚玉，行司马皇甫楚玉，寻阳县令魏昌，同护修奉焉。"又有《使者祥验记》，开元二十年壬申三月八日辛亥，宣义郎行彭泽县尉潘观撰。述祥验之事五，略曰："江水

① "绰"，四库全书本、丛书集成本作"纠"。

泛溢，吹栰近山，计木才登，水复旧，一也。野竹散材，则连冈距谷，丹粉杂色，则穴出崖生，二也。谢土之夜，风云空潜，仙灯远照，三也。渡彭蠡湖谒庙者数百人，舟人所得，翊日皆纸钱，四也。骑从龙虎，刻削驭人，或土或木，入庙成列，忽有汗出其面者，五也。”其碑岁久讹缺，治平三年重立。复有《张灵官记》。灵官名怀，武蔡之裨将，尝有阴功及物，帝命为灵官。庙壁之像五百人，张其一人焉，事详本记。癸酉岁开宝六年上元日，御史大夫徐铉撰，右内史舍人集贤学士徐锴书。辞多不载。

观门之左有刘越石。至道中，郡守考功员外郎孙迈，始立碣置祠焉。昔匡俗庐于山，有少年屡诣之，自通曰姓刘名越，家在前山之左，邀俗过之。且曰："至山下，有石高二尺许，即予居，可叩之。"俗后如约而往，至山下，四顾无居室，果唯一石。乃叩之，石为之开，因遇神仙洞府之事。慧远记云"俗受道于仙人"者，盖谓此也。观旁有仙乡亭，下视楼观，俨若洞府，游者皆登焉。

太平观之西南五里，有清泰庵。由清泰一里，至广泽院，旧名龙潭。三龙潭在院之东南之山上五里，若岁旱，郡县必祷焉。

由广泽下山，至太平兴国寺，七里。寺前之水曰清溪，溪上有清溪亭。寺晋武帝太元九年置，旧名东林。唐会昌三年废，大中三年复。皇朝兴国二年，赐今名。法师讳慧远，俗姓贯，雁门楼烦人，师道安于恒山，为安高弟。始住荆州上明寺，后欲之罗浮，道由庐山，居龙泉精舍，去东林十五里而远。既而学侣寝众，同时慧永禅师已居香谷山，请结邻好，刺史桓伊亦所钦仰，乃置寺焉。事具寺碑。开元十九年七月十五日前陈州刺史李邕撰并书，会昌三年僧云皋始刻石焉。时裴休为江南西道观察使，张又新为江州刺史，实助成之。裴题其篇末云："览北海词翰，想见风采。"张亦作记于碑阴。大中十年四月十三日，沙门玄观请河东裴光远篆额。光远，国子监太学博士。

初，远师之欲徙香谷也，山神告梦曰："此处幽静，足以栖神。"忽于后夜，雷雨震击。明旦视之，惟素沙匝地，兼有梗楠文梓良木。既作殿，故名"神运"。牛僧孺太和四年自武昌还朝过之，为书其榜"神运之殿"四字。又有木数尺，南唐元宗题曰"神运木"，今并存焉。会昌中，寺与林木，并系户部毁卖。大中兴复，刺史崔黯为捐私钱以倡施者，搢绅从者数百人，姓名爵里今刊于石。仍藏当时之疏，亦崔之词也。崔又作《复寺碑》，左散骑常侍柳公权书。

流泉匝寺，下入虎溪。昔远师送客过此，虎辄号鸣，故名焉。时陶元亮居栗里，山南陆修静亦有道之士，远师尝送此二人，与语道合，不觉过之，因相与大笑。今世传《三笑图》，盖起于此。

神运殿之后，有白莲池。昔谢灵运恃才傲物，少所推重。

一见远公，肃然心服。乃即寺翻《涅槃经》，因凿池为台，植白莲池中，名其台曰“翻经台”，今白莲亭即其故地。远公与慧永、慧持、昙顺、昙恒、竺道生、慧睿、道敬、道昺、昙诜，白衣张野、宗炳、刘遗民、张诠、周续之、雷次宗，梵僧佛驮耶舍、佛驮跋陀罗[①]，十八人者，同修净土之法，因号白莲社十八贤。有传附篇末。

池上昔有文殊瑞像阁，今像亡阁废，有文殊殿。瑞像者，晋陶侃初为广州刺史，海滨渔人常见夜有光艳，遂网之，得金文殊菩萨之像，旁有志记云阿育王所铸。后商人于东海亦获圆光，持以就像，若弥缝焉。侃以送武昌寒溪寺。主者僧珍，尝往夏口，梦寺火，而像屋独有神物围绕。珍驰还寺，果已焚，惟像、屋并存。侃移督江州，以像神灵，使人迎以自随，复为风涛所溺。时荆楚为之谣曰：“陶惟剑雄，像以神标。云翔泥宿，邈何遥遥。可以诚致，难以力招。”至远公创寺，乃祷于水上，其像复出。始迎置神运殿，后造重阁，以奉香火。故李邕寺记云：“育王赎罪，文殊降形。蹈海不沉，验[②]于陶侃。迫火不爇，梦于僧珍。”盖谓此也。至会昌毁寺，二僧负像，藏之锦绣谷之峰顶。其后寺复，访之藏处不获，二僧相疑或匿

① “佛驮跋陀罗”，原本脱，今据《十八贤传》补。

② “验”，宋本作“骇”，元禄本、《大正藏》本、四库全书本、丛书集成本均作“驱”，今依《全唐文·卷二六四·东林寺碑》订正。

之，俄见圆光瑞色，现于空里[①]。故至今游人至峰顶佛手岩、天池，有见光相者。

寺有晋辇，备虬龙之饰，旧号“桓帝辇”。故贯休诗云：“桓玄旧辇残云湿，耶舍孤坟落照迟。”今人题咏谓“安帝辇”。按晋大亨二年，桓玄篡位，废帝为平固王，迁于寻阳。及义师之起，玄亦奔寻阳，旌旗舆服犹备帝者之仪。于是迫平固西上，奔窜之际，因留辇东林。旧称桓辇，盖有由也。桓、安音相近，后人不察而改之耳。

经藏院在寺东庑。经之跋尾有曰贞元十三年写者。《经藏碑》，元和七年岁次壬辰九月丙辰朔十五日庚午，朝请郎、试太常寺协律郎李肇撰。略曰：“元和四年，云门僧灵澈，流窜而归，栖泊此山。将去，言于江南西道观察使武阳公韦公丹。韦之夫人兰陵箫氏卒，尝有服珥之资，买田荆州，收其租入，以奉檀施。至是取之，益以己俸，即洪州抄誊而致之。仍建堂殿，又命浮槎寺僧义彤，以主秘藏。”会昌之厄，僧道深窃藏之石室。后寺复而经出，然亡失者过半，僧正言稍补之。大中十二年，武阳之子宙，复世廉察，因施钱再作堂宇，仍志其事。故有韦丹、韦宙写真。咸通八年，刺史苗绅有《二韦写真赞》。绅，宙之外孙也。又有一人，物色题曰“纪王”。寺

① “里”，四库全书本、丛书集成本作“表”。

僧曰：其旁旧有具衔“江州刺史德化王杨澈”也。文字剥落，不识者因粉饰而漫灭之。今寺有下平林口田，皆其所施。故寺僧写真，列于二韦之间，以示追奉。案《唐史》，澈未尝封纪王。天祐十五年，徐知训在杨州为朱瑾所杀，保大年间追封纪王，则其事迹无接于二林者，盖后人妄加之耳。

白公草堂，在寺之东北隅。元和十年，公自太子赞善大夫，以言事忤执政，出为州司马。明年，作草堂于香炉峰北，遗爱寺南，往来游处焉。公作记，见于本集。后与遗爱寺并废。久之，好事者慕公风迹，以东林寺北蓝墙之外作堂焉。五代衰乱，复为兵火野烧之所毁。至道中，郡守孙考功追建[①]之，然皆非元和故基也。昔公之游东林也，睹经藏中有远公、诸文士倡和集，时诸长老亦请公文集同藏之。至太和九年，为太子宾客，始以文集六十卷归之。会昌中致仕，复送后集十卷，及香山居士之像。广明中，与远公《匡山集》，并为淮南高骈所取[②]。吴太和六年，德化王澈尝抄誊以补其缺，复亡失。今所藏，实景德四年诏史馆书校而赐者。《匡山集》亦二十卷，景福二年尝重写。明道中，为部使者刑部许申所借。今本十卷，寺僧抄补，用以讹舛。今《庐山略记》，并《游石门诗序》，刊石于寺，皆因集中本云。

---

① “建”，宋本脱，今依元禄本、《大正藏》本补。四库全书本、丛书集成本作“构”。

② “取”，四库全书本、丛书集成本作“毁”。

过草堂，半山有二泉出石间，名曰双玉涧。次有上方舍利塔，佛驮跋陀罗禅师之所立也。梵语“跋陀罗”，汉言“觉贤”，迦维罗卫国甘露饭王之苗裔也。年十七，鸠摩罗利度之，与同学习[①]业，众皆一月，贤一日览焉。其师叹曰：“贤一夫，敌三十人。”入长安，与鸠摩罗什剖析玄旨，什为之屈。至庐山，与远公同社。先持释迦舍利三粒自随，因葬山顶，表以浮图。后宋孝武帝召赴道场寺，译《华严经》。唐开元十四年，库部郎中、中书舍人、江州刺史李讷，作禅师记，讷亦自称“兀兀禅师”。金紫光禄大夫、同州刺史、上柱国、范阳县开国男张廷珪书，开元十七年岁在己巳七月己丑朔十五日癸卯建。其旁刻颜鲁公题名百六十字。

上方之北，有虎跑泉。昔远公与社贤，每游此峰顶，患去水甚远。他日，虎辄跑石出泉。次五杉阁，五杉乔茂合抱，瞰以危阁。南唐西山僧应之，尝结庵于五杉之间，保大中，为元宗所遇。作《五杉集》行于世，桑门备用之书也。今子孙在东林，犹藏其手泽。其西石磴凡三百级。由上方而下，过滴翠亭，复三休而至聪明泉。聪明泉者，荆州殷仲堪之访远公也，相与谈《易》于林间。仲堪辩博，远公因指泉曰：“君之辩，如此泉涌。”后世因号聪明泉。唐李卫公《匡庐赋》云：“讲

① “习”，宋本、《大正藏》本作“集”，元禄本脱，今从四库全书本。

精义于松间。”注云：“东林寺有松数株尚存。”今泉上有屋而无松，盖其故地云。

次有佛影台，远公《匡山集》云：“佛影在西方那伽阿罗国南，古仙人石室中。以晋义熙八年[①]岁在壬子五月一日，因罽宾禅师，南国律学道士，共立此台，拟像本山，因迹以寄诚。虽成由人匠，而功无所加。至于岁在星纪赤奋若，贞于太阴之墟，九月三日，乃详验别记，铭之于石。”孟江州怀玉、王别驾乔之、张常侍野、殷晋安隐、毛黄门修之、宗隐士炳、孟散骑、孟司马（二人名阙）、殷主簿蔚、范孝廉悦之、王参军穆夜等，咸赋铭赞。远公《佛影铭》五首，载《高僧传》。刘遗民亦赞曰：“云图表晖，影侔神造。功出理谐，事非人运。”李邕记云：“影图西来，舍利东化。或塔踊于地，或光属于天。”影图者，佛影也。舍利，谓跋陀罗所藏者也。此台，寺僧追建焉。

是寺也，最为庐山之古刹。自唐开元、元和以来，迄于保大、显德间，文士碑志，游人歌咏题名，班班有存者，今著其目于后篇。远公，大中六年谥“辩觉法师”，裴休书其榜。观音殿东壁，有大中十一年宛陵洪锴摹张僧繇画维摩居士。其余壁画，亦大中、广明、咸通中所写，虽俗笔，亦近世画工所

① “义熙八年”，各本误作“义熙十八年”，今据《广弘明集》及史料订正。

不能及。“法华资圣院”牌，僧齐己书。又有明皇铜像、李通玄长者写真，皆前世故物。本朝之改寺名也，徐铉常侍亲篆“太平兴国之寺”六字，今皆藏焉。昔传寺有远公袈裟、竺道生麈尾扇、梁武帝钵囊。远公袈裟，即颜公所礼僧伽衣，今已腐朽。而有佛驮耶舍二尊者革舄，谢灵运翻经贝多叶五六片，余皆亡矣。李邕碑云：“罗什致其澡瓶，巧穷双口。姚泓奉其雕像，工极五年。”事亦具《高僧传》，年代浸远，宜无复存者。禅月贯休诗云：“卢楞伽画苔漫尽，殷仲堪碑雨滴穿。”贯休，天祐间人，距今一百五十余年，寺僧亦不知其仿佛矣。

甘露戒坛，在寺之东南隅。梁太清中，袭法师讲《金光明经》于林间，甘露浃木者三日，因于林间作戒坛焉。世传江南有三戒坛，此其一也。尝为僧房之菜畦，其僧梦有神，黄金介胄，扼其喉，责以秽坛埤事。僧惧，甃用砖石，存其遗址焉。

远公初谥“辩觉”，升元三年谥“正觉大师”，兴国三年谥“圆悟大师”，仍名其坟曰“凝寂之塔”。塔在二林之间，其旁二杉。一在高处，围二十七尺。一稍在下，围二十尺。远公以晋义熙十二年卒，葬此山，盖当时所植云。

乾明寺，在凝寂塔之西百余步，旧名西林，兴国中赐今额，晋慧永禅师之道场也。《西林道场碑》，隋太常博士渤海欧阳询撰，无书人姓名，然笔势清劲，世传即欧书也，大业十二年岁在丁丑十月戊寅朔十五日壬辰立。略曰：“先有昙现比丘，俗姓竺氏，本伪赵良将，以匡阜灵岩，萃止幽栖，及迁神，即化藉岩草间。有息慈慧永，河内繁氏，高足称首。异香入室，猛兽驯阶。绍隆主业，安禅结宇。晋光禄卿寻阳陶范，缔构伽蓝，命曰西林，是岁晋太和之二年也。梁天监三年僧恩律师，隋僧智锴法师，大业二年慧远[①]禅师，七年道昛[②]法师，并加增葺。”唐永泰元年，颜鲁公与法真律师跻重阁，观张僧繇画卢舍那佛，梁武帝蹙线绣钵袋，亦题于欧碑之首。重阁，大业二年所建。今三者皆亡。永师义熙十年示化，葬涧南香谷之口。兴国三年，亦谥“觉寂大师”，名其塔曰“实智之塔”。

寺后高处，有香谷亭。昔永公在西林，别立茅室于岭上，每欲禅思，即往居焉，室中尝有芬馥之气，因名香谷。后人作亭其上，号香谷亭，以存其故事。其下有水阁院，兴国中锡名隆教。唐贞元二年，齐朗律师之道场也。朗，长庆二年十月十六日示寂。有碑，唐人郑素卿撰，太和六年岁次壬子三月甲午朔六日己巳立。保大八年，南唐褒国孝定公徐景运重修。藏经亦公所施，皆有跋尾，藏之西壁。南唐人画须菩提，自称樵人王翰。是寺也，水石之美，前有德人，亦东林之亚也。庆历初，当途僧宗慧大师道真，建浮图七级于隆教院，

① “慧远”，《全唐文·卷一四六·西林寺碑》作“慧达”。

② “道昛”，元禄本、《大正藏》本、四库全书本、丛书集成本作“道睢”，《全唐文·卷一四六·西林寺碑》作“道生”。

据香谷之形胜。

寺前过通隐桥一里，至林口市，昔竺道生葬焉。盖前世之深林幽谷，承平岁久，辟为屋庐，以会商旅，坟域遂在喧阓之中。康定初，郡守田瑜俾寺僧改葬于凝寂之左。《九江录》云："通隐桥南，有金狮子峰，上有三兰若基，峰下有索谷塘。"今索谷塘犹存，余皆亡。通隐桥之西一里，有匡君庙。《寻阳记》云：昔汉武帝南巡，祠名山，问："庐君何神也？"博士对曰："昔匡俗得道于此。"乃赐号"大明公"。唐天宝元年，诏立祠焉。

西林之东五里，有黄土庵，其旁又有看经庵。由看经庵一里，至崇福庵。由崇福庵五里，至香城庵。香城之旁有观音庵，次有东庵。由东庵稍下一里，有广济庵。又半里，有圣僧岩。由圣僧岩二里，至石盆庵。西林之东南五里，至下化城[①]院。由下化城三里，至护国庵。由护国一里，亦至石盆庵。石盆在山上，非镵凿所成。盆中清泉，虽旱不竭。

石盆之上半里，至保兴庵。其旁半里，有大师庵。次上化城院，亦义熙中远公所立也。祥符中，锡名普照寺。本朝陈尚书恕，布衣时游焉。其子恭公秉政，请锡御书度僧。今有陈氏祠堂，有保大中移寺等三碣。好事者刻白乐天《游大林寺

① "化城"，宋本、元禄本、《大正藏》本各卷均作"化成"，今从四库全书本。下皆同。

诗》，并前后序，坎石于屋壁。凡游人在二林，望上化城，楼阁隐隐在云霭中，有若图画。自东林径去，犹半日之久。既至化城，其僧必讯客曰：“翌日上山，舆否？”盖过上化城，山路弥险，中间往往不可假肩舆矣。

直上十里，道中过鸡冠石，次四望石，次泻油石，次香炉峰。此峰山南、山北皆有其形，圆耸常出云气，故名以象形。李白诗云：“日照香炉生紫烟，遥看瀑布挂长川。”即谓在山南者也。孟浩然诗云：“挂席数千里，好山都未逢。舣舟浔阳郭，始见香炉峰。”即此峰也。东林寺正在其下。

过香炉峰，至峰顶院。院傍盘石极平广，下视空阔，无复障蔽。张野《山记》云：“峰顶有大石，可坐数百人。”盖谓此也。峰下有藏经岩，即会昌所以藏东林之经也。有南唐广道者庵基。峰顶之南十里，有香积庵。过香积，下视五老峰，望落星石，在水中如覆杯。直下山二十里，则山南栖贤之涧东万寿源也，路极险，人罕由之。予熙宁四年九月，与数道人饭于峰顶，由香积路策杖而下，其至栖贤，则日夕矣。

峰顶院之前，有辟蛇行者饮牛池。远公始居山，山多蛇虫。行者不知何许人，尝侍远公，善驱蛇，蛇为之尽去，故号“辟蛇行者”。常耕于峰顶，有辟蛇行者田，塍陇仿佛可辨，今无耕者。说者曰，盖山神云。故至今山虽高深，樵苏弋猎之人，不闻罹虫蛇之毒。山中人言，山有一虎，亦未尝伤人。深蹊土中，但时有行迹，人谓之游山虎。或为游山之客道此事，恐涉讥嫌，亦谓之巡山虎也。

由峰顶五里，至大林，今名宝林寺。梁天监二年，刺史萧纲所造。中废，唐初复兴，故有虞世南撰《复寺记》。古有平云庵、远法师果园、废寺基、辟蛇行者葬牛冢，皆在绝顶，而反平广延袤，不知其极。昔谢灵运《登绝顶望诸峤诗》云：“积峡忽复启，平途俄已闭。峦陇有合沓，往来无踪辙。昼夜蔽日月，冬夏共霜雪。”正此处也。

又白乐天《大林寺诗》云：“人间四月芳菲尽，山寺桃花始盛开。长恨春归无觅处，不知转入此中来。”且序其诗云：“余与河南元集虚、范阳张允中、南阳张深之、广平宋郁、安定梁必复[①]、范阳张持，东林寺沙门法演、智满、士坚、利辨、道深、道建、神照、云皋、寂然、息慈，凡十有七人，自遗爱草堂，历东西二林，抵化城，憩峰顶，登香炉峰，宿大林寺。大林穷远，人迹罕到。环寺多清流苍石，短松瘦竹。寺中唯板屋木器，其僧皆海东人。山高地深，时节绝晚，于时孟夏，如正二月天，梨桃始华，涧草犹短。人物风候，与平地聚落不同，初到恍然若别造一世界者。既而周览屋壁，见萧郎中存、魏郎中弘简、李补阙渤三人姓名文句。余与集虚辈叹，且曰：此实匡庐间第一境。由驿路至山门，曾无半日程，自萧、

① “复”字，原本无，今据《白居易集》、《唐文粹》补。又下“张持”，《白居易集》、《唐文粹》作“张特”。

魏、李，今垂二十年，寂而无继者，嗟乎名利之诱人也！”韩退之《题西林寺故萧郎中旧堂诗》云：“中郎有女能传业，伯道无儿可保家。偶到匡山曾住处，几行衰泪落烟霞。”注云：“公有女为尼，在江州。”今好事者榜其诗于西林。《韩集》中无萧郎中名，或疑是萧颖士，非也，颖士困踬不达，正所谓“萧郎中存”也。凡峰顶大林之景，白公道之备矣。予尝九月游二林，秋暑未可以却扇。明日至大林，流泉成凝冰矣。又尝三月游焉，桃梨飘零，牡丹微开，与白公所见者略同矣。

由宝林一里，至掷笔峰。其峰下临大壑，群峰巀嵲，不可名状。昔远公制《涅槃经疏》于此，疏成，故以名其峰。其间一峰名文殊台，即昔藏文殊像，遂亡之此山间矣。由掷笔峰一里，至佛手岩，以石为屋，可容百众。旁有流泉，因石为渠。岩上巨石，偃若指掌，故名佛手。南唐元宗时，有僧行因，住此岩三十年，制《华严别论》十卷，诏命不赴。

由佛手岩三里，至天池院，一名罗汉池。池在山顶，大旱不为之竭。张景诗曰：“若以山形比人骨，此池应合是泥洹[1]。”人以为的句也。其西有罗汉把针岩、四祖坐禅石、文殊亭。世传代州五台山文殊所居。人之至者，往往见兜罗绵云，五色圆光，光中或有菩萨及狮子诸相。此山传有文殊之像旧矣。近岁

① “泥洹”，丛书集成本作“泥丸”。

自皇祐、治平以来，人之所睹，不减五台。人之记其所见于此亭者多矣。

院南下山一里，有隆禅师塔。师名智隆，金州人，南唐保大中，追谥“证真禅师圆智之塔”。一名望仙台，又名定心石。凡此者皆可以下视，空阔万里。新罗岩在其下二里，岩石之间可庇风雨，亦有幽泉，可给烹濯。昔海东僧居焉，故谓新罗岩。其东二里，有十八贤台，平广可坐十余人。十八贤，谓自慧远法师以下十八人者。

由天池直下山十五里，同名锦绣谷。《旧录》云：谷中奇花异卉，不可殚述。三四月间，红紫匝地，如被锦绣，故以为名。今山间幽房小槛，往往种瑞香，太平观、东林寺为盛。其花紫而香烈，非群芳之比。始野生深林草莽中，山人闻其香，寻而得之，栽培数年则大茂。今移贸[①]几遍天下，盖出此山云。谷之水，其源出于谷中，曰锦绣源。水傍有双龙庵，次广福庵，次尊胜庵，次宝宁庵。宝宁之西，前有石门。其源出于石门间，东与锦绣谷之水合，西流五十里入湓水。由双龙至宝宁，四庵相望，皆不百步，同在两涧之间。灵运[②]《望石门诗》曰：“高峰隔半天，长崖断千里。鸡鸣青涧中，猿啸白云里。”远公记云：“西有石门，其前似双阙，壁立千

① “贸”，四库全书本、丛书集成本作“植”。

② 据《鲍参军集》、《艺文类聚》等，原诗作者应为鲍照。

余仞，而瀑布流焉。”又《山记》云：“始入林，渡双阙，谓则践其基。登涉十余里，乃出林表，百步许[1]，便得重崿。东望香炉，秀绝众形[2]。北眺九江，目流神览。过此转觉道隘而狭[3]，力进复数百步，方造颓岭。积石连阜，霜崿相乘。然后攀弱条，陟[4]峭径，足怠体疲，仅达孤松。其下有盘石，可坐十人。至松林尚有十四五里。既至，乃傍林际，憩龟岭，视四岭之内，犹观掌焉。未至松林，又有石悬溜其下，翛然使人目眩，斯瀑布之源，三流之始。其上有双石临虚，若将坠而未落。傍有盘崖[5]纡回，壁立千仞。翠林被崖，万籁齐响。遗音在岫，若绝而有闻。靖寻所由，似境穷其邃，器深其量故也。”以上并述石门之胜。

今自保宁庵，溯涧东行，过小山，俗名新妇岭，三里而近，有南北二石柱峰、铁船峰。悬瀑注其前，为龙潭。天将雨，云物未有不出焉。望其上，正十八贤台也。石柱峰下有庵基，近岁为涧水所坏，无居者。盖昔贤所游，取道于此，以登

① 宋本、《大正藏》本作“回步许”，今从元禄本。四库全书本、丛书集成本作“迴步少许”。

② “形”，宋本、元禄本、《大正藏》本作“流”，今从四库全书本、丛书集成本及《太平御览》所引。

③ “狭”，宋本、元禄本、《大正藏》本作“合”，今从四库全书本。

④ “陟”，宋本、元禄本、《大正藏》本及四库全书本均作“涉”，今从丛书集成本。

⑤ “崖”，宋本、元禄本、《大正藏》本及四库全书本均作“屋”，今从丛书集成本。

绝顶。今人过石柱峰无至者矣。

由保宁庵五里，至福海庵。由福海二里，至祥云庵。祥云，晋田晃书堂，今地名书堂源，前有香象冈。北名阿那冲，内有阿那寺基。旧传山间人时闻钟梵之声，寺隐不见。其旁半里，有罗汉岩。远公《山记》云：“有野夫见人着沙门服，凌虚直上，回身踞鞍，良久方与云气俱灭，此则得道者。”亦所谓阿那寺之类也。山深地灵，圣贤所宅，不为过矣。

祥云之上十里，上有云顶峰。峰顶有庵，同名云顶，亦庐山之一峰，特然而高者也。由祥云八里，至月轮庵。月轮之旁，有灵泉庵。由灵泉七里，至报国庵。由报国一里，东南出官道，过甘泉驿，又五里，至崇胜禅院，旧名观音圆通道场。始南唐乾德六年置，命东吴僧缘德居之，赐号道济禅师，卒，葬于圆通之东峰，今号广福院，去圆通二里。以圆通之壮观，甲于山北，不减山南之归宗，而土田上腴，岁入倍之。石渠流水二百五十余丈，水源有清音亭。然是寺也，独无古今一人题咏碑刻。凡乾德中所赐缘德手诏四道，宋齐丘书简八幅，晋王景遂书，百胜军节度使王崇文书，及道济所衣三事衲，并藏于广福。

广福以上，皆隶江州云。

# 庐山记卷第二

## 叙山南篇第三

由圆通二十里，至康王谷景德观，旧名康王观。入谷中，溯涧行五里，至龙泉院。又二十里，有水帘飞泉，被岩而下者二三十派，其高不可计，其广七十余尺。陆鸿渐《茶经》尝第其水为天下第一。旧传，楚康王为秦将王翦所窘，匿于谷中，因隐焉，故号康王谷。观之碑刻，皆言其然，考之非是也。楚康王昭，以《春秋》鲁襄公之二十八年卒，鲁、陈、郑、许之君，送葬于西门之外，诸侯之大夫皆至于墓。时楚方强，去王翦虏负刍灭楚者，凡三百二十六年，其间不容复有康王也。国亡而自匿于山谷，或康王之子孙，未可知也。旧观基在谷中，梁大同二年，道士张法施所建。隋开皇十年，道士丁玄真，能摄伏鬼神，迁铜马庙于谷内，而建今观焉。

康王观之西半里，有大明庵。由大明庵至毗卢庵、长兴庵，皆二里。康王观之南五里，又有乾寿庵。由乾寿二里，至仁王院。由仁王至净慧院七里。自康王观，由官道十五里，亦至净慧禅院。净慧，旧名黄龙灵汤院，有汤泉，四时沸腾，为丹黄之臭，须臾熟生物，病疮人浴之有愈者。黄龙山在灵汤之南，亦庐山之别峰也。其南十里，亦有清霞观。

灵汤之东二里，道傍有谢康乐经台。又三里，过栗里源，有陶令醉石。陶令，名潜，字元亮，或曰字渊明。义熙三年为彭泽令，曰："吾安能为五斗米，折腰于乡里小儿？"乃弃去。赋《归去来》，《晋书》、《南史》有传。所居栗里，两山间有大石，仰视悬瀑，平广可坐十余人。元亮自放以酒，故名醉石。

自栗里三里，至承天归宗禅院。晋咸康六年，宁远将军、江州刺史王羲之置，以处梵僧那连耶舍尊者，一名达摩多罗，故有右军墨池。至唐宝历初，僧智常居焉，始大兴禅刹。智常，大历中得法于江西道一禅师。道一姓马，僧史谓之马祖。智常之目重瞳，以毒药自按摩之，使目眦俱赤，世号"赤眼归宗"。江州刺史李勃，与常问答语，在《景德传灯录》。土木之盛，山南为冠。金轮峰、上霄峰，正居其后。左右盘礴，面势平远。昔人卜其基曰："是山有翔鸾展翼之势。"院东之水，故名鸾溪。溪上有桥。溪西石渠流泉二百余丈，因水为硙，瀹圃栽蔬。规摹[①]气象，皆有可观者。

金轮之峰左右有石镜，隐现无时，光润如鉴。熙宁五年

---

① "规摹"，四库全书本作"规模"，二词通用。

夏，有客游归宗，归谓予言："今日在寺门上，见金轮峰石镜。寺僧言，有居数年未之见者。"上霄峰杰然最高，即始皇登之，谓其与霄汉相接，因名焉。陈太仆卿刘删诗曰："秦始瞰宇宙，汉帝上旌旃。"盖谓此也。世传峰半如有石室，中有文字，云是夏禹所刻，其字大如掌，文皆隐起。外有石屏蔽之，自上悬缒方到。春夏泉流不可辨，秋冬方分明。昔有好事者往摹之，仅百余言。今人无复至者。

艑底池，亦在上霄峰后。《寻阳记》云：吴猛乘舟，龙负而行。猛戒舟人闭目，舟人闻曳触林木之声，惧而窃窥，龙遂委其船山顶。旧传故老真见山顶犹有败艑。栖贤之东，后有橹断源，亦因猛得名。岁月已久，莫可考验矣。《寻阳记》又云：山有三石梁，长数丈，广不盈尺，杳然无底。吴猛与弟子缘石梁而度，见金阙玉房，地皆五色，文石如翚卵。并有桂树，皆高丈余。轻风时度，闻钟磬之声。见一老人坐桂树下，玉杯盛甘露浆授猛。又逢数人，宛若旧识，仍设玉膏。猛弟子辄窃一宝器，欲来示世人。须臾云雾晦冥，梁化如指。猛令送还，乃手引诸徒，闭目而返。刘删诗故云："危梁耿大壑，瀑布曳中天。"李白诗亦云："金阙前开二峰长，银河倒挂三石梁。"神仙之事，固莫知其处也。

归宗之傍，西行百余步，有祥符观，旧名灵溪。《九江录》云：齐永明元年，道士宋文超，依庐山南麓而创焉。观记云：《玉笥山记》云：秦乱，名宦者十有三人，弃官学道，经于庐山。内武士三人，曰唐建威、李德殳、宋云刁，欲遂栖焉。余十人曰："不然。初志归于群玉洞府，岂可中道而废？"言讫，未行。一夕，雷电奄至，庵舍左右化成二溪，溪中盘石上有玉简天篆，曰："神化灵溪，金简标题。真人受旨，玉洞潜栖。"十人者莫知所终，三武士遂栖于溪侧。汉武帝时，赐名灵溪观。南唐齐王景达重修，功未就而薨，其贤顺妃实成其志。是碑也，文林郎试秘书省正字掌宫宅表奏宋涣奉命撰，开宝五年太岁壬申八月戊子朔六日树。故屋壁间有写真，题曰："守太师、尚书令、齐王、食邑一万户、实封三千户李景达[①]，谥昭孝，册封太弟。太岁癸酉二月丙戌二十四日己酉写。"

由灵溪一里，至香泉院。吴太和六年，僧惠珍置。次上塔，次下塔，皆百步相望。"香泉"云者，以流水过董奉之杏林故名。二塔即归宗之方坟也。由下塔五里，至隆教院，在般若峰顶，旧名般若台。隆教之傍有石门庵，次布水庵，次觉性庵，一名崔师台，皆不远百步。觉性之上百余步，有重岩庵。过重岩三里，至谢景先草堂。景先以医技游公卿之门，丞相韩魏公，及台阁名士，往往赠之诗，自云所居即杏林之故地。杏林在山北，事具太一观。

① 宋本、元禄本、《大正藏》本及四库全书本均作"李达"，今从丛书集成本。

由谢氏草堂三里，至灵栖院。一峰在其上百余步，卓然特立，亦名紫霄峰，峰顶有铁浮图九级。记云：刘瑗序云："周显德中，有祥光现于其地，人咸异之，阙下十二尺，得古记云：赤乌二年，有天竺沙门，以释迦佛舍利葬焉。"案《高僧传》，吴赤乌十年丁卯岁，沙门康僧会初至建邺。时吴国初见沙门，容服非常，有司奏应检察。权即召会，诘曰："佛有何灵？"会曰："如来迁迹，已越千年。遗骨舍利，神应无方。"权以为诞，谓曰："若得舍利，当为造塔。"乃洁净室，以铜瓶加几，礼请至三七日，忽闻瓶中锵然有声，果得舍利。举朝集观，五色照耀。权复以烈火试之不焚，击之入铁不碎。权大嗟伏，即为造塔。以始有佛宇故，号建初。则其前八年未有葬舍利者明矣。世俗苟欲张大其事，因失其实，多此类也。景德中，始易浮图以铁。皇祐二年重修。晋咸康中，梵僧耶舍卒，亦坟于灵栖。

灵栖之下八里，有三将军庙，去归宗一里，即谓秦武士唐建威以下三人者，乡人岁祠焉。由灵栖至重云庵四里，次万岁庵，次天宫庵，皆相去百步。由天宫至余峰庵一里。余峰之傍，上山二十里，至白云峰，上有洞穴，大石如床。洞中流泉，其地可耕，今无居者。山中行人望悬瀑直下数百尺，皆知其出于白云洞也。由余峰二里，至先天观，旧名崇善。梁大同二年，鄱阳太守杨友江置。保大初，女真杨保宗重修，锡名真风。有保大五年岁次丁未八月壬午朔二十八日己酉，朝议郎、尚书虞部员外郎、武骑尉、赐绯鱼袋韩熙载，奉敕撰记。略曰：“六宫之中，竞施服玩，珠珍彩绣，计逾千万。”碑阴刻当时嫔御姓氏十余人。其西北半里，有柳大卿，名宏，建阳人，官于江东，乐此真境，因作室焉。

由先天至太虚简寂观二里，宋陆先生之隐居也。先生名修静，吴兴东迁人。元嘉末，因市药京邑。文帝素钦其风，作停霞宝辇，使左仆射徐湛，宣旨留之。先生固辞，遂游江汉。后帝有太和之难，人咸异之。大明五年，始置馆庐山。泰始三年，明帝复加诏命，仍使刺史王景文敦劝。屡辞不获，乃至阙。设崇虚馆、通仙堂，以待之。仍会儒释之士，讲道于庄严佛寺。久之，永徽初，启求还山，不许。五年三月二日即化，肤色如生，清香不绝。后三日，庐山诸徒咸见先生霓旌纷然来止，须臾不知所在。先生之去也，常衣布囊，至是，布囊挂于岩树。今西涧一峰名布囊岩。赐谥“简寂先生”，始以故居为简寂观。唐太极元年二月七日，敕醮于观，有黑龙、群鹤之异。降诏褒异，仍付史馆，辞多不载。观在白云峰之下。其间一峰独出而秀卓者，曰紫霄峰。故张祜诗曰：“紫霄峰下草堂仙，千载空遗石磬悬。”其北又有屏风山，丹崖紫壁，萦绕盘礴，实山南之甲观。其前一里，有鸡笼山，高百余丈。峰傍有石，远望之若鸡，一青一赤。《寻阳记》曰：“鸡笼山下有涧水，常深一尺，泉涌如潮，晷刻不差，朔望尤大，其俗呼为潮泉。”今芜没无知者。观门之上有朝真阁，殿前有先生醮石，高六七尺，方广丈余，其向乾亥，亦名礼斗石。殿之后有《道藏》，石刻目录，列于四壁。藏中铜天尊像，耆旧云："是像也，本归宗寺之佛。会昌之毁寺也，为道士所得，寺虽复而不还。故其像衣沙门服，而加冠焉。"闻者哂之。次有先生石磬，其声清越。祠堂之西有白云楼。

观之在梁也，名简寂馆。司徒、右长史、太子仆射、建昌县开国侯、吴兴沈璇撰记，天监十四年十一月立。至唐宝应中，道士吴筠又作先生碑，上元二年岁次辛丑九月十三日建。二碑并保大中重立。是观也，颇存陈、隋至唐以来人题咏。西涧悬瀑，落于庑前。韦应物之为刺史也，游其下，故其诗卒章曰："旷岁怀兹赏，行春始重寻。聊将横吹笛，一写山水音。"其北别有瀑水，下与西涧合。白云楼坐见此二瀑。苦竹亘生于山谷，春笋初出，其味甘美。俗传庐山诗云："简寂观中甜苦笋，归宗寺里淡咸齑。"言皆珍快也。观门外，有先生炼丹井。次有连理树，其干合抱，其根盘罩于巨石之上。涧中有许坚晒衣石。坚，江南野人，有道术，亦善吟咏，卒于金陵逆旅，已而人有遇者，尝好浣衣曝此石上。

由简寂至栖隐观五里，古名栖隐洞，旧传梁昭明太子书堂也。保大中，道士谭紫霄来自闽中，赐号"金门羽客"，始立观于此。谭之在闽中，号"洞玄天师贞一先生"。栖隐之东五里，有古灵庵。由古灵至开先禅院十里。旧传梁昭明太子之居栖隐也，又筑招隐室于此。南唐元宗居藩邸时为书堂，即位后，保大年间始为伽蓝，号“开先”。冯延巳记碣见存。本朝兴国二年，赐名“华藏”。鹤鸣峰在其后。元宗之徙南都也，至此院赏恋久之，故有烈祖、元宗、后主之画像，及元宗之旧榻藏焉。至今开先、栖贤、归宗、圆通四院之僧，皆以三忌日营斋以怀之。

由官道过涧桥，上有四会亭，次杨梅亭。当寺门有招隐桥，桥下有石井，曰招隐泉，在陆羽《茶经》第六品。“招隐”皆古名也，元宗始作桥焉。瀑布在其西。山南、山北有瀑布者无虑十余处，故贯休《题庐山》云：“小瀑便高三百尺，短松多是一千年。”唯此水著于前世。唐徐凝诗云：“今古常如白练飞，一条界破青山色。”李白云：“飞流直下三千尺，疑是银河落九天。”即此水也。香炉峰与双剑峰相连属，在瀑水之傍。迁莺谷在其东北。水源在山顶，人未有穷之者。或曰西入康王谷为水帘，东为开先之瀑布。院东大悲亭，及诸堂榭，往往隐几见之。涧中之石，或含云母，可坐可卧，可漱可濯。涧上有石桥，桥上有漱玉亭，此山南之绝致也。院前过溪西一里，有石碑庵。大石在山脊，天然如大碣，坚矿不可镵刻。

由石碑上山七里，至永泰院，其上有黄石岩。《九江录》云：“古招隐寺，在黄石岩下。”此其是也。永泰之上，有道人庵，次圣僧岩，次善才岩，次罗汉岩。四庵岩相去在五里之间，瀑流之所过也。又五里，皆登绝险，乃至黄石岩。俗传黄石公所居，非也。其崖壁皆黄色，视前三岩特平广，可容百余人。永泰之前，有文殊台，与香炉、双剑峰相为高下。瀑布前在山下皆仰而望之，固为雄伟。至文殊台，则平视之。然后知轰雷、飞练皆赋象之不足也。开先之东，半山别有小瀑，飘洒亦不下百余尺，名曰马尾泉，言其小，不得同名为瀑也。

由开先至万杉院二里，本朝景德二年始建。旧有古石崖。先是僧曰太超，即山植杉万本，有为之言于朝者，乃赐钱建院，仍锡土田、佛像、供器。及其成也，仁宗锡御篆榜其殿，曰“金仙宝殿”。内翰钱易书其门榜。有仁庙御容，章懿、明肃之写真，及锦衾褥、销金服数事藏焉，皆当时所赐。太超亦号“广智大师”。是院旧名庆云，天圣中，敕改今额，直集贤院徐奭记碣尚存。院后有流泉，泉畔有滴翠亭，游者必久之。

万杉之东南三里，有凌云庵，旧名凌云书堂。《九江录》云：刘轲书堂在凌云峰下，早年居此。廉使裴公美其才荐之，上第为史官，著撰颇传于世，自韩吏部以下皆推之。又有薛谏议书堂，即刘弇侍御旧居。会昌中，薛自南海书记满秩，亲经营之。坐见二瀑布，泉石松竹，特为旷绝。郡守行春，及游人多过之。薛谏议未见名，与二刘，《唐史》皆无传。轲，元和十四年进士登第。太和初，历监察御史。四年，转殿中。开成中，迁秘书丞、史馆修撰学士，出为洺州刺史。二林碑志，多其手笔焉。所谓凌云庵，盖刘、薛之故基也。或曰何乾曜侍郎始以书堂为僧居。乾曜，亦未详其世系，今有坟在迁莺谷。

由万杉至真教院三里，旧名云峰。前所谓古石崖，在其后，巉若屏障。由真教至景德院三里，旧名高遥。由景德至李徵古书堂一里。徵古，保大中仕至枢密左右副使，坐宋齐丘党与，赐自尽。由李氏书堂之上四里，有香积院。香积院在五乳峰下。由香积二里，至俱胝庵。俱胝之傍，有观音庵。次半里许，有齐云庵。由齐云三里，至卧龙庵。

凡庐山之所以著于天下，盖有开先之瀑布，见于徐凝、李白之诗；康王之水，见于陆羽之《茶经》。至于幽深险绝，皆有水石之美也。此庵之西，苍崖四立，怒瀑中泻。大壑渊深，凛然可畏。有黄石数丈，隐映连属，在激浪中，视者眩转，若欲蜿蜒飞舞，故名卧龙。此山水之特胜处也。

卧龙之下五里，有青莲院，旧名白云庵。南唐僧冲照，号慧悟禅师。汤悦作《写真赞》，徐铉篆石刻存焉。青莲之傍，有灵峰庵，旧名下偃台兰若。由灵峰五里，至道林庵。道林之傍，有禅静院，旧名中兴庵。禅静于诸庵独无流泉，凿井而饮，无土田，卖活血丹以养，然堂宇亦特为完洁。次有宝庆庵，次有净隐院，旧名宝峰庵。双涧出其中，春雨盛时，漱湍号怒，亦水石佳处。西涧有刘居士庵。居士名涣，字凝之，筠州人。天圣八年擢进士第，居官有直气，不屑辄弃去。卜居星渚，尝乘黄犊往来山中。尤爱此涧，于是山僧结茅以待之。

由道林至宝峰，三院相去皆一里。至祖教院，旧名上偃台。其南有盘龙庵、西源庵，后有宝轮庵，皆不远百步。由宝林至椆[①]木庵三里，椆木至幽邃庵一里。由幽邃至赤眼禅师塔一里。禅师即所谓“赤眼归宗”，卒，葬此山之石人峰下。以石为像，凛然如生。建隆二年，谥“至觉禅师妙相之塔”。

由塔院至栖贤禅院十里，其间三里，乔林繁阴，上蔽烈日，行者过之，必爱而休。道傍过栖贤蔬圃，畦陇广斥，亦有可观者。凡自五乳峰，下香积院，至此十有八处，同在栖贤涧之西，耆旧谓之“栖贤涧西诸庵岩”。栖贤院，石人峰在其北，今名宝觉，兴国中所赐。始南齐永明七年，咨[②]议参军张希，奏置寺于寻阳西南二十里。唐宝历初，刺史李渤徙置是山，以僧智常居之。智常，学者数百人，春夏居栖贤，秋冬居归宗。会昌中，废寺。景福中，僧怀祐复兴焉，号栖贤报国禅院。乾宁中，号护国栖贤寺。其榜，催勘使、将仕郎、守太子通事舍人钟匡时书。匡时时年十六，故今人爱而藏之。历南唐保大中，寺益大振。存当时制书犹十余本。其间一道，乾宁元年七月，赐栖贤寺额，署礼部侍郎平章事郑，至尚父守侍中兼中书令使官，凡三十二人。又一道，乾宁四年十一月，赐怀祐塔名“传灯之塔”，仍号“玄悟大师”，其敕书署中书侍郎平章事崔，至太师兼中书令使官，凡三十二人，时江西观察使钟传奉行焉。建隆初，元宗之徙南都也，游览久之，故有驻鸾

① “椆”，原作“稠”，据《山行易览篇》及宋本卷首山图改。下同。

② “咨”，宋本、元禄本、《大正藏》本作“证”，今从四库全书本。

亭。或云涧傍石上有元宗刻石，今沦没不可复见。

三峡涧出寺左，其源甚远。涧中有龙湫三四，莫知其极。方暑雨之荐至也，山之众壑同下，轰若雷霆。涧石大小无虑万计，悉填湫中，今古不见小塞，疑下通于海矣。其傍建龙祠，岁旱则祷焉。祥符中，闽僧文秀，造石梁其上，其袤六十尺，覆以广厦，最为山中之雄观。傍涧有陆羽井，次寒泉亭，次玉渊亭。亭下龙湫，或有虫鱼出焉，人以神物畏之。

僧堂之西，有罗汉岩、宝陀岩。其南百余步，有白云庵。院之后有爱堂，游者必憩焉。栖贤之前十里，有罗汉禅院，罗汉岩在其北一里。本朝咸平三年，广济大师法坚始创焉。朝廷仍锡田以养其徒，名曰圣惠庄。祥符三年，祖印大师僧行林继之，始植松覆官道十里，以达军壁。文公杨大年作《栽松记》。有鼓甚大，在法堂上，其围二十有三尺，击之声动山谷，亦鼓之出类者也。院西之水曰玉涧，东入彭蠡湖十里。涧北，祖印葬焉，故相张士逊有塔铭。

罗汉之东五里，有折桂院庄。又五里，至白鹿洞。贞元中，李渤，字濬之，与仲兄偕隐居焉，后徙少室，以右拾遗召，不拜，即韩文公诗所谓“少室山人”者。太和间，仕至太子宾客。先是宝历中，尝为江州刺史，乃即洞创台榭，环以流水，杂植花木，为一时之胜。刘梦得（禹锡）《登清辉馆诗》云：“寻阳江色潮添满，彭蠡秋声雁引来。南望庐山千万仞，共夸新出栋梁材。”清辉馆在江州，亦渤所创，故禹锡美之。

南唐升元中，因洞建学馆，置田以给诸生，学者大集，以国子监九经李善道为洞主，以主教授。保大中，以田锡征士史虚白。虚白，北海人，避地庐山。韩熙载荐其可用。元宗召至便殿，访以国事。辞曰："渔钓之人，安知邦国大计？"又醉溺殿上。元宗曰："真处士也。"因赐田遣归，仍免其租。虚白死，子孙困于租入，不能有其田，遂易他主矣。咸平五年，敕重修，仍塑宣圣十哲之像。今鞠为茂草。

由白鹿洞三里，至承天观，旧名白鹤观。《九江录》云：唐弘道元年十二月，初奉敕置，在寻阳城下。神龙二年六月三日，敕置龙兴观。因移山中，易名龙兴。大历中，道士刘玄和、何子玉居焉，张弘道门。灵验记云：刘玄和，地仙也。尝为郡守李承、薛弁章奏，皆有天曹批报，事悉符验。观之东北山上有木瓜岩，刘玄和始居岩中，尝植之，至今余蘖犹有存者。观中有大杉，其高百余尺，围二十尺，亦当时所植。熙宁五年，朝廷作中太一宫于京师，诏求幡竿木一百二十尺之长者，天下差官行山林，此杉几伐焉。

由承天观之西，至栖贤院，亦才五里，游者往往过从焉。栖贤院东，傍涧行半里，至净住院，旧名登云庵。由净住过涧，至广寿院，二里而近，旧名资圣。太玄峰在其前。其傍百余步，有金师台。昔东海僧道邈，姓金，故名金师台。由广寿入万寿源，至万寿院二里。由万寿复出，南行三里，至楞伽院，旧名下白石，其山号橹断源。楞伽院有李氏山房。

李名常，字公择，少时兄弟读书山中，既去，寺僧虚其室不居，因藏书室中几万卷。苏子瞻轼作《山房藏书记》，今刻石留壁间。

由楞伽东，上山三里，至证道院，旧名上白石。由证道三里，至太平兴国院，旧名卧云庵。有峰在其后，亦名香炉峰。前有经阁，所藏之经，朝廷祥符二年敕印经院赐焉。由太平一里，至上五峰香林院，中道过幽涧，潺湲清浅，特可狎玩。由香林五里，至净居院，旧名上庵。由净居五里，至下五峰延福院，有南唐所赐达观禅师智筠手制三十道，三道元宗所署，余皆后主。智筠，河中人。保大中，住栖贤院。开宝中，诏住清凉寺，后归五峰。初号幽栖院，后名栖玄兰若，祥符元年改延福。由延福三里，至竹林院。由竹林二里，至福源庵，旧名灵源。由福源半里，至石泉庵。由石泉二里，上凌霄岩明真院。凡自净住至明真，十有三处，水石无不佳者。唯明真岩石玲珑，或欹或立，有洞府之状。坐大石上，对五老峰如宾客，此亦山之最胜处也。

由明真复下山五里，至净妙院，旧名德政庵，古名青牛谷。《九江录》云："昔有道士洪志，乘青牛，得道于此，坛场犹存。"唐人杨衡《宿青牛谷诗》云："随云步入青牛谷，青牛道士留我宿。可怜夜久月明中，唯有坛边一枝竹。"盖亦古之名迹，今为耕陇矣。由净妙一里，至云台庵。庵后有石崖，崖上有流泉。由云台履小径三里，至圣果院，旧名净明庵。圣果之前，有解空院，旧名吉祥庵。凡德政、净明、吉祥三庵，视诸僧居，俱为完洁。

解空之西北百步，有谷源庵。庵之前，路左叠石，虽非峻卓，固自奇伟。庵后幽泉，涓涓不竭，不必湍激而后可爱也。谷源东北行二里，至证寂院，旧名折桂庵。唐相李逢吉，旧依李渤学于此山。逢吉去，而为僧居，故名折桂。逢吉，字虚舟，长庆、宝历间附郑注、王守澄，仕至宰相，《唐书》有传。庵僧因逢吉家集中记录刊于石，辞多舛误。其山名幡竿源，山上有南唐惠济禅师石坟。

由证寂半里，至华严院。由华严东北行三里，至永福院，旧名龙云。道中望五老峰，历历可数，高下为十余峰矣。中有狮子峰，状若刻削，云物隐映，尤所肖似。庵之后，颇有乱石。西北直上有鹰嘴峰，亦在五老峰之间也。盖起净住，至永福院，凡二十有一，同在栖贤之涧东，耆旧谓之“涧东诸庵岩”云。

由永福下山，入大富庄，八里。由大富庄东北行至慧日禅院，十里。院在官道西，下官道，傍涧而行，两山挟涧重复者五里，宛若洞府，旧名仙居洞。院记云：唐乾宁中，僧如义始结庵舍。吴太和初，僧惠从乃大构禅刹。时杨澈刺江州，颇捐信施，仍亲篆“仙居永安禅院”之榜，题曰“吴太和五年岁次癸巳正月戊寅朔，奉化军节度使、江州观察处置等使、特进检校太尉中书令、使持节江州兼军事、江州刺史、上柱国、德化王、食邑三千户杨澈篆”。本朝祥符二年，改今额，而僧宝其故篆焉。昔如义之居山也，朱朴尝依以肄业。乾宁中，有道士许岩士，出入禁中为奸，利朴附之，因荐朴有经济才。昭宗召见，对以经义，甚悦，即日自国子博士，拜谏议大夫平章事。议论迂阔，动为笑端。数月，岩士事败，俱为韩建所杀。故今谓之朱朴书堂。道傍有睡龙潭，次白龟池，次文殊台，出白石英，堪入药品，中或有五色光，俗因谓之菩萨石。次罗汉台，次观音泉，乃至慧日院，五峦峰在其前。五峦峰之下有大雄庵，去慧日三里，山势环耸，屹若城壁，亦别一奥处也。内翰钱易记云：贞观二年，梵僧寻山，爱其深远，有若大雄演法之地，故名大雄。太和中，宣宗避难，与僧志闲尝居焉。

复出官道，行田间七里，至佛殿庵，仅同田舍。佛殿一里，至兴福庵，复为完洁。由兴福三里，至智林院，旧名慈云。其前有瑞云岩，若崩云，紫翠欲堕于地。马祖大师尝居焉，有马祖岩、马祖泉。其北至吴章岭三里，过岭则江州界也。

慧日之西南十里，至大城庵。山势如城郭，故名大城。其北一里，过张家山，山间数百家皆张姓。张山之西三里，至延真观，旧曰昭德观，治平三年赐今名。唐贞元中，李女真所创。女真名腾空，宰相李林甫之女。李太白《送李女真归庐山诗》曰：“羡君相门女，学道爱神仙。素手掬秋霭，罗衣曳紫烟。一往屏风叠，乘鸾着玉鞭[①]。”柳浑自江州刺史入朝，会昭德皇后薨，因言：“咏真洞，蔡寻真并腾空所居，可锡观名，以伸追奉。”德宗因以“寻真”名咏真洞，而是观也，以“昭德”之谥名之。近世好事，以太白《送女真归山诗》，并《送内寻腾空诗》，刊石于祠壁。

昭德之前西一里，有东登云庵。林深水远，亦山之一佳处。栖贤涧东，亦有登云庵，故此以东别之。昭德源在观北，源上有凌云峰。峰下有净慧院，去昭德观一里，唐名永昌院，祥符中改今名。院记云：秦弘始中，德安上人自西凉来居焉。光化中，希奉上人重修，江州刺史成纪侯李奉宗奏为永昌院。天祐五年戊辰岁，僧齐己撰。

昭德之西，出官道二十里，至寻真冲虚观，古名咏真洞。道书《真诰》述三十六洞天，咏真洞天第八。七十二福地，庐山为元辰福地。是观也，即咏真洞天。五老峰正在其后。唐贞元年，女真蔡寻真居之，因以为名。观后有白龙潭，悬瀑注焉。《旧史》云：“汉武帝过九江，筑羽章馆于屏风叠，下临相思涧。”今五老之一峰，叠石如屏障焉，盖其故地。今潭上有渌净亭。寻真之下西南二里，有普觉院，旧名长庆。由普觉西还十里，亦至罗汉禅院。罗汉之南五里，至圣惠庄，即咸平

① 四库全书本作“策玉鞭”。

中所赐广济者。广济卒，亦葬焉。庄之南二里，有大冲庵。

盖自南康军之东北，出寻阳门一里，则有东庵院。院中有重湖阁，南望杨栏[①]左里，北临宫亭湖，湖上宫亭神庙。《寰宇记》云，周武王十五年置，其神能分风擘流，行旅过之，必敬祀而后得去。故曹毗诗云："分风为二，擘流成两。"干宝《搜神记》云：昔吴郡太守张公直，自守征还，道由庐山，子女观祠，婢指女戏妃像。其妻夜梦致聘，怖而遽发，中流船不行。合船惊惧曰："爱一女而合门受祸耶？"公直不忍，遂令妻下女于江。其妻布席水上，以其亡兄女代之。公直知下兄女，怒妻曰："吾何面于当世也？"复下己女于水中。将度，遥见二女于岸侧。傍有一吏曰："吾庐君主簿，敬君之义，悉还二女。"《寻阳记》云，为安世高所度，其神乃化形蜕于[②]蛇冈。至今舟人往来犹祷焉。神林湾在湖之西北。

又自军南出福星门，则落星石，在彭蠡湖水中，石上有落星寺。王僧辩、陈武帝破侯景于落星湾，即其地也。其西有钓鱼台，南有流清庵，亦在水傍。落星湾泛舟过钓鱼台一里，至明心院，旧名翠微庵。由明心至楞伽庵五里，楞伽至善才庵五里。善才三里至凌云庵，凌云三里亦至万杉禅院。明心之东南

① 宋本、元禄本、《大正藏》本均作"欄"，四库全书本作"瀾"，丛书集成本作"闌"，待考。

② "蜕于"，宋本、元禄本、《大正藏》本作"说具"，今从四库全书本。

五里，又至东古山法轮院，法轮北至万杉院亦十里。又有西古山，山有兴善院，在归宗之东十里。其东三十里，抵南康军。所谓东西古山，非庐山也，然草木闲野，亦自可爱。善才屋宇爽垲，楞伽有流水在其后。自南康军入山，过楞伽，则无不潺湲者矣。

凡自军西出建昌门一里，傍官道有承天院，院依隆阜，上有松峰亭，今名草堂，过此则去游开先矣。自军北出五老门，半里过望云亭，五里过圣惠庄，又五里过罗汉院，则去游栖贤矣。

右自宝严之南云庆，至于圆通，同隶江州，谓之山北。老子之宇二，同名观。佛之宇五十有五，或曰寺、曰院、曰庵岩、曰兰若，其实皆僧居也。由康王观至于慧日之北慈云，同隶南康，谓之山南。老子之宇九，佛之宇九十有三。

余始游庐山，问山中塔庙兴废，及水石之名，无能为予言者。虽言之，往往袭谬失实。因取《九江图经》、前人杂录，稽诸本史，或亲至其处，考验铭志，参订耆老，作《庐山记》。其湮渺芜没，不可复知者，则阙疑焉。凡唐以前碑记，因其有岁月甲子爵里之详，故并录之，庶或有补史氏云。

# 庐山记卷第三

## 山行易览篇第四

江州出德化门五里，至延寿院（旧名罗汉坛）。延寿院五里，至石塘桥，周郎中濂溪。濂溪东南十里，至宝严禅院（旧名双溪）。西南十里，至祥符观（旧名太一）。宝严之南三里，又有云庆庵。云庆一里，至宝积庵。宝严之西七里，又有庵岩庄。庵岩庄一里，至禅智院（旧名净居）。禅智五里，亦至祥符观。观之北五里，至龙泉庵。龙泉十里，至妙智院（旧名行春亭）。妙智五里，至蛇冈。蛇冈之下五里，至太平观（旧名通玄府）。祥符观之西南二里，又有国泰庵。庵西上莲花峰顶十五里，至莲花庵。国泰之南五里，至报恩庵。报恩一里，至云际庵。云际一里，至永清庵（一名下莲花庵），其傍有道人隐居。永清之西一里，至云溪庵（一名下莲花洞）。云溪一里，亦至太平观。观之西五里，至东林太平兴国寺。观之西南五里，又有清泰庵。清泰一里，至广泽院（旧名龙潭庵）。其上五里，至三龙潭。广泽七里，亦至东林。东林之西百余步，至远公塔。塔西百余步，至西林乾明寺。

西林之东五里，至黄土庵，其傍有看经庵。看经一里，至崇福庵。崇福五里，至香城庵，其傍有观音庵、东庵。东庵之下一里，至广济庵。广济半里，至圣僧岩。圣僧岩二里，至石盆庵。西林之东南五里，又有下化城院。下化城三里，至护国庵。护国一里，亦至石盆庵。石盆之上半里，至保兴庵。保兴半里，至上化城普照寺，其傍有大师庵。上化城之上十里，过香炉峰，至峰顶庵。峰顶之南十里，有香积庵。有路下山南栖贤涧东之万寿源，二十里而险。峰顶之西五里，至宝林寺（旧名大林）。宝林一里，至掷笔峰。又一里，至佛手岩。佛手岩二里，至天池院。院之南一里，至隆禅师塔。塔之下二里，至新罗庵。庵之东二里，至十八贤台。

由天池下山十五里，同名锦绣谷。山下之水，一出锦绣谷，一出石门谷，合流入湓江。两水之上，有双龙庵、广福庵、尊胜庵、保宁庵，四庵相望皆不百步。石门涧在保宁庵前，涧中五里，有石柱峰、铁船峰，峰下有二道人庵。保宁之南五里，至福海庵。福海二里，至祥云庵。祥云之上十里，至云顶峰，峰顶有云顶庵。祥云之南八里，至月轮庵，其傍有灵泉庵。灵泉七里，至报国庵。报国五里，至圆通崇胜禅院，其侧有广福院。圆通二十里，至康王景德观。自圆通以上，皆隶江州。

由康王观之北，入谷中五里，至龙泉院。又二十里，至水帘。观之南百步，至毗卢庵。毗卢二里，至大明庵。大明二里，至长兴庵，其傍又有仁王院。仁王二里，至乾寿院。乾寿七里，至灵汤净慧禅院。净慧之南十里，又有清霞观。净慧之东二里，过康乐经台。又三里，至陶公醉石。醉石复出官道三里，至归宗承天禅院。归宗之西百步，至灵溪祥符观。祥符一里，至香泉院。次上塔，次下塔，皆相去百余步。下塔五里，至般若台隆教院。其傍有石门庵，次布水庵，次觉性庵（一名崔师台），次重岩庵，皆相去百余步。重岩三里，至谢山人草堂。草堂三里，至灵栖院。灵栖之上百步，至紫霄峰顶舍利塔。灵栖之下八里，至三将军洞。三将军洞之下，入归宗亦一里。灵栖之东四里，至重云庵，次万岁庵，次天宫庵，皆相去百余步。天宫一里，至余峰庵。余峰之上二十里，至白云洞。余峰之下二里，至先天观（旧名真风），其傍有柳大卿草堂。先天二里，至太虚简寂观。简寂五里，至栖隐观。栖隐之东五里，至古灵庵。古灵十里，至开先禅院。

开先之南一里，至石碑庵。石碑之上七里，至黄石岩永泰院。永泰之前半里，至文殊台。永泰之上十里，有道人庵、圣僧岩、善才岩、罗汉岩、黄石岩。开先之东二里，至万杉禅院。万杉之东北三里，至真教院（旧名云峰）。真教三里，至景德院（旧名高遥）。景德一里，至李徵古书堂。书堂之上四里，至五乳峰香积院。香积二里，至俱胝庵，其傍有观音庵。观音半里，至齐云庵。齐云三里，至卧龙庵。卧龙之下五里，至青莲院（旧名白云庵），其傍有灵[1]峰院（旧名下偃台）。灵峰五里，至道林院。道林一里，至禅静院（旧名中兴）。禅静一里，至保庆庵。保庆一里，至净隐院（旧名宝峰）。净隐三里，至祖教院（旧名上偃台）。其傍有盘龙庵、西源庵、宝轮庵，皆不百步。宝轮三里，至椆木庵。椆木三里，至幽邃庵。幽邃一里，至赤眼塔。塔东北十里，至栖贤宝觉禅院。

南康军出五老门五里，有大冲庵。大冲五里，亦至罗汉禅院。罗汉十里，亦至栖贤院。罗汉之东五里，至折桂僧庄。庄西五里，至白鹿洞，李渤书堂。白鹿洞三里，至承天白鹤观。白鹤五里，亦至栖贤院。栖贤之东半里，至净住院（旧名登云）。净住之东二里，至广寿院（旧名资圣），其傍有金师台。广寿之北二里，至万寿院。万寿之南三里，至楞伽院（旧名下白石）。楞伽之上三里，至证道院（旧名上白石）。证道三里，至太平兴国院。太平一里，至上五峰香林院。香林五里，至净居院（旧名上庵）。净居五里，至下五峰延福院。

延福三里，至竹林院。竹林二里，至福源庵（旧名灵源）。福源半里，至石泉庵。石泉二里，至凌霄岩明真院。明真之下五里，至净妙院（旧名德政庵）。净妙一里，至云台庵。云台三里，至圣果院（旧名净明），其前有解空院（旧名

① “灵”，原作“雲”，据《叙山南篇》及原卷首山图订正。下同。

吉祥）。解空之西北百步，至谷源庵。谷源之东北二里，至证寂院（旧名折桂）。证寂半里，至华严院。华严三里，至永福院（旧名龙云）。永福之下八里，至大富庄。大富庄之东北十里，至慧日禅院。慧日三里，至大雄庵。大雄复出官道七里，至佛殿庵。佛殿一里，至兴福庵。兴福三里，至智林院（旧名慈云）。智林三里，则上吴章岭，江州界也。慧日之西南十里，至大城庵。大城三里，至延真昭德观。昭德之前一里，至登云庵。其后一里，至净慧院。昭德之西，出官道二十里，至寻真冲虚观。寻真二里，至普觉院（旧名长庆）。普觉之西十里，还至罗汉禅院。

又自南康落星寺，泛舟过钓鱼台，一里，至明心院（旧名翠薇[①]）。明心五里，至楞伽院。楞伽五里，至善才庵。善才三里，至凌云庵（旧名凌云书堂）。凌云三里，亦至万杉禅院。明心之东南五里，又至东古法轮院。法轮之北十里，亦至万杉。

又自南康西南出十五里，至西古兴善院。兴善十里，亦至归宗。

凡自南康，出建昌门，过承天院，则问开先路。出五老门，过望云亭，则问栖贤路云。

① 《叙山南篇》作“翠微”。

# 十八贤传篇第五

庐山岂独水石能冠天下，由代有高贤隐居以传。东林寺旧有《十八贤传》，不知何人所作，文字浅近，以事验诸前史，往往乖谬，读者陋之，使古人风迹用无知者，惜哉！予既作山记，乃因旧本，参质晋、宋史，及《高僧传》，粗加刊正。或旧所脱略，今无书可考，亦末如之何也。

## 社主远法师

法师讳慧远，姓贾，雁门楼烦人也。幼为书生，年十三，随舅令狐氏游学许、洛，尤善《庄》《老》，性度弘伟。年二十一，欲渡江东，就范宣子共契嘉遁，中原寇乱，南路阻塞。时沙门释道安，立寺于太行，弘赞佛法，遂往归之。初闻讲《般若经》，豁然大悟，乃叹曰："儒道九流，皆糠秕耳！"遂与弟慧持，投簪落发，委命受业。心既入道，常以大法为己任，慧解夙发，神明英越。安常叹曰："使道流东国，其斯人乎！"二十四，便就讲说。尝有客闻讲实相义，疑难往复，弥用疑塞。师为引《庄子》义为比类，惑者大释。于是安之门人，独听不废俗书。后随师南游至襄阳，安为朱序所拘，众皆罢去。远乃与弟子数十人适荆州，住上明寺。后欲往罗浮山，太元六年至寻阳，爱庐阜之闲旷，乃立龙泉精舍。久之，沙门慧永禅师先居西林，与师有旧，欲邀同止，乃谓刺史桓伊曰："远公弘道，学者日集。贫道所栖，狭不足处，奈何？"时又梦山神请曰："此山足以栖神。"一夕，忽有雷雨震击。诘朝，林麓大辟，唯素沙布地，兼有梗楠文梓良材。桓乃即其地，更立房殿，名其殿曰"神运"。以在永师所居之东，故号东林，即太元十一年岁次丙戌寺成。先有阿育王文殊之像，沉于武昌水中，陶侃不能得。至是，飘然轻举，迎还神运殿，以修佛事。又因罽宾道人，共作佛影台，皆有神感。事具《高僧传》。于是谨律之侣，绝尘之客，四方不期而至。彭城刘遗民，豫章雷次宗，雁门周续之，南阳宗炳、张野、张诠等，凡百有二十三人，与师同修净土之社，乃令刘遗民著《发愿文》。殷仲堪之任荆州也，入山展敬，与师松下谈《易》。陈郡谢灵运，负才傲物，少所推重，一见肃然心服，为凿东西二池，种白莲，求入净社，师以心杂止之。范宁在豫章，师请入社，范不能从。姚兴与法师罗什皆钦风德，远输施遗。桓玄震主，不觉致敬。安帝自江陵还都，辅国何无忌劝师候觐，师称疾不行，帝遣使劳问。凡居山三十年，影迹不至尘俗，每送客以虎溪为界。晋义熙十二年岁次丙辰八月初六日顺寂，春秋八十三。初感疾散动，林下耆德请饮豉酒米汁，皆不许，又请以蜜和水为浆，师命律师一人披寻律文可否，卷未半而终。遗命露骸林下。既而弟子与寻阳官属奉葬于西岭，谢灵运铭，张野序。唐会昌五年乙丑，寺废。大中二年戊辰复。寺之复也，僧正言乞赐旌褒，谥曰“辩觉大师”。升元三年，改谥“正觉”。兴国三年，谥“圆悟大师”，仍名其坟曰“凝寂之塔”。有《匡山集》二十卷传于世。

## 彭城刘遗民

刘程之，字仲思，彭城聚里人，汉楚元王之苗裔也，历晋世，至卿相。程之少孤，事母，州闾称孝。坟典百家，靡不周览，尤好佛理。陈郡殷仲堪、桓玄等诸贤，莫不崇仰。解褐府参军，程之既慕远公名德，欲白首同社，乃录寻阳柴桑，以为入山之资。岁满弃去，结庐西林，蔽以榛莽。义熙间，公侯复辟之，皆不应，后易名遗民。远公社贤，推为上客。尝贻书关中，与什、肇二法师通好，扬推经论。著《念佛三昧诗》，道德名实、诸词文义之华，一时所挹。凡居山十有二年。自正月感疾，便依念佛三昧，诵阿弥陀佛。至六月初，果见白毫相，次见佛真影，仍摩其顶。更作斋福，愿速尽寿，又请僧读《无量寿》、《法华经》。至二十七日，僧众咸集，遗民曰：“今逝矣。予气尽，勿哭以相恼乱。”又行香，请众僧供养释迦文佛，以谢令我知有阿弥陀佛，今日愿必迎接。少顷合掌，西向而逝。命子雍，积土为墓，勿用棺椁。当时无不高仰。即义熙六年庚戌终，春秋五十七。

## 豫章雷次宗

雷次宗，字仲伦，豫章南昌人。博学，尤明《诗》、《礼》，不就征辟。入庐山，立馆东林僧房之东，与远公同社。宋文帝元嘉十五年，征至都，立学鸡笼山，置生员百余人。久之，复还庐山，公卿祖道。后再征，筑室钟山西岩下，谓之招隐馆。犹秉操，不入公门，每自华林园东林，入延贤堂，为太子、诸王讲《丧服经》。元嘉二十五年戊子终，春秋六十三。

## 雁门周续之

周续之，字道祖，雁门广武人，后徙豫章建昌。年十二，诣范宁受业，通《五经》、《五纬》，号“十经童子[①]”，同门推为颜子。刘毅命为参军，又辟博士太尉掾，俱不就。后入庐山，预远公净社。又与刘遗民、陶渊明，号“寻阳三隐”。续之不尚峻节，江州刺史每相招请，亦往从之。武帝于东郭外开馆待之，乘舆降幸，问续之礼义，辩析精异。时号为“通隐先生[②]”。或问续之：“时践王庭，何也？”续之笑曰：“心

① “童子”二字，原本无，今据《佛祖统纪·十八贤传》补。

② “先生”二字，原本无，今据《佛祖统纪·十八贤传》补。

驰魏阙者，以江湖为桎梏。情致两忘者，市朝亦岩穴耳。”以升平元年癸亥，终于钟山，春秋六十七。

## 南阳宗炳

宗炳，字少文，南阳涅阳人。祖承，宜都太守。父繇之，湘乡令。炳博学，善琴书图画，尤精玄言。宋武帝之在荆州也，召为主簿，不起。问其故，答曰：“栖丘饮谷，三十余年矣。”入庐山筑室，与远公同社。后，兄臧为南平太守，逼与俱还，乃于江陵三湖立宅。后辟参军、太尉掾，俱不就，乃敕南郡长，给吏役，数致饩赉。衡[1]阳王义季，亲至其室，命之角巾布衣，引见不拜。王曰：“屈先生以重禄，可乎？”对曰：“禄如腐草，衰盛几何。”雅好山水，往辄忘归。尝西陟荆巫，南登衡岳。晚年尽图之于室，曰：“吾老矣，名山不可再睹。唯澄怀观道，卧以游之。抚琴动操，欲令众山皆响。”元嘉二十四年癸未终，春秋六十九。

## 南阳张野

张野，字莱民，南阳宛人也，后徙浔阳柴桑，与陶元亮通婚姻。学兼华、竺，善属文。州举秀才、南中郎、府功曹、

① “衡”，原本误作“南”，今据《宋书》及《佛祖统纪·十八贤传》订正。

州治中，后征散骑常侍，俱不就。天资孝友，田宅旧业，悉推与弟。一味之甘，一庾之粟，共九族分之。衣食躬自菲薄，人不堪其忧，不改其乐。凡所著述传于世万余言。师敬远公，与刘、雷同辙。远公卒，葬西岭，谢灵运为铭，野序之，称门人焉。义熙十四年戊午终，春秋六十九。

## 南阳张诠

张诠，字秀硕，莱民之族人也。情性高逸，酷嗜坟籍，虽耕锄，犹带经自乐。朝廷以散骑常侍征，不赴。庾悦以其家贫，以寻阳令禄之。笑曰："古人正以容膝为安，屈吾志，亦何荣乎？"竟不就。入庐山，依远公净社。宋景平元年癸亥终，春秋六十五。

## 西林觉寂大师

大师讳慧永，姓繁，河内人也。年十二，事沙门竺昙现。慧悟宿习，内外典籍，无不洞达。于佛事中，习禅为乐。先与远师同依道安于恒山，亦约结宇罗浮。永师先止寻阳，即晋太元之初也。刺史陶范挹其道风，宛如夙契，于是留憩庐山，舍宅栖止。师贞素自然，清心克己，言常含笑，语不伤物。又别立一茆室于岭上，每欲禅思，辄往居焉。所居尝有香馥之气，因号香谷。屋中尝有一虎，人或畏者，驱之上山，人去还复驯伏。后远师龙泉学徒渐众，师要同憩香谷，又感神梦之异，桓伊立寺，乃号“东林”焉[①]。镇国将军何无忌，作镇寻阳，每至瞻礼，尽其诚敬。师专意净土之行。以晋义熙十年甲寅，遇疾绵笃。一日忽起，敛衣合掌，求屣欲起，如有所见。众咸惊问，答云：“佛来。”言终而逝，春秋八十三。山中闻其香不绝者七日。奉全身葬于本寺西二百步。南唐元宗重建塔亭，寻降焚黄，追谥“觉寂大师实智之塔”。

## 东林普济大师

竺道生，本姓魏，钜鹿人也，寓居彭城，家世士族，父为广戚令[②]。道生生而颖悟，聪哲若神，其父知非凡器，爱而异之。后从沙门竺法汰出家，遂用竺为氏。既践法门，隽思奇拔。研味句义，触类开解。年十五，便登讲坐，吐纳问答，如贯珠玉。年二十，器鉴日深。义熙七年辛亥，初入庐山，幽栖七年，以求其志。常以入道之要，慧解为本，故钻仰群经，斟酌杂义，万里随法，不惮疲苦。乃经长安，罗什受业，关中僧众咸谓神悟。后还都，止青霞寺，校阅真俗，研思因果，乃云：“善不受报，顿悟成佛。”《性常有论》、《法身无色

① 原本作“桓伊立寺东林，乃号西林焉”，今据史料改。

② “父为广戚令”，原本作“父广”，今据《高僧传》订正。

论》、《有无净土缘论》等[①]，笼罩旧说，妙有渊旨。而守文之徒，嫌嫉纷起。又六卷《泥洹经》，先至京都。生剖析经理，洞入幽微，乃[②]说阿阐提人皆得成佛。于时大本未传，孤明先发，独见忤众。于是旧学以为邪说，摈而遣之。师乃正容誓曰："若我所说反于经义者，请于现身示以厉疾。若与实相不相违背，愿舍识之时踞狮子座。"言竟，拂衣而去。入吴郡虎丘山，旬日之中，学徒数百人。其年夏，雷震于青园佛殿，龙升于天。识者默叹曰："龙既去，生必行矣。"师果辞众，复还庐山，销影岩岫。后《涅槃》大本至于南京，果称阐提悉有佛性，与前所说，若合符契。师既获斯经，寻复讲说。以宋元嘉十一年甲戌冬十月，于庐山精舍法座讲说，大众悚听。法席将毕，忽见麈尾纷然而坠，端坐正容，隐几而逝，颜色不异，宛若入定，道俗嗟骇。京师诸师闻者，悉皆忏悔信伏。葬于庐山之阜。王微以生比郭林宗，乃为立传，述其遗德。元宗诏建堂造塔，追谥"普济大师法施之塔"。

## 释慧持法师

慧持者，远师之弟也，冲然有远量。年十四，学读书，

---

① 据《高僧传》，应为"又著《二谛论》、《佛性当有论》、《法身无色论》、《佛无净土论》、《应有缘论》等"。

② "生剖析经理，洞入幽微，乃"十字，原本脱，今据《高僧传》补。

一日所记，常敌人之十日。善文史，巧才制。年十八出家，与兄同事道安法师，遍学众经，游刃三藏。形长八尺，风神俊爽。常蹑革屣，衲衣半胫。始同居东林之净社，庐山徒属往来三千，持为上首。罗什在关中，遥相钦敬。至隆安三年，持欲观瞩峨嵋，振锡岷岫，乃辞远师入蜀。远师苦留不可，叹曰："人生爱聚，汝独乐离。"持曰："若滞情爱聚者，本不应出家。今既割爱求道，正以西方为期耳。"于是怅然而别。过荆州，殷仲堪、桓玄皆加礼遇，欲留不可。至蜀成都郫县龙渊寺，升持堂者，皆号登龙门。谯纵之乱，从子道福，凶悖尤甚，入寺，人马浴血，众僧怖走。持在房前盥洗，神色无忤[①]。道福见之，愧悔汗流，谓左右曰："大人故与众异。"以义熙八年壬子顺寂，春秋七十二。

## 罽宾佛驮耶舍尊者

佛驮耶舍，此云"觉明"，罽宾国大婆罗门种也。年十三，随师游于旷野，与虎相遇。师欲避之，耶舍曰："此虎已饱，必不食人。"俄而虎去，中道果见余食，师密异之。年十五，诵大乘经百万言，犹为沙弥。乃学《五明论》，世间法术，多所练习。然性简傲，谓少堪己师。年二十七，方受具

① 原本作"持神色盥洗无忤"，今据《高僧传》订正。

戒。读诵，手常不释卷，每端坐思义，犹以虚度日景为叹，其专精如此。在沙勒，与罗什甚相尊敬。后入龟兹，法化甚盛。时罗什已为吕光所执，什在姑臧，遣信要之。耶舍欲从之，恐为国人所留，乃取清水一钵，以药投中，咒数十言，与弟子洗足，即便夜发。比旦，行数百里，国人追之不及。问弟子曰："何所觉耶？"曰："唯闻疾风之响，而眼有泪耳。"耶舍又为咒水洗足，乃止。达姑臧，什公已入长安，乃请姚兴迎之，别立新省于逍遥园，与什对译《十住婆娑》[①]等论。耶舍髭赤，时人号为"赤髭论主"。前后赠遗，四事供养，并不受。时至分卫，一食而已。衣钵、卧具，满屋三间，不以关心。姚兴为货之，城南造寺。耶舍先诵《昙无德律》，兴疑其谬，乃试令诵羌籍药方，可五万言，经二日，执文覆之，不误一字，众伏其强记。弘始中，译出《四分律》为秦言。晋义熙八年壬子，入庐山，为远公预社之客。后辞还本国，自罽宾以《虚空藏经》一卷，附贾客，至于凉州。莫知所终。

## 罽宾佛驮跋陀罗尊者

佛驮跋陀罗，汉云"觉贤"，本姓释氏，迦维罗卫国人，甘露梵王之苗裔。觉贤三岁而丧母，五岁而丧父，为外氏所

① 即《十住毗婆沙论》。"毗婆沙"，又译作"毗婆娑"。

养。从祖鸠摩婆利，闻其聪悟，乃迎还，度为沙弥。年十七，与同学数人，俱以习诵为业，人一月所诵，贤一日诵之。师叹曰："贤一日敌三十夫也！"及具戒，博学群经，多所通达，少以禅、律驰名。与同社学僧伽达多，共游罽宾国。达多虽伏其才明，而未测其人也。后于密室禅坐，忽见贤来，达多惊问其意，答曰："暂至兜率，致敬弥勒。"言讫便隐。达多乃知其神。其后益见神变，乃敬心祈问，方知其得不还果也。贤喜游方弘化，乃度葱岭，历六国，自交趾附舶，循海至青州东莱郡。闻鸠摩罗什在长安，即往从之。什大喜，相与共发玄旨，多所推伏。后至庐山，远师久服风闻，倾盖如旧。于香谷后山，茇舍而居，自是江东始耽禅悦。安帝义熙十四年，先有沙门，于于阗国，得《华严经》前分三万六千偈，未有宣译，乃迎师赴道场寺为译主，与吴郡内史孟颉、右卫将军褚叔度、沙门法业等，诠定文旨，会通华梵，妙得经意。及先后译出《观佛三昧海》等经论，凡一十五部[①]，一百十有七卷，并行于世。以元嘉六年归寂于建邺，春秋七十一。贤有释迦舍利三粒自随，因葬北岭，仍建塔焉。

① "凡一十五部"，原本误作"九十五部"，今据《高僧传》订正。

## 释慧睿法师

慧睿，冀州人也。少出家，执节清峻，博学游方。游历诸国，至南天竺界，音译诂训，殊方异义，无不洞晓。还憩庐山，入远师净社。后[①]适京师，止乌衣寺讲说，皆思彻言表。宋彭城王义康，请入第受戒。睿曰："礼闻来学，不闻往教[②]。"义康大惭，乃入寺虔礼，以奉戒法。后以貂裘奉睿，睿不服，常坐之。王密令左右买以三十万钱。睿曰："虽非所服，大王所施，聊为从用耳。"谢灵运笃好佛理，殊俗之音，多所达解，乃以经中诸字，并众音，证于睿，著《十四音训叙》，条例梵汉，昭然可了，使文字有据。以宋元嘉十六年己卯顺寂，春秋八十五。时称晋有四圣，生、肇、融、睿，其一也。

## 释昙顺法师

昙顺，黄龙人也。幼而出家，亲承罗什之训。旧疑宿滞，多所通达，议论精博。讲释群经，演赞大乘，了悟玄微，色空无着。什公尝叹曰："昙顺实奇器矣！"入庐山，从远师同修西方净社。志道不群，利济为本。宁蛮校尉刘遵考，于江

① "后"，原本作"常"，今依《高僧传》改。

② "不闻往教"四字原本无，今据《高僧传》补。

林立寺，请师经始，远师遣从之。元嘉二年己丑岁终，春秋七十九。

## 释昙恒法师

昙恒，河东人，童孺出家。年十三，讲大乘经论，深明至理。及具戒，内外典籍，皆悉备通。德行孤清，岁寒无改。栖神幽境，群鹿驯扰。诚无我心，物情自伏。愿修西方，同归净社。晋义熙十四年戊午岁终，春秋七十二。

## 释道昺法师

道昺，姓陈，颍川人。幼出家，为远公弟子。深达经律，涉猎外书，特深《庄》《老》。德行孤峻，慧悟夙深。所披文，不复再览。讲述经典，其理直明。晋义熙十四年戊子，豫章太守王虞入山拜谒，嘉其风度，请为山主，绍大师之躅。众以道源法嗣，皆宗仰而羽翼焉。元嘉十二年乙亥终，春秋七十一。

## 释道敬法师

道敬，琅玡王氏，从祖凝之刺江州。太元十六年，入山出家，为远公弟子。博览儒书，兼明至典。年十七，通大乘经论，所诵日过万言，才学幽深，时贤敬伏。每叹戒律终身难全，愿净六根，但禀一戒，师亦听之。冰霜莹然，德望尤著。远师终，后入若耶山。永初元年庚申终，春秋五十一。

## 释昙诜法师

昙诜，广陵人，幼而出家，为远公弟子。颇通外学，别识山中鸟兽毛色俊钝之性，洞晓草木枝干善恶甘苦之味。尤能讲说，风神超朗，气岸凝远。审于传写，持本不移。注《维摩经》，著《穷通论》、《莲社录》。建寺后五十五年，以元嘉十七年庚辰最后终，春秋七十九。

# 庐山记卷第四

## 古人留题篇第六

庐山古今人留题多矣，清言丽句既落人口，山翁野老，相传不绝。虽深岩穷谷，人迹罕至。人之相去，复数百岁。因其词，想其风，有若履舄并游，而几案亲相与言焉。夫文章之可传也如此，其可忽诸？故晋宋诸贤山中诗，往往有可见者。本朝张晦之羁游庐山甚久，水石佳处，诗多中的，自有《庐山集》。承平以来，人尚风雅，虽朝廷之士，登高临远，亦有风人骚客之兴。凡所遗篇什，皆一时闻人，岁月且近，不患无传也。今录唐以前人诗，著于篇，非贵耳而贱目，以擅去取也。

### 游庐山

慧远

崇岩吐清气，幽岫栖神迹。

稀声奏群籁，响出山溜滴。

有客独冥游，径然忘所适。

挥手抚云门，灵关安足辟。

流心叩玄听，感至理弗隔。
孰是腾九霄，不奋冲天翮。
妙同趣自均，一悟超三益。

## 奉和

刘遗民

理神固超绝，涉粗罕不群。
孰至消烟外，晓然与物分。
冥冥玄谷里，响集自可闻。
文峰无旷秀，交岭有通云。
悟深婉冲思，在要开冥欣。
中岩拥微兴，临岫想幽闻。
弱明返归鉴，暴怀传灵薰。
永陶津玄匠，落照俟虚斤。

## 奉和

王乔之

超游罕神遇，妙善自玄同。
彻彼虚明域，暧然尘有封。
众阜平廖廓，一岫独凌空。
霄景凭岩落，清气与时雍。

有标造神极，有客越其峰。
长河濯茂楚，险雨列秋松。
危步临绝冥，灵壑映万重。
风泉调远气，遥响多喈噰。
遐丽既悠然，余盼覩九江。
事属天人界，常闻清吹空。

## 奉和

张野

覩岭混太象，望崖莫由检。
器远蕴其天，超步不阶渐。
朅来越重垠，一举拔尘染。
辽朗中大盼，迥豁遐瞻慊。
乘此摅莹心，可以忘遗玷。
旷风被幽宅，妖途故死减。

## 入彭蠡湖口作

谢灵运

客游倦水宿，风潮难具论。
洲岛骤回合，圻岸屡崩奔。
乘月听哀狖，浥露馥芳荪。

春晚绿野秀，岩高白云屯。
千念集日夜，万感盈朝昏。
攀崖照石镜，牵叶入松门。
三江事多往，九派理空存。
灵物吝珍怪，异人秘精魂。
金膏灭明光，水碧辍流温。
徒作千里曲，弦绝念弥敦。

## 望石门[1]

明发振云冠，升峤远栖趾。
高峰隔半天，长崖断千里。
鸡鸣清涧中，猿啸白云里。
瑶波逐空开，霞石触峰起。
回互非一形，参差悉相似。

## 登石门最高顶

晨策寻绝壁，夕息在山栖。
疏峰枕高馆，对岭临回溪。
长林罗户庭，积石拥基阶。

① 据《鲍参军集》、《艺文类聚》等，本诗作者为鲍照。

连岩觉路塞，密竹使径迷。
来人忘新术，去子惑故蹊。
活活夕流驶，噭噭夜猿啼。
沉冥岂别理，守道自不携。
心契九秋幹，目玩三春荑。
居常以待终，处顺故安排[①]。
惜无同怀客，共登青云梯。

## 登庐山

鲍 昭[②]

悬装乱水区，旅薄次山楹。
千岩状岨积，万壑势回萦。
巃嵸高昔貌，纷乱袭前名。
洞涧窥地脉，竦树隐天经。
松磴上迷密，云窦下纵横。
阴冰实夏结，炎树信冬荣。

① “排”，元禄本、《大正藏》本作“挤”，今从宋本。
② 鲍昭，本名鲍照，唐代为避武后讳，改“照”为“昭”，后历代循之。

## 从冠军建平王登香炉峰

江 淹

广成爱神鼎，淮南好丹经。
此山具鸾鹤，往古尽仙灵。
瑶草正翕赩，玉树信葱青。
绛气下萦薄，白云上杳冥。
中坐瞰蜿虹，俯伏视流星。
不寻遐怪极，则知耳目惊。
日落长沙渚，曾阴万里生。
藉兰素多意，临风默含情。
方学松柏隐，羞逐市井名。
奉承光诵末，伏思托后旌。

## 东林寺

刘孝绰

月殿耀珠幡，风轮和宝铎。
朝猿响甍栋，夜水声帷箔。（未见全篇）

## 题简寂观

张正见

三梁涧本绝，千仞路难通。
即此神仙内，银榜映仙宫。
镜似临峰月，流如饮涧虹。
幽桂无斜影，深松有劲风。
唯当远人望，知在白云中。

## 秋晚还彭泽

游人返丘壑，秋气满平皋。
路积康成带，门疏仲蔚蒿。
山明云色尽，天静鸟飞高。
自有东篱菊，还持泛浊醪。

## 还彭泽山中早发

摇落山中曙，秋气满林隈。
萤光映草头，鸟影出枝来。
残星避日尽，断霞逐风开。
空返陶潜县，终无宋玉才。

## 登庐山

刘 删

野烟出炉上，山花落镜前。
危梁耿大壑，瀑布挂中天。
秦始眺宇宙，汉武上旌旃。
结庐分往籍，留觞映遐年。（未见全篇）

## 游东林寺

崔 融

昨度匡山下，春莺晓弄稀。
今来湓水曲，秋雁晚行飞。
国有文皇召，人惭谪传归。
回行过梵塔，历览遍吴畿。
杏树栽时久，莲花刻处微。
南溪雨飒飒，东岘日辉辉。
瀑溜天童捧，香炉法众围。
烟云随道路，鸾鹤远骖騑。
远上灵仪肃，生公谈柄挥。
一兹观佛影，暂欲罢朝衣。

元和十三年二月二十九日，曾孙朝散大夫使持节江州诸军事守江州刺史上柱国清河县开国男赐紫金鱼袋能再刊勒。

## 晚泊浔阳望庐山

孟浩然

挂席几千里，名山都未逢。
泊舟浔阳郭，始见香炉峰。
尝读远公传，永怀尘外踪。
东林精舍近，日暮但闻钟。

## 彭蠡湖中望庐山

太虚生月晕，舟子知天风。
挂席候明发，渺漫平湖中。
中流见遥岛，势压九江雄。
黤黕容霁色，峥嵘当曙空。
香炉初上日，瀑布喷成虹。
久欲追向子，况兹怀远公。
我来限于役，未暇息微躬。
淮海途将半，星霜岁欲穷。
寄言岩栖者，毕趣当来同。

## 庐山谣寄卢侍御虚舟

李 白

我本楚狂人，凤歌笑孔丘。手持绿玉杖，朝别黄鹤楼。五岳寻仙不辞远，一生好入名山游。庐山秀出南斗傍，屏风九叠云锦张。影落明湖青黛光，金阙前开二峰长，银河倒挂三石梁。香炉瀑布遥相望，回崖沓嶂凌苍苍。翠影红霞映朝日，鸟飞不到吴天长。登高壮观天地间，大江茫茫去不还。黄云万里动风色，白波九道流雪山。好为庐山谣，兴因庐山发。闲窥石镜清我心，谢公行处苍苔没[①]。早服还丹无世情，琴心三叠道初成。遥见仙人彩云里，手把芙蓉朝玉京。先期汗漫九垓上，愿接卢敖游太清。

## 别东林寺僧

东林送客处，月出白猿啼。
笑别庐山远，何烦过虎溪。

## 望庐山瀑布水

西登香炉峰，南见瀑布水。

① 原注：一本云“绿萝开处悬明月”。

挂流三百丈，喷壑数千尺。
欻如飞电来，隐若白虹起。
初惊河汉落，半洒云天里。
仰观势转雄，壮哉造化功。
海风吹不断，江月照还空。
空中乱潨射，左右洗青壁。
飞珠散轻霞，流沫沸穹石。
而我游名山，对之心益闲。
无论漱琼液，还得洗尘颜。[①]
且谐宿所好，永愿辞人间。

日照香炉生紫烟，遥看瀑布挂长川。
飞流直下三千尺，疑是银河落九天。

## 望庐山五老峰

庐山东南五老峰，青天削出金芙蓉。
九江秀色可揽结，吾将此地锁云松。

---

① 此两句原本无，今据《全唐诗》补。

## 送李女真腾空归庐山

美[①]君相门女，学道爱神仙。
素手掬秋[②]霭，罗衣曳紫烟。
一往屏风叠，乘鸾着玉鞭。

## 送内寻腾空

君寻腾空子，应到碧山家。
水舂云母碓，风扫石南花。
若恋幽居好，相邀弄紫霞。

## 瀑 布

宣宗皇帝

穿云透石不辞劳，远地方知出处高。
溪涧岂能留得住，终归大海作波涛。

---

① 原注：一作多。
② 原注：一作青。

## 栗里

颜真卿

张良思报汉①，龚胜耻事新。
狙击苦不就，舍生悲拖绅。
呜呼陶渊明，奕叶②为晋臣。
自以公相后，每怀宗国屯。
题诗庚子岁，自为羲皇人。
手持山海经，头戴漉酒巾。
兴逐孤云远，辩随还鸟泯。（未见全篇）

## 简寂观

张祜

紫霄峰下草堂仙，千载空遗石磬悬。
白气夜生龙在水，碧云秋断鹤归天。
竹房影占中庭月，松槛声来半壁泉。
明日又为浮世恨，满山徒积梦依然。

---

① “汉”，《全唐诗》作“韩”为是。

② “奕叶”，宋本作“弃叶”，元禄本、《大正藏》本作“弃业”，今依《全唐诗》改。

## 春日观省属城始憩东西林精舍

韦应物

因时省风俗，布惠迨高年。
建隼出寻阳，整驾游山川。
白云敛晴壑，群峰列遥天。
嵚崎石门状，杳霭香炉烟。
榛荒屡罥挂，迳侧殆覆颠。
方臻释氏庐，时物屡华妍。
昙远昔经始，于兹閟幽玄。
东西竹林寺，灌注寒涧泉。
人事既云泯，岁月复已绵。
殿宇余丹绀，磴阁皆欹悬。
佳士亦栖息，善身绝尘缘。
今我蒙朝寄，教化敷里廛。
道妙苟为得，出处理无偏。
心尝同所尚，迹岂辞缠牵。

## 题从侄绪西林精舍书斋

栖心齿[1]多暮，息心君独少。
慕谢始精文，依僧欲观妙。
洌泉前阶注，清池北窗照。
果药杂芬敷，松筠疏蒨峭。
屡跻幽人境，每肆芳辰眺。
探[2]栗玄猿窟，撷芝丹林峤。
纻衣岂寒御，蔬食非饥疗。
虽甘巷北单[3]，岂塞青紫耀。
郡有优贤榻，朝编贡士诏。
欲同[4]朱轮载，勿惮移文诮。

① 原注：一作始。
② 原注：一作採。
③ 原注：一作箪。
④ 原注：一作求。

## 题郑侍御遗爱草堂

居士近依僧，青山结茆屋。
疏松映岚晚，春池含苔绿。
繁华冒阳岭，新禽响幽谷。
长啸攀乔林，慕兹高世躅。

## 简寂观西涧瀑布下作

深①流绝壁散，灵②烟翠涧深。
岩③际松风起，飘飘④洒尘襟。
窥萝玩猿鸟，解组散⑤云林。
茶果邀真侣，觞酌洽同心。
旷岁怀兹赏，行春始重寻。
聊将横吹笛，一写山水音。

---

① 原注：一作淙。
② 原注：一作虚。
③ 原注：一作丛。
④ 原注：一作来。
⑤ 原注：一作傲。

## 寻简寂观瀑布

蹑石攲危过急涧，攀崖迢递弄悬泉。
犹将虎竹为身累，欲付归人绝世缘。

## 简寂观

秦韬玉

物外灵踪客到稀，竹房斜掩旧荆扉。
丹书万卷题朱字，碧岫千重锁翠微。
泣露白猿携子去，唳风玄鹤傍人归。
只应玉阙名长在，日暮闲云空自飞。

## 瀑 布

陆 蟾

正源人莫测，千尺挂云端。
岳色染不得，神功裁亦难。
夏喷猿鸟凝，秋溅斗牛寒。
待济沧溟后，翻涛更好看。

## 翻经台

包佶[1]

野蔓高台下，前朝记不诬。
金文翻古偈，汉字变胡书。
彩线风飘断，缃缣火烬余。
破云开白日，穿水照芙蕖。
科斗频更改，庵园几遍锄。
真门兼逸韵，两欲慕相如。

## 题西林寺故萧郎中旧堂

韩愈

中郎有女能传业，伯道无儿可保家。
偶到匡山曾住处，数行衰泪落烟霞。

## 瀑布

徐凝

瀑泉瀑泉千丈直，雷奔入海无暂息。
今古长如白练飞，一条界破青山色。

① 包佶，宋本作“包结”，元禄本、《大正藏》本作“包吉”，今据《全唐诗补逸》等订正。

## 访陶公旧宅（并序）

白居易

予夙慕陶渊明为人，往岁渭川闲居，尝有《效陶体诗》十六首。今游庐山，经柴桑，过栗里，思其人，访其宅，不能默默，又题诗云。

垢尘不污玉，灵凤不啄膻，
呜呼陶靖节，生彼晋宋间。
心实有所守，口终不能言，
永惟孤竹子，拂衣首阳山。
夷齐各一身，穷饿未为难，
先生有五男，与之同饥寒。
肠中食不充，身上衣不完，
连征竟不起，斯可谓真贤。
我生君之后，相去五百年，
每读五柳传，目想心拳拳。
昔尝咏遗风，著为十六篇，
今来访故宅，森若君在前。
不慕樽有酒，不慕琴无弦，
慕君遗荣利，老死此丘园。
柴桑古村落，栗里旧山川，
不见篱下菊，但余墟中烟。
子孙虽无闻，族氏犹未迁，

每逢姓陶人，使我心依然。

## 春游二林寺

下马西林寺，翛然进轻策，
朝为公府吏，暮是灵山客。
二月匡庐北，冰雪始消释，
阳丛抽茗芽，阴窦泄泉脉。
熙熙风土暖，蔼蔼云岚积，
散作万壑春，凝为一气碧。
身闲易澹泊，官散无牵迫，
缅彼十八贤，古今同此适。
是年淮寇起，处处兴兵革，
智士劳思谋，戎臣苦征役，
独有不才者，山中弄泉石。

## 游石门涧

石门无旧径，披榛访遗迹，
时逢山水秋，清辉如古昔。
尝闻慧远辈，题诗此岩壁，
云覆莓苔封，苍然无处觅。
萧疏野生竹，崩剥多年石，

自从东晋后，无复人游历，
独有秋涧声，潺湲空旦夕。

### 题元十八溪亭

（在庐山东南五老峰之下）

怪君不喜仕，又不游州里，
今日到幽居，了然知所以。
宿君石溪亭，潺湲声满耳，
饮君螺杯酒，醉卧不能起。
见君五老峰，益悔居城市，
爱君三男儿，始叹身无子。
余方炉峰下，结室为居士，
山北与山南，往来从此始。

### 香炉峰下新置草堂，即事咏怀，题于石上

香炉峰北面，遗爱寺西偏，
白石何凿凿，清流亦潺潺。
有松数十株，有竹千余竿，
松张翠伞盖，竹倚青琅玕。
其下无人居，惜哉多岁年，
有时聚猿鸟，终日空风烟。

时有沉冥子，姓白字乐天，
平生无所好，见此心依然。
如获终老地，忽乎不知还，
架岩结茅宇，斸壑开茶园。
何以洗我耳，屋头落飞泉，
何以净我眼，砌下生白莲。
左手携一壶，右手挈五弦，
傲然意自足，箕踞于其间。
兴酣仰天歌，歌中聊寄言，
言我本野夫，误为世网牵，
时来昔捧日，老去今归山。
倦鸟得茂树，涸鱼返清源，
舍此欲焉往，人间多险艰。

## 登香炉峰顶

迢迢香炉峰，心存耳目想，
终身牵物役，今日方一往。
攀萝蹋危石，手足劳俯仰，
同游三四人，二人不敢上。
上到峰之顶，目眩神恍恍，
高低有万寻，阔狭无数丈。

不穷视听界，焉识宇宙广，
江水细如绳，湓城小于掌。
纷吾何屑屑，未能脱尘鞅，
归去思自嗟，低头入蚁壤。

## 宿简寂观

岩白云尚屯，林红叶初陨，
秋光引闲步，不知身远近。
夕投灵洞宿，卧觉尘机泯，
名利心既忘，市朝梦亦尽。
暂来尚如此，况乃终身隐，
何以疗夜饥，一匙云母粉。

## 宿西林寺

木落天晴山翠开，爱山骑马入山来，
心知不及柴桑令[①]，一宿西林便却回。

## 宿西林寺，早赴东林满上人之会，因寄崔二十二员外

谪辞魏阙鹓鸾隔，老入庐山麋鹿随，

① 原注：柴桑令，刘遗民是也。

薄暮萧条投寺宿，凌晨清净与僧期。
双林我起闻钟后，只日君趋入阁时，
鹏鷃高低分皆定，莫劳心力远相思。

## 题庐山山下汤泉

一眼汤泉流向东，浸泥浇草暖无功。
骊山温水因何事，流入金铺玉甃中。

## 上香炉峰

倚石攀萝歇病身，青筇竹杖白纱巾，
他时画出庐山障，便是香炉峰上人。

## 香炉峰下山居草堂初成，偶题东壁

五架三间新草堂，石阶桂柱竹编墙，
南檐纳日冬天暖，北户迎风夏月凉。
洒砌飞泉才有点，拂窗斜竹未成行，
来春更葺东厢屋，纸阁芦帘着孟光。

## 戏赠李十三判官

垂鞭相送醉醺醺，遥见庐山指似君，

想君初觉从军乐，未爱香炉峰上人。

## 携诸山客同上香炉峰，遇雨而还，沾濡狼藉，互相笑谑，题此解嘲

萧洒登山去，龙钟遇雨回，
磴危攀薜荔，石滑践莓苔。
袜污君相谑，鞋穿我自咍，
莫欺泥土脚，曾踏玉阶来。

## 读灵彻诗

东林寺里西廊下，石片镌题数首诗，
言句怪来还教别，看名知是老汤师。

## 别草堂三绝句

正听山鸟向阳眠，黄纸除书落枕前，
为感君恩须暂起，炉峰不拟住多年。

久眠褐被为居士，忽挂绯袍作使君，
身出草堂心不出，庐山未要动移文。

三间茆舍向山开，一带山泉绕舍回，

山色水声莫惆怅，三年官满却归来。

## 题别遗爱草堂，兼呈李十使君[①]

（李亦庐山常居白鹿洞[②]）

曾住炉峰下，书堂对药台。
斩新萝径合，依旧竹窗开。
砌水亲开决，池荷手自栽。
五年方暂至，一宿又须回。
纵未长归得，犹胜不到来。
君家白鹿洞，闻道亦生苔。

## 草堂前新开一池，养鱼种荷，日有幽趣

淙淙三峡水，浩浩万顷陂，
未如新塘上，微风动涟漪。
小萍加泛泛，初蒲正离离，
红鲤二三寸，白莲八九枝。
绕水欲成径，护堤方插篱，
已被山中客，呼作白家池。

---

① 据《全唐诗》卷二百九十九，本诗作者为王建。

② 《全唐诗》作“李十亦尝隐庐山白鹿洞”。

## 白云期

（黄石岩下作）

三十气太壮，胸中多是非。
六十身太老，四体不支持。
四十至五十，正是退闲时，
年长识命分，心慵少营为，
见酒兴犹在，登山力未衰。
吾年幸当此，且与白云期。

## 出山吟

朝咏游仙诗，暮歌采薇曲，
卧云坐白石，山中十五宿。
行随出洞水，回别缘岩竹，
早晚重来游，心期瑶草绿。

## 题远大师坟

僧灵澈

古墓石棱棱，寒云晚景凝。
空悲虎溪月，不见雁门僧。

## 东林寺寄包侍郎

古殿清阴山木春，池边跂石一观身。
谁能来此焚香坐，共作炉峰二十人。

## 题西林寺水堂，奉寄武阳公

日日爱山归已迟，闲闲空度少年时。
余身定寄林中老，心与长松片石期。

## 简寂观

古杉古柏岩壁间，猿攀鹤巢枝枯折。
五月有冰六月寒，时见仙翁来取雪。

## 五老峰大明观赠隐者

姚 系

云观此山北，与君携手稀。
林端涉横水，洞口入斜晖。
乍觉鸾鹤迩，忽为烟雾飞。
故人清和客，默会琴心微。
丹术幸可授，青龙当未归。
悠悠平生意，此日复相违。

## 简寂观

孙 鲂

廊殿与云连，紫霄苍翠边。
自然应有药，谁敢道无仙。
藓色吞崖径，松声让瀑泉。
未能长息去，岂便是前缘。

## 宿青牛谷梁炼师仙居

杨 衡

随云步入青牛谷，青牛道士留我宿。
可怜夜久月明中，唯有坛边一枝竹。

## 寄庐山隐者

风鸣云外钟，鹤宿千年松。
相思杳不见，月出山重重。

## 瀑 布

江 为

庐山正南面，瀑布古来闻。
万里朝沧海，千寻出白云。

寒声终自远，灵派孰为分。
除却天台后，平流莫可群。

## 简寂观

才入玄都解郁陶，羽人相伴遍游遨。
溪横洞口红尘断，岳耸天心紫气高。
金井泉秋光潋滟，石坛松古韵萧飔。
吟余却叹浮生事，尽被流年减鬓毛。

## 游匡庐[①]

张又新

读史与传闻，匡庐擅高称，
及自浅游历，听览已可证。
气秀多异花，景闲足幽兴，
泉声隐重薮，狖影瞥危磴。
崖壑相吐吞，林峦互绵亘，
披藤入荒莽，打草成新峘。
山近状渐奇，迹穷景逾胜，
惬心忘险远，叠足只蹭蹬。

---

① 此下三首，元禄本、《大正藏》本脱，今依宋本录入。

跻岭云外晴，出山岚已懵，

回途眷犹顾，浚谷皆微崚[①]。

## 春暮寄东林寺行言上人

张毅夫

驻旆息东林，清泉洗病心。

上人开梵夹，趋吏拂尘襟。

游宦情田浇，拘牵觉路沉。

炉峰霄汉近，烟树荔萝阴。

溪浚龙蛇隐，岩高雨露侵。

猿声云壑断，磬韵竹房深。

危磴随僧上，云溪策杖寻。

古苔疑组绣，怪石竞嵚岑。

欲问吾师法，衰年力不任。

## 归宗寺右军墨池

孟宾于

澄月夜阑僧正定，风生时有叶飘来。

几人到此唯怀想，空绕池边又却回。

---

① 原注：一作峻。

## 简寂观

钱烬满庭人醮罢，西峰凉影月沉沉。
到来往事碑中说，坛畔徘徊秋正深。

## 去东林

曹 汾

峰头不住起孤烟，池上相留有白莲。
尘网分明知束缚，要须骑马别云泉。[①]

## 予自右辖出镇钟陵秘监，家兄不忍远别，亟见宰坐求替，遂得同赴江西。时也荐福大德显公，禅门上首，言归东林，亦获结侣，道路陪游，每承清论。今过寺，因留题诗一首。

裴 休

麟台朝士辞书府，凤阙禅宗出帝京，
归到双林亲慧远，行过五柳访渊明。
白衣居士轻班爵，败衲高僧薄世情，
引得病夫无外想，一心师事竺先生。

---

① 原注：会昌三年七月十五日题。汾，开成四年崔蠡下进士，后为中书舍人、刑户部侍郎、忠武军节度使。

## 和舍弟留题东林寺

裴 谟

元非附凤攀龙客，本是山麋野鹿身，
虚向班行纡组绶，争如云水洗埃尘。
欢同玉季为良伴，喜奉金仙结胜因，
今日香炉峰下过，方欣物外有遗民。

## 简寂观

沈 彬

山藏胜境当山面，云散楼台洞府开，
白发满头谁肯到，苍苔盈步自偷来。
风帆闲事抛三日，玉液长生念一杯，
此路有心星月在，杏坛仙侣莫相猜。

## 再到东林寺

十五年前还到此，池深苔藓树垂藤，
重游数处心伤日，不见旧时头白僧。
花有露含长夜月，殿无风动彻明灯，
堪惊此去老又老，未审更来能不能？

## 瀑 布

泻出岳中源化水，喷成瀑布世还稀，
虽如仙女偷来织，不见山公采得归。
万古色嫌明月薄，千寻势学白云飞，
若言真个堪裁剪，预被豪家买作衣。

## 望庐山

东过匡庐忍醉眠，双眸尽日挂危巅。
压低吴楚翻涵水，约破云霞独倚天。
一面峭来无鸟径，数峰狂欲趁渔船。
江人莫笑偏凝望，卜隐长思瀑布前。

## 题东林寺

布衣周礎

大中天子海恩深，再使迷徒识佛心，
半死白莲初降露，欲成荒地又铺金。
僧开石室经犹在，虎印溪泉迹未沉，
谁谓五湖书剑客，此生重得见东林！

再崇玄法象西天，宏闸新高碧嶂前，
风送片云招白马，鹤迎贫女施金钱。

沙门觅佛曾谙路，苦海悲人易得船，
三教共兴谈帝道，大中年是太平年。

## 题东林寺四首

禅月大师贯休

闲行闲坐思攀缘，多在东林古寺前。
小瀑便高三百尺，短松多是一千年。
卢楞伽画苔漫尽，殷仲堪碑雨滴穿。
今欲更崇莲社去，不知谁是古诸贤。

白旃檀花露滴滴，碧苾刍草香濛濛。
田地更无尘一点，是何人合住其中。

玉像珠龛香阵横，锦霞多傍石墙生。
辟蛇行者今何在，峰顶唯闻鸠鸟声。

桓玄旧辇残云湿，耶舍孤坟落照迟。
有个老僧倚松树，恐人偷取白猿儿。

## 怀西林诸道者

岛外更谁亲，诸峰即四邻。
白头寒枕石，青衲烂无尘。
橡栗堆行径，猿猴绕定身。

傥然重结社，愿作扫坛人。

## 题东林寺

荆门僧齐己

峰前林下东西寺，地角天涯来往僧。
泉石静流闲世界，云松寒湿昼香灯。
争无大士重修社，合有诸贤更服膺。
曾寄邻房挂瓶锡，喧闻岩溜解[1]春冰。

## 远公影堂

白藕池边旧影堂，刘雷风骨尽龙章，
共轻天子诸侯贵，同爱吾师一法长。
陶令醉多招不得，谢公心乱入无方，
何人到此思高躅，风点苔痕满粉墙。

## 简寂观

万壑云霞影，千年松桧声。
如何教下士，容易信长生。

---

① 原注：解，一作响。

月共虚无白，香和沆瀣清。
闲寻古廊画，记得列仙名。

## 落星寺

此星何事下穹苍，独为僧居化渺茫。
楼阁雨回青嶂冷，轩窗风渡白苹香。
经秋远雁横高汉，飐月寒涛响夜堂。
尽日凭栏聊写望，顿疑身忽在潇湘。

## 西林水阁

松楸连塔古，窗槛任闲开。
水绕清阴里，人从热处来。
噪风蝉带鹤，欹树石兼苔。
向晓东林下，迟迟舍此回。

## 题东林寺联句[①]

古殿巍峨镇碧峰，晋朝灵应显神踪。林间野鸟惊寅梵，岭上孤猿听晚钟（节度使特进检校太尉平章事徐知证）。雁塔冷云生晓

① 此联句诗为徐知证等作。

槛，虎溪秋月照寒松（赐紫僧虔修）。香飞宝殿笼金像，桧倚松窗覆玉容（道士李玄）。蝶恋半岩花灼灼，鹿眠深谷草茸茸（观察推官赐紫金鱼袋李）。游僧驻锡心皆佛，老树擎烟势似龙（观察推官赐绯鱼袋王）。竹荫禅扉青霭合，岚蒸幽径绿苔封（司理参军掌表奏孟拱辰）。流泉绕砌清声远，列巘趋门秀气浓（赐紫僧）。望绝路歧虽杳杳，引来车马更憧憧。高吟况爱无尘境，吟访空关不厌重（管勾官赐紫金鱼袋钟敬伦）。

天祚二年三月十六日，偶与幕客、门馆、僧道闲游，联题。

## 题东林二首

文通大师匡白

东林佳景一何长，兰蕙生多地亦香，
堪叹世人来不得，便随云树老何妨。
倚天苍翠晴当户，落石潺湲夜绕廊，
到此只除重结社，自余闲事莫思量。

东林继四绝，物象更清幽，
社客去不返，钟峰云也秋。
松枯群狖散，溪大蠹槎流，
待卜归休计，重来卧石楼。

## 西 林[1]

僧应之

寺与东林景物齐，泉通虚阁接清溪。
树从山半参差碧，猿向夜深相对啼。
岚滴杉松僧舍冷，月明庭户鹤巢低。
徘徊寻遍幽奇处，已有前朝作者题。

## 留题东林寺二首

赐紫沙门修睦

二林乘兴出，几日见归程。
有翼便飞去，何劳更此生。
川长云迤逦，溪静月分明。
果熟僧相待，庭闲鹤自行。
楮颐柽栉稳，远梦石床平。
是院水皆到，无窗书不盈。
登楼双眼饱，倚桧片心清。
夜永莲花漏，殿高神运名。
参空寒峤色，压雨古松声。

① 自此以下数首，元禄本皆脱，《大正藏》本脱至《简寂观》“人似鹤”前，今依宋本录入。

早晚挈瓶入，孤吟猿鸟情。

底事匡庐住忘回，其如幽致胜天台。
僧闲吟倚六朝树，客思晚行三径苔。
明月入池还自出，好云归岫又重来。
不知十八贤何在，说着令人双眼开。

## 简寂观

正同高士坐烟霞，思着闲忙又是嗟。
碧岫观中人似鹤，红尘路上事如麻。
石肥滞雨添苍藓，水腻长松落翠花。
莫道此间无我分，遗民长在惠持家。

## 落星寺

是岳皆游遍，南来吴楚间。
偶登湖里寺，疑到海中山。
独树蒨萝湿，遥汀白鸟闲。
终须谢浮世，高卧听潺潺。

# 庐山记卷第五

## 古碑目篇第七

庐山自晋、宋、齐、梁、陈、隋、唐，至本朝，几八百年，其间废兴盛衰，皆有记述。岁月浸久，往往亡失。若殷仲堪作《远公碑》，天祐间犹见于贯休之诗，今无复遗漫矣。今录太平、东林以下五寺观，五代以前人所作碑志，爵里岁月之目，凡四十一，辞多不载。

### 太平观

《使者灵庙碑》

荆州黄梅县东山衡门之下草茅臣李泚撰，开元二十年岁次壬申正月乙巳朔二十五日己巳树。

《使者灵验记》

宣义郎行彭泽县尉潘观撰，开元二十年壬申三月八日辛亥立。治平三年重立。

《张灵官记》

御史大夫徐铉撰，右内史舍人集贤殿学士徐锴书并篆额，岁次癸酉上元日。

《胡则传》

太常丞集贤校理通判江州军州事章岷撰并书。载开宝八年胡则守江州事。

## 太一观

《真人庙记》

升元六年岁在壬寅七月六日，应运匡国佐圣功臣宁国军节度宣州营田观察处置等使特进检校太尉兼中书令使持节宣州诸军事宣州刺史上柱国食邑一万户韩王知证记，登仕郎守宣州司户参军掌表奏试秘书省校书郎赐绯鱼袋孟拱辰书并额。

又一本

保大十二年岁在乙亥十一月，南岳朱陵道士倪少通撰，道士钟德载书篆。

## 东林寺

《慧远法师碑铭》

谢灵运撰，张野序。（无立石年月）

《宋佛驮跋陀罗禅师碑》

唐开元十七年岁在己巳七月己丑朔十五日癸卯建，兀兀禅师中书舍人赵郡李讷文，金紫光禄大夫行同州刺史上柱国范阳县开国男张廷圭书，江州刺史河东柳贞望树。

唐永泰丙午岁，颜真卿题碑侧，凡一百一十六字。

《东林寺碑并序》

前陈州刺史江夏李邕撰并书，开元十九年七月十五日建。

洪州刺史裴休题云：“览北海之词翰，想见风采。”

碑阴记，会昌三年江州刺史张又新撰。

大中十年四月三十日裴光远篆额。

《东林寺远法师影堂碑（并序)》

陇西李演述，江州录事参军王遹篆额，鄂州头陀寺僧惟嵩书。贞元中初建，大中八年七月十五日再立。

《唐故东林寺律大德熙怡大师碑铭（并序）》

摄都团练推官守虔州司马许尧佐撰，承奉郎前守蔡州真阳县令李行言书并篆额，贞元十二年丙子岁建。大中八年七月二十三日再立。

《东林寺经藏碑铭（并序）》

朝请郎试太常寺协律郎李肇撰，元和七年岁次壬辰九月丙辰朔十五日庚午建。大中十三年七月八日乡贡进士冯諜再书并篆额。

《唐故东林寺律大德粲公碑铭（并序）》

吉州司户参军员外置同正员许尧佐撰，吴郡陆蔚之书并篆额，元和癸巳岁端午日建。大中八年七月二十二日再立。

《庐山东林寺故临坛大德塔铭（并序）》

元和十年冬十月刘轲撰，门弟子云皋书。大中八年七月十五日重立。

《唐庐山兴果寺律大德凑公塔碣铭（并序）》

忠州刺史白居易撰，僧云皋书，长庆二年闰十月一日建。大中八年七月十五日重立。

《唐故东林寺律大师石坟哀志铭（并序）》

上谷侯高撰，僧云皋书，长庆甲辰岁五月十三日树。

《唐栖霞寺故大德玭[1]律师碑（并序）》

福建观察支使朝议郎监察御史里行上柱国刘轲撰，沙门云皋书，摄洪州都督府士曹参军宣议郎前行舒州怀宁县尉齐馀篆额，太和四年七月十一日建。大中八年七月二十三日再立。

碑阴有曹汾诗，会昌三年七月十三日题。

《东林寺白氏文集记》

太和九年夏太子宾客晋阳县开国男太原白居易乐天记，朝散大夫守江州刺史上柱国赵蕃奉侍郎命建碣，僧云皋书。

《唐庐山东林寺故宝称大律师塔碑》

朝议郎守秘书丞史馆修撰上柱国刘轲撰，守江州司户参军员外置同正员陈去疾书，前振武节度参谋试太常

① 宋本、元禄本误作“玼”。《宝刻丛编》、《全唐文》及《大正藏》本作“玭”为正。

寺奉礼郎李廷彦篆额，开成四年四月二十七日建。大中八年七月二十三日再立。

《庐山东林寺观音方丈记》

唐大中六年壬申春二月十五日，江夏僧元楚记，东夷溟岛太玄谷冲寂野叟书。

《唐抚州景云寺故律大德上弘和尚石塔碑铭（并序）》

江州司马白居易撰，摄淮南观察试大理评事兼监察御史李克恭书，淮南节度参谋监察御史里行段全纬篆额。大中八年七月十五日重立。

《复东林寺碑铭》

湖南都团练观察处置等使中大夫使持节都督潭州诸军事守潭州刺史金紫光禄大夫左散骑常侍上柱国河东郡开国公食邑二千户柳公权书，唐大中十一年岁次丁丑四月戊辰朔二十六日癸巳建。

《东林寺经藏碑阴记》

朝议郎检校尚书工部郎中使持节抚州诸军事守抚州刺史兼侍御史柱国赐绯鱼袋蔡京撰，大中十四年五月二十九日建。

《故江西道观察使武阳公韦公写真赞》

从外侄孙摄镇南军节度副使朝散大夫使持节江州诸军事守江州刺史上柱国苗绅撰，咸通八年四月八日书。

《大唐庐山重建东林寺故禅大德言公碑铭（并序）》

朝散大夫使持节江州诸军事守江州刺史柱国赐紫金鱼袋苗绅撰，朝议郎前行国子太学博士柱国裴光远书并篆额，咸通九年岁次戊子十二月庚申朔十三日壬申建。

《广平公旧因纪》

宣歙节度掌书记将仕郎试大理评事赐绯鱼袋薛正己撰，银青光禄大夫前守庆州司马兼殿中侍御史刘询书并篆额，江西监军使中散大夫行内侍省内侍员外置同正员上柱国赐紫金鱼袋宋师锡建，光启二年六月二十一日。

《庐山东林寺大师堂记》

太和三年奉化军节度江州观察处置等使特进检校太尉兼侍中使持节江州诸军事守江州刺史上柱国德化王食邑三千户杨澈，节度推官通判军府公事朝议郎检校尚书礼部员外郎兼侍御史云骑尉赐紫金鱼袋元皓，节度巡官将仕郎试大理评事掌奏赐绯鱼袋倪匡明书并篆额。

《德化王于东林寺重置白氏文集记（并序）》

摄观风幕巡吏试兰台郎余文贞书，太和六年岁次甲午八月己巳朔十二日庚辰管内僧正讲经论大德赐紫沙门匡白记，节度巡官判州司公事赐紫金鱼袋倪匡明篆额。

《弥勒菩萨上生殿记》

将仕郎守江州司士参军掌表奏试秘书省正字杨弼撰，保大三年二月二十日翊圣功臣江州都团练观察处置等使金紫光禄大夫检校太保守刺史京兆县开国子食邑五百户杜昌业建，功德主讲论大德慕庄书。

《上方禅师舍利塔记》

朝散大夫行尚书水部员外郎武骑尉彭渎[①]撰并题额，银青光禄大夫检校国子祭酒兼监察御史上柱国伊从道书，保大十四年丙辰十月庚申建。

## 西林寺

《西林寺道场碑文》

大隋国太常博士渤海欧阳询撰，大业十三年岁在丁

---

① “渎”，宋本此字空脱，元禄本、《大正藏》本皆漏刻，今据《宝刻丛编》卷十五补。

丑十月戊寅朔十五日壬辰树。

永泰丙午岁，颜真卿题其碑额，凡一百二十字。

碑阴有大中十年五人题名。

《唐故庐山西林寺水阁院律大德齐朗和尚碑（并序）》

前广文馆进士郑素卿撰，安定沙门道真书，太和六年岁次壬子三月甲午朔六日己巳树。

大中八年冬十一月二十七日再立。（刻在碑阴）

检校司封郎中守江州刺史裴讽，大中十四年四月八日挈累同游，超华从行。（亦题碑阴）

## 简寂观

《庐山简寂观之碑》

司徒右长史太子仆建昌县开国侯吴兴沈旋作，梁天监十四年十一月立。

唐保大十二年岁次甲寅正月十五日重建，安定胡惟楚书并题额。

《有唐庐山简寂观熊君尊师碣》

门人三洞弟子朝散大夫使持节杭州诸军事守杭州刺史柱国于德晦撰，范商皓书。

《庐山简寂观重造大殿》

推忠翊圣功臣安西大将军德胜军节度使庐州观察处置等使特进检校太尉同中书门下平章事使持节庐州诸军事庐州刺史御史大宪上柱国清河郡开国侯食邑二千户张崇，顺义七年丁亥正月癸丑朔记。

《庐山简寂观新建石坛记》

宣州观察判官登仕郎检校尚书虞部员外郎赐绯鱼袋陈觉撰并书。

《简寂先生陆君碑》

中岳道士翰林供奉吴筠文并书，唐保大五年太岁丁未六月甲寅朔三日丙辰立。

《庐山改修简寂灵宝并斋堂记》

内知客兼盐按司事银青光禄大夫检校工部尚书兼御史大夫柱国王路奉敕撰并书，唐保大乙卯岁二月庚子朔十五日甲寅记。

《庐山简寂观修石路记》

承务郎守大理评事掌元帅表奏赐绯鱼袋徐宪述并题额，银青光禄大夫检校国子祭酒兼御史中丞上柱国孙霭书，保大十三年太岁乙卯五月戊辰朔十五日壬午记。

《大孤山赋碑》①

特进太尉平章事卫国公李德裕文，会昌五年四月庚寅江南西道都团练观察处置使朝议大夫洪州刺史兼御史大夫周墀立。

《大唐新建庐山开先禅院碑》

昭义军节度使特进太弟太保上柱国始平郡开国侯食邑一千户臣冯延巳奉敕撰，平庐军节度使光禄大夫检校太傅行刑部尚书上柱国上饶郡公食邑二千户臣徐逊奉敕书并题额，保大十二年岁次甲寅正月丙子朔十日乙酉建。

《李氏书堂记》

巨唐保大十稔太岁壬子五月十日，银青光禄大夫检校司徒使持节袁州诸军事守袁州刺史兼御史大夫柱国李徵古记，太原王沂书。

① 原本前有“简寂观有”四字。

# 古人题名篇第八

予游东林，颇爱屋间有唐以来人题名。寺僧因为予言："往岁屋室迁改，方板数百，文字昏暗，堆积闲处，不复爱惜。凡此者，幸而未至于投削耳。"嗟乎！昔人叹贤达胜士登山远望者多矣，皆湮没无闻，此几是乎！今得永泰以来颜鲁公以下十有七人题名可见者，著之，以备亡失云。

唐永泰丙午岁，真卿以罪佐吉州。夏六月壬戌，与殷亮、韦柏夷[①]、贾镒，同次于东林寺，则同愔、熙怡二公，惠秀、正义二律师，臮[②]杨鹈存焉。仰庐阜之炉峰，想远公之遗烈，升神运殿，礼僧伽衣，睹生法师麈尾扇、谢灵运翻《涅槃经》贝多梵夹，忻慕之不足，聊寓刻于张、李二公《耶舍禅师之碑》侧。鲁郡颜真卿书记。（刻石在东林寺《耶舍禅师碑》侧）

① "夷"，宋本此字为"尸"下有"二"，其字《说文》解作"仁"，《玉篇》解作"夷"，今从之。下同。元禄本、《大正藏》本作"尼"误。

② "臮"，古同"暨"。《大正藏》本作"泉"误。

唐永泰丙午岁，真卿以疏拙贬佐吉州。夏六月癸亥，与殷亮、韦柏夷、贾镒、杨鹈，憩于西林寺。有法真律师，深究清净毗尼之学，即律祖师志恩之上足，余内弟正义之阿阇梨也。缅怀远现二公之遗烈，导余跻重阁，示余以张僧繇画卢舍那佛像，梟梁武帝蹙线绣钵袋。因寓题欧阳公所撰《永公碑》阴。鲁公颜真卿题。（刻石在西林寺《永禅师碑》上）

陇西子德、谯国子伸、河南虚中、京兆希远、陇西懋赏，大中十年四月十一日同游，懋赏书。（刻石在西林寺）

大理少卿兼御史中丞赐紫金鱼袋韦宙，大中十二年准诏岭南宣问，七月二十九日再过此。藏经旧日创置，随寺毁废，赖道深和尚藏诸石室，言上人、明上人以补其阙。获睹旧绩，触绪摧殒。施三百千，再建堂宇。时湖南、江西皆扰乱，一辞京阙，三践危邦。到此数刻，与言、明话道，又乘轺北去。男泽侍行。（刻石在东林寺）

余今年七月，衔命按抚岭南。中旬之初，自番禺赴阙。闻洪兵大扰，乃直趋钟陵。既至，留一夕，察其阴谋，备知情状。明日渡章江，二十九日憩此，与言、明二上人谈玄，兼访经藏遗趾，晚晴，西去。六十四日，余廉问江西，仍帅襄、鄂、许、蔡四军赴镇。十一月二十七日，兵次北田。余虽擐甲，戎事方殷，经过松门，迟迟不能去之。以未暇，遂驻前锋于岘，再与言公游。时明上人已物故，悲怆久之，复跨马前去。因书行止，题于水堂壁。大中十二年十一月二十七日，江南西道都团练观察处置等使兼御史中丞韦宙题。都团练衙推将仕郎权潭州户曹参军周勍、观察衙推前试太常寺奉礼郎张自牧、男安南、柔远军判官试左内率府胄曹参军升从行。

江州刺史陈辇，乾符三年十一月八日，将离湓浦，与处士邓思齐，同来访别惠琮、宗一二大德。

推忠翊圣功臣安西大将军武宁平难等军节度庐州观察处置等使西南面行营招讨应援使光禄大夫检校太傅兼御史大夫上柱国清河郡开国侯张崇，奉诏征讨过此。武义元年十一月二十七日。

西上阁门使金紫光禄大夫检校司徒行右武卫大将军兼御史大宪上柱国夏谦，叨奉睿旨，封册雄藩。驻泊旬余，将更岁序，受王恩而重叠，沐台念以弥深，而又许厕王车，得游化境。时升元二年正月二十八日，故留题记。

朝议郎检校兵部尚书赐紫金鱼袋上党郡公食邑一千户景迢，自京城随侍伯父，江上归郡。获从家兄桂阳郡公，访兹绝景。时春林斗芳，晚雨新霁，躧步忘倦，尘心顿清，竟日方还，故纪于此。升元三年太岁己亥三月二十三日书。

唐奉化军节度江州营田观察处置等使金紫光禄大夫检校太傅同中书门下平章事上柱国冯翊县开国伯食邑七百户严续，以保大七年太岁己酉孟秋，作镇兹地，暨无射月十有一日，游于二林精舍，周览古迹而还，故纪其年月耳。

推忠奉　保义功臣奉化军节度江州营田观察处置等使光禄大夫检校太尉使持节江州诸军事江州刺史骁卫将军兼御史大夫上柱国安定县开国伯食邑七百户皇甫晖，伏奉敕旨，特到保大开先禅院。经过宝刹，松桧笼烟，峰峦叠翠。周览胜景，颇豁襟怀。时大唐保大十一年太岁癸丑二月辛亥五日乙卯题记。

金紫光禄大夫检校司徒前使持节筠州诸军事守筠州刺史御史大夫上柱国太原县开国男食邑三百户王颜，解印归京，游诸胜境，故记。尔时癸丑岁，夏四月二十四日书。

推诚破敌功臣奉化军节度江州营田观察处置等使光禄大夫检校太尉使持节江州诸军事江州刺史兼御史大夫江夏县开国伯食邑七百户黄延谦，自赴任当郡，每仰名山，当兹抄秋，特诣瞻敬。保大十五年九月十六日记。

推忠捍敌功臣奉化军节度江州营田观察处置等使光禄大夫检校太尉同中书门下平章事使持节江州诸军事江州刺史上柱国富春郡开国侯食邑一千户孙汉晖，于显德五载中秋八日，命监军使颍川陈公及寮佐等，同谒使者真祠，地迩二林，因游胜概，幸得周览，聊纪岁时。